本书获得国家自然科学基金资助，属于下面两个国家自然科学基金项目的研究成果：
西南边境省区企业跨境合作演化机制与绩效提升模式研究（项目批准号：71262030）
中国与东盟企业跨国合作的关键成功因素及其风险防范研究——以广西与东盟企业的跨国合作为例（项目批准号：71662002）

经济管理学术文库·经济类

西南临边省区企业跨境合作的绩效提升：

价值创造的视角

The Performance Improvement of Cross-border Cooperation between
Chinese Southwest Border Provinces' Enterprises and Neighboring Countries' Enterprises:
A Perspective of Value Creation

潘思谕　陈柳源　张　骞／著

经济管理出版社
ECONOMY & MANAGEMENT PUBLISHING HOUSE

图书在版编目（CIP）数据

西南临边省区企业跨境合作的绩效提升：价值创造的视角/潘思谕，陈柳源，张骞著．—北京：经济管理出版社，2021.3
ISBN 978-7-5096-7839-8

Ⅰ.①西… Ⅱ.①潘… ②陈… ③张… Ⅲ.①企业—对外经济合作—研究—西南地区 ②企业绩效—企业管理—研究—西南地区 Ⅳ.①F125.4 ②F279.23

中国版本图书馆 CIP 数据核字(2021)第 046926 号

组稿编辑：曹 靖
责任编辑：张巧梅
责任印制：黄章平
责任校对：董杉珊

出版发行：经济管理出版社
（北京市海淀区北蜂窝 8 号中雅大厦 A 座 11 层 100038）
网 址：www.E-mp.com.cn
电 话：(010) 51915602
印 刷：唐山玺诚印务有限公司
经 销：新华书店
开 本：720mm×1000mm/16
印 张：14.75
字 数：232 千字
版 次：2021 年 4 月第 1 版 2021 年 4 月第 1 次印刷
书 号：ISBN 978-7-5096-7839-8
定 价：88.00 元

联系地址：北京阜外月坛北小街 2 号
电话：(010) 68022974 邮编：100836

前 言

一、研究背景

由于“地利、人和”的关系，中国西南临边省区（广西壮族自治区和云南省）企业与邻国（越南、老挝、缅甸）企业的跨国商业往来与商业合作由来已久。这种跨国合作基本上从边境贸易开始，然后逐步扩散到其他领域。跨境合作实践的具体形式包括业务合作（即合作各方通过签订跨国合作协议进行某些业务的合作，属于初级合作或低层次的合作）、组织合作（即合作各方通过建立合资、合作企业进行合作，属于高级合作或高层次的合作）和并购（即一方并购另一方，形成完全一体化的合作，属于完全合作）。目前，西南临边省区企业的跨境合作已经取得初步成效，但总体绩效不理想，主要原因是跨境合作过程中价值创造少，未能取得预期绩效，最终无法实现跨境合作的预期目标。因此，如何最大化创造价值，提升跨境合作绩效，探寻和建立一套完善、系统的西南临边省区企业跨境合作的绩效提升理论与模式，便成为当务之急。

二、本书的研究思路

本书从价值创造的视角，运用价值链理论、国际战略联盟理论、企业绩效管理理论以及层次分析法、德尔菲法、平衡计分卡和模糊综合评价法，深入研究西南临边省区企业跨境合作过程中的关键成功因素、价值创造、绩效评价和绩效提升问题，以期为西南临边省区企业跨境合作绩效提升提供有效的理论和方法论支持，以便提高西南临边省区企业跨境合作的成功率。这对促进西南临边省区企业更好地实施国际化战略具有非常重要的现实指导意义。

三、本书的内容体系

本书的内容分为理论研究与实证研究两大部分，共十章。其中，第九章为实证研究内容，其余为理论研究内容。具体如下：第一章为绪论，阐述研究背景与意义、研究内容和目标、研究方法和技术路线、主要特色与创新点，解决研究的必要性与可行性，以及研究的特色与创新性问题。第二章为相关理论与文献综述，论述相关概念的界定、理论研究基础、国内外研究现状综述，解决研究的理论基础问题。第三章为西南临边省区企业跨境合作的调查分析，主要论述西南临边省区企业跨境合作的历程与现状特点、演化与发展趋势、面临的主要问题及成因，探明跨境合作的现状与演化、发展趋势及存在的问题。第四章为西南临边省区企业跨境合作的关键成功因素分析，主要论述关键成功因素的识别、影响和管理策略，使其有利于跨境合作成功的方向发展。第五章为西南临边省区企业跨境合作的价值创造分析，主要论述价值创造机理、价值创造能力、价值创造模式，解决跨境合作过程中的价值创造问题。第六章为西南临边省区企业跨境合作绩效评价分析，主要论述绩效评价理论、绩效评价方法和绩效评价指标体系的构建，解决跨境合作绩效的度量问题。第七章为西南临边省区企业跨境合作绩效提升研究，主要论述跨境合作的绩效提升路径与策略，解决跨境合作过程中的绩效提升问题。第八章为西南临边省区企业跨境合作绩效提升的保障措施，主要从理论研究层面、制度建设层面和人才培养层面论述跨境合作绩效提升的保障措施，解决跨境合作绩效提升的保障问题。第九章为西南临边省区企业跨境合作绩效提升的案例分析，主要对企业开展纵向和横向跨境合作的绩效提升进行实证检验，以此解决理论与实际结合的问题。第十章为研究结论与展望，总结全书的研究成果，并提出未来的研究方向。

四、本书特色和研究成果

与国内外已出版的同类书籍比较，本书的特色表现在：①在研究对象的选择上具有特色。第一，仅研究西南临边省区企业与邻国企业的跨国合作问题。第二，研究发展中国家经济相对落后地区企业的国际化合作问题。与中国的中、东部地区相比，西南临边省区经济相对落后，企业实力相对薄弱，市场经营理念相对欠缺，国际化合作经验不足。本书研究的是发展中国家经济相对落后地区企业的国际化合作问题。②在研究的地域范围上具有特色。中国西南有三个陆上邻国（越南、老挝、缅甸），地缘政治、经济环境复杂，边境地区一直存在许多不稳定因素。本书研究西南临边省区企业与邻国企业的跨国合作问题，有利于促进双方企业发展、双边经济繁荣、边疆稳定。

研究结果表明：西南临边省区企业的跨境合作在不断演化升级。其跨境合作的目的是为了获取比单干更大的收益。要提高跨国合作绩效，必须对合作各方投入的生产要素进行有效整合，使其最大化地创造价值，以便产生尽可能多的跨国合作绩效。对生产要素的整合方式不同，价值创造的方式与大小也不同，最终获得的跨国合作绩效也随之发生差异。按照跨国合作的“要素整合（Factors Integration）—价值创造（Value Creation）—绩效提升（Performance Improvement）”的思路，根据价值创造的主导因素，西南临边省区企业跨境合作绩效提升的基本路径可以划分为三种：①以降低成本为主导的绩效提升路径：“要素整合—降低成本—价值创造—绩效提升”；②以提高收益为主导的绩效提升路径：“要素整合—直接创造收益（包括协同效应创造的收益）—价值创造—绩效提升”；③以获得市场力量为主导的绩效提升路径：“要素整合—增加市场力量（获得竞争优势）—价值创造—绩效提升”。西南临边省区企业可以根据自己的跨国合作需求和动因，结合双方的要素投入情况，选择合适的绩效提升路径。

本书的创新之处体现在以下三个方面：①从纵向和横向两个视角，运用“网格化”方法探明了西南临边省区企业跨境合作的关键成功因素；②从跨国合作各方的合作需求视角，剖析西南临边省区企业跨境合作的价值创造机理；③从价值创造的视角，提出了西南临边省区企业跨境合作绩效提升的路径与策略，以有效指导如何提升跨境合作绩效，实现跨境合作战略目标。

目　录

第一章　绪论

第一节　研究背景

中国临边省区企业与邻国企业的跨国商业往来与商业合作由来已久。在中国改革开放以后，随着经济全球化和区域经济一体化的不断深化，中国与周边国家和地区的经济联系与合作正在日益加强与融合。在这种越来越紧密的跨国经济合作中，企业是“主力军”，而处在临边省区的企业由于“地利、人和”更是其中的“先锋队”，它们与内地企业相比，在地缘、交通、信息、沟通、文化，甚至当地政府支持力度等方面均具有比较优势，因此他们与邻国企业之间的跨国合作的时间早、数量多、发展快。

中国的西南临边省区（在本书中特指广西壮族自治区和云南省，下同）与越南、老挝、缅甸接壤，西南临边省区企业与邻国（越南、老挝、缅甸）企业的跨国合作基本上从边境贸易开始，然后逐步扩散到其他领域。目前，跨境合作实践的具体形式主要有：①业务合作。即合作各方通过签订跨国合作协议进行某些业务的合作，属于初级合作或低层次合作。②组织合作。即合作各方通过建立合资、合作企业进行合作，属于高级合作或高层次合作。③并购。即一方并购另一方，形成完全一体化的合作，属于完全合作。

以广西企业与越南企业的跨国合作为例，他们之间的贸易往来是在 20 世纪 90 年代初期从边境贸易开始的。在将近 30 年的合作过程中，已经从业务层面的合作发展到组织层面的合作，并组建了一批合资、合作企业，也有极少数企业实施了跨国并购。据广西商务厅的最新统计，广西企业“走出去”的目的地，将近20%在越南。这种现象符合中国企业走出去的地理区位选择中的“邻近”原则和企业跨国经营理论中的“早半拍”原则。由此可见，邻国越南、老挝、缅甸已经成为西南临边省区企业走出去开展跨国经营与合作的重要目的地。

尽管越南从1986年实施“革新开放”以后，经济发展迅速。特别是近几年，由于中国的土地成本和劳动力成本上升，导致一些欧、美、日、韩企业从中国迁移到越南，如英国的奢侈品巨头博柏利（Burberry）公司、美国的耐克（Nike）公司和福特（Ford）汽车公司、日本的奥林巴斯（Olympus）公司、尼康（Nikon）公司、优衣库（UNIQLO）母公司、韩国的三星（Samsung）公司和LG公司等很多大型生产型企业，均把自己的生产基地，由中国转向了越南。

但从总体上看，虽然越南、老挝、缅甸与中国同属发展中国家，但是它们的经济发展比中国的广西和云南缓慢，如表1－1所示。与珠三角、长三角和环渤海等经济高速发展的地区相比，西南临边省区基本上是经济相对比较落后的地区（其中，广西是少数民族自治区，也是被社会广泛认知的“老少边穷”地区；云南虽然不是少数民族自治区，但也是少数民族集中居住较多的地区，含汉族在内，共有26个民族，而人口在6000人以上的世居少数民族有25个），大型企业相对较少，中小企业居多，这些企业无论是规模，还是经营理念、市场经验和管理制度，都无法与东部企业相比。因此，西南临边省区企业与邻国企业的跨国合作，基本上是发展中国家经济相对落后地区的企业与经济相对落后的发展中国家中小企业之间的跨国合作，这与发达国家之间跨国公司的合作以及发达国家与发展中国家跨国公司的合作（这些是目前学术界的研究重点），具有本质的不同。因此不能直接运用这些理论解释西南临边省区企业与邻国企业的跨国合作现象，更无法进行有效指导。由于中国西南临边省区企业缺乏跨国合作经验，不知道该如何运作，实践中一般是借鉴国内企业之间的合作经验，有些甚至是凭感觉、想当然，结果四处碰壁，导致总体上合作绩效不理想。因此，在调查西南临边省区企业与邻国企业跨国合作的发展历程与现状基础上，探明跨国合作过程中面临的主要问题及其关键成功因素，剖析跨国合作的价值创造机理，促进西南临边省区企业与邻国企业跨国合作的绩效提升，是急需解决的现实问题。

表1-1 西南临边省区及其邻国的基本情况

省区/国家	面积（万平方公里）	人口（百万人）	GDP（人民币，亿元）	人均GDP（人民币，元）	统计时间（年份）
云南	39.41	48.58	23223.75	48373	2019
广西	23.76	49.60	21237.14	43474	2019
越南	32.96	95.49	16643.92	17430	2019
老挝	23.68	6.87	1330.90	19372	2019
缅甸	67.66	53.38	5349.79	10022	2019

资料来源：国家统计局、世界银行、百度百科。

第二节 研究意义

研究西南临边省区企业与邻国企业跨国合作的绩效提升问题，具有重要的理论意义、现实意义与应用前景。

一、理论意义与科学价值

本书丰富了企业跨国经营理论中的企业跨国合作理论，特别是发展中国家之间的企业跨国合作理论。其理论意义与科学价值主要包括：

第一，提出“临边省区企业跨境合作”的概念，丰富并发展了国际战略联盟理论内容。临边省区企业跨境合作是指其与邻国企业的跨国合作。由于双边企业的“地利、人和”，与内地企业的跨国合作或者临边省区企业与其他非邻国企业的跨国合作不同。虽然，临边省区企业与邻国企业的跨国合作主要是以各种形式的国际战略联盟（International Strategic Alliances，ISAs，又称为跨国战略联盟）开展，但是这种ISAs与发达国家跨国公司之间的ISAs、发达国家与发展中国家跨国公司之间的ISAs具有本质的不同。它们是发展中国家经济相对落后的少数民族集中居住的临边省区企业与经济相对落后的发展中国家企业之间跨境合作的

ISAs，它们在企业实力、联盟经验、合作范围等方面具有某些特色。本书研究这种ISAs的演进与发展趋势，分析其面临的主要问题，探明其关键成功因素（Critical Success Factors，CSFs），剖析其价值创造机理，构建绩效评价指标体系，探寻绩效提升路径与策略等。本书的研究成果丰富并发展了ISAs理论。

第二，提出西南临边省区企业跨境合作绩效提升的路径与策略。针对西南临边省区企业跨境合作的ISAs，根据其特色、演化趋势、关键成功因素及其价值创造机理、绩效评价指标体系，通过理论推延和实证分析，从价值创造的视角，提出西南临边省区企业跨境合作绩效提升的路径与策略。

二、现实意义与应用前景

本书具有重要的现实意义与广阔的应用前景：

第一，为西南临边省区企业跨境合作提供理论依据与方法论支持。本书对西南临边省区企业跨境合作的现状特点、演化趋势、面临的主要问题、关键成功因素、价值创造机理、绩效评价指标体系等展开研究，并从价值创造的视角提出西南临边省区企业跨境合作绩效提升的路径和策略，为提高西南临边省区企业跨境合作的效率与效果，提供理论依据与方法论支持。

第二，促进中国企业"走出去"开展跨国经营与合作。临边省区企业的跨境合作是中国企业走出去开展跨国经营与合作的一部分。本书的研究成果对中国其他临边省区企业的跨境合作以及提高合作绩效，具有直接的参考价值。因此，这将会促进更多企业开展跨境合作活动，甚至带动内地企业也随之开展跨国合作。

第三，促进西南临边省区企业跨境合作与发展、双边经济繁荣、睦邻友好、边疆安定。中国西南边疆的广西、云南有三个邻国（越南、老挝、缅甸，均为东盟成员国，其中越南、老挝曾经是法国的殖民地，缅甸则是英国的殖民地。而且越南现在是"全面与进步跨太平洋伙伴关系协定"，即CPTPP的成员国），地缘政治环境复杂，边境地区一直存在许多不稳定因素。随着临边省区企业跨境合作的不断发展和深化，两国经济相互渗透、相互促进，经济联系越来越紧密，甚至形成一荣俱荣、一损俱损的局面。在中国经济高速发展的背景下，通过不断加强边境省区企业跨境合作，带动两国经济日益繁荣，人民安居乐业，进一步促进两国睦邻友好，边疆安定。与中国以往的无偿援助相比，这种由于经济稳定发展带来的睦邻友好与边疆安定更为可靠、实在。即使两国政府由于政治和边境问题出现意见不同，但人民为了自身生活的富足与安定，也希望并致力于以和平的方式解决。

第三节 研究内容与目标

一、研究内容

本书以区域经济一体化和中国企业实施“走出去”战略为背景，以促进中国企业跨国经营为主题，以西南临边省区（广西、云南）企业跨境合作（即与接壤的越南、老挝、缅甸的企业合作）为主线，以提高跨境合作绩效为目标，针对中国改革开放后，西南临边省区企业的跨境合作历程、现状与特征，运用企业跨国战略联盟理论、企业绩效管理理论与方法，从价值创造的视角，深入研究西南临边省区企业跨境合作的现状特点与问题，揭示跨境合作的关键成功因素，构建跨境合作绩效评价指标体系，并提出了西南临边省区企业跨境合作的绩效提升路径与策略，为西南临边省区企业提高跨境合作绩效提供理论依据与方法论支持。主要内容如下：

（一）探寻西南临边省区企业跨境合作的关键成功因素

西南临边省区企业跨境合作的目的是获取比单干更大的收益。跨境合作的关键成功因素（Critical Success Factors，CSFs），是指影响跨境合作获得成功的关键因素。跨境合作的成功通常是指跨境合作如期实现预期绩效目标。在西南临边省区企业跨境合作过程中，总会受到各种各样的因素影响（包括正面和负面影响）。根据企业边界，这些影响因素可以分为两大类：企业内部因素（可用优势、劣势表示）和外部因素（可用机会、威胁表示）。这些内、外部因素组成一个高度复杂的、多层次的、动态的立体结构系统。

本书从纵向和横向两个视角，运用“网格化”方法识别并确定西南临边省区企业跨境合作的 CSFs（包括“软因素”和“硬因素”）。其中，纵向视角反映企业跨境合作过程，即跨境合作与时间的关系；横向视角反映跨境合作与环境的关系。然后对这些 CSFs 进行分析与评价，并探寻这些 CSFs 的管控方法和策略，以便对其进行有效管理。

（二）研究西南临边省区企业跨境合作的价值创造问题

本书首先界定西南临边省区企业跨境合作的价值创造概念，其次剖析跨国合作过程中的价值创造机理，再次分析西南临边省区企业跨境合作的价值创造能力，最后探寻价值创造的模式和途径，以便探明跨境合作的价值创造效应。价值创造效应就是价值创造的效果，包括正面的和负面的效果。本书主要研究正面的效果，这种正面效果最终形成跨境合作绩效。

（三）提出西南临边省区企业跨境合作绩效提升的路径与策略

提升跨境合作绩效，既包括未实现预期目标前（成功前）提升绩效，也包括实现预期目标后（成功后）进一步提升绩效。为了提升跨境合作绩效，首先要对合作各方投入的生产要素进行有效整合，使其最大化地创造价值，才能够产生足够多的跨国合作绩效。本书根据跨国合作的“要素整合（Factors Integration）—价值创造（Value Creation）—绩效提升（Performance Improvement）”的思路，探寻西南临边省区企业与邻国企业跨国合作的绩效提升路径与策略。

二、研究目标

本书的研究总目标是：从价值创造的视角，探寻西南临边省区企业跨境合作绩效提升的路径与策略，据此有效指导西南临边省区企业跨境合作的决策与具体实施。主要完成以下三个具体目标：

（一）探明西南临边省区企业跨境合作的关键成功因素

通过对西南临边省区企业跨境合作历程、现状与发展趋势的调查与分析，主要从纵向和横向两个视角，采用网格化方法识别与确定西南临边省区企业跨境合作的 CSFs，解决影响跨境合作成功的关键因素问题。其中，纵向视角反映企业跨境合作过程，即跨境合作与时间的关系；横向视角反映跨境合作与环境的关系。确定 CSFs 的过程可以采用模块化方式进行。

（二）剖析西南临边省区企业跨境合作的价值创造机理

在西南临边省区企业跨境合作的过程中，合作各方通过整合合作伙伴投入的生产要素（联盟体的内部资源）和外部的生产要素（联盟体的外部资源）产生联盟效用，满足合作各方的联盟需求而创造价值。生产要素的整合方式不同，就会使价值创造的方式与效果也不同。本书从跨国联盟的需求视角，分析西南临边省区企业跨境合作的价值创造机理，解决跨境合作的价值创造问题，为探寻跨境合作的绩效提升路径与策略做准备。

（三）探明西南临边省区企业跨境合作绩效提升的路径与策略

从价值创造的视角，分析西南临边省区企业跨境合作的绩效产生机理，构建绩效评价指标体系，并据此提出西南临边省区企业跨境合作绩效提升的路径与策略，以有效指导如何提升跨境合作绩效，实现跨境合作战略目标，解决跨境合作绩效低下的问题。

第四节 研究方法与技术路线

一、研究方法

为了实现既定的研究目标，本书综合运用管理学科中常用的文献研究法、传统调查分析方法（包括实地调查法、访谈法、问卷调查法等）、统计分析方法、专家咨询法（包括德尔菲法，Delphi）、层次分析法（AHP）、案例研究法等多种研究方法。具体如下：

（1）文献研究法。通过对文献数据库（如：中国知网、Elsevier Science Direct 数据库、Springer Link 数据平台）、Internet（包括谷歌学术、百度学术等）以及在美国乔治城大学（Georgetown University）做访问学者期间，利用其图书馆的相关数据库进行大量搜索，收集国内外相关的文献资料以及相关的理论和研究成果，结合关于西南临边省区企业与邻国的越南、老挝、缅甸的企业开展跨国合作的相关政策法规，系统分析国内外关于企业跨国合作的价值创造与绩效提升的研究文献，通过结构化的梳理、归纳和演绎推导，对西南临边省区企业和邻国企业跨国合作的演化过程进行分析，探寻跨国合作的关键成功因素，剖析其价值创造机理，初步提出跨境合作绩效提升的路径与策略。

（2）传统调查分析方法。为了获取西南临边省区企业跨境合作的第一手资料，对广西、云南开展跨境合作的企业进行问卷调查（主要是经理人员调查法，Surveys of Managers）。同时对典型的跨境合作案例，进行实地调查与访谈，以便收集更为深入、详细的跨境合作数据与信息。此外，对政府相关部门（主要是商务厅、广西国际博览事务局等机构）进行调研，收集最新的相关政策法规等。为准确分析西南临边省区企业跨境合作的现状特点、合作动机、合作范围、合作关系、合作形式、合作投入的生产要素、合作行为、合作绩效等打下坚实的基础。

（3）统计分析方法。主要运用统计分析法中的探索式因子分析、主成分分析、结构方程模型（Structure Equation Model，SEM）等方法，对上述收集到的跨境合作数据与信息进行统计分析，寻找规律，构建西南临边省区企业跨境合作绩效的评价指标体系，并据此探明跨境合作绩效提升的路径与策略。

（4）案例研究法。选择典型的跨境合作案例进行案例研究，并运用案例研究法对跨境合作的绩效提升路径与策略进行实证研究。具体做法是：在广泛调查研究的基础上，选择不同类型的广西、云南企业跨境合作案例，进行实地调研、现场访谈及问卷调查，并利用结构方程模型，对数据进行信度和效度分析，以对其跨境合作运营情况进行实证研究。

（5）企业管理的专业方法。主要包括：PEST 分析法、五力分析法、SWOT 分析法、平衡计分卡（Balanced Score Card，BSC）等。

（6）“项目管理方法和技术 + 协同学原理 + 数理模型”相结合的研究分析方法与技术。其中，项目管理方法和技术能为跨境合作项目进行“结构”分析，厘清各子项目和项目内部各结构要素间的相互关系，从而揭示出构成跨境合作项目的关键结构因素；利用协同学原理分析跨境合作项目各关键结构因素之间的协同演化机制；而数理模型分析方法和技术能够对“跨境合作项目的各关键结构因素之间协同共进、充分合作”的协同效应进行定量分析。

二、技术路线

根据上述研究目标、研究内容与研究方法，本书的总体技术路线如图 1－1 所示。

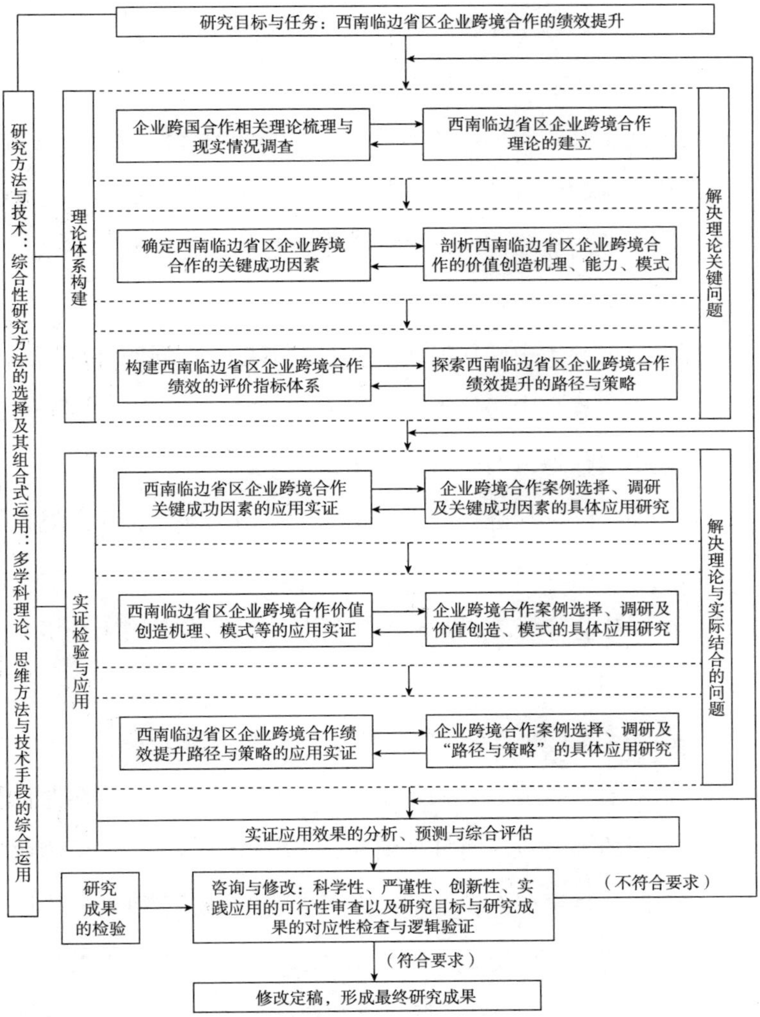

图 1－1　技术路线示意图

第五节　主要特色与创新点

一、主要特色

本书在选题方面具有以下特色：

（一）在研究对象的选择上具有特色

第一，仅研究西南临边省区企业与邻国企业的跨国合作问题。虽然，随着改革开放的不断深化，临边省区企业的国际化合作也在不断发展，有些企业与邻国企业合作，也有些企业与非邻国的其他国家企业合作。但是，本书仅研究西南临边省区企业与邻国企业的跨国合作问题。

第二，研究少数民族集中居住地区的企业国际化合作问题。广西是少数民族自治区，云南是少数民族集中居住地区（共有26个民族）。本书研究的对象基本上属于少数民族集中居住地区的企业国际化合作问题。

第三，研究发展中国家经济相对落后地区企业的国际化合作问题。与中国的中、东部地区相比，西南临边省区经济相对落后，企业实力相对薄弱，市场经营理念相对欠缺，国际化合作经验不足。本书研究的是发展中国家经济相对落后地区企业的国际化合作问题。

（二）在研究的地域范围上具有特色

中国西南有三个陆上邻国（它们是越南、老挝、缅甸，均为东盟成员国，曾经分别是法国和英国的殖民地，而且越南还是CPTPP成员国），地缘政治、经济环境复杂，边境地区一直存在许多不稳定因素。新中国成立以来，中国政府主要通过无偿经济援助的方式维持稳定（古代则是通过战争征服对方的形式维持边疆稳定）。本书研究西南临边省区企业与邻国企业的跨国合作问题，有利于促进双方企业发展、双边经济繁荣、边疆稳定。

二、主要创新点

根据对同类研究的了解，并与目前可查阅的同类文献相比较，本书的创新之处体现在以下三个方面：

（一）探明西南临边省区企业跨境合作的关键成功因素

从纵向和横向两个视角，运用“网格化”方法识别并确定西南临边省区企业跨境合作的关键成功因素（包括“软因素”和“硬因素”）。其中，纵向视角反映企业跨境合作过程，即跨境合作与时间的关系；横向视角反映跨境合作与环境的关系。确定关键成功因素的过程采用模块化方式进行：运用企业调研、访谈和问卷调查法、专家咨询法（包括德尔菲法），进行因素采集提取、因素力度分析、因素分析筛选、关键成功因素确定，共四个模块，最终确定西南临边省区企业跨境合作的关键成功因素。然后探寻这些关键成功因素的管控方法和策略，以便对其进行有效管理，使其朝着有利于促进跨国合作成功的方向发展。

（二）剖析西南临边省区企业跨境合作的价值创造机理

从跨国合作各方的合作需求视角，研究西南临边省区企业与邻国企业为实现跨境合作而组建的跨国战略联盟。通过分析跨国联盟产生的效用与合作各方的合作需求的匹配程度，剖析西南临边省区企业跨境合作的价值创造机理，解决跨境合作的价值创造问题，为探寻跨境合作的绩效提升路径与策略做准备。

（三）提出了西南临边省区企业跨境合作绩效提升的路径与策略

西南临边省区企业跨境合作是一项复杂的系统工程，为了提高跨国合作绩效，综合运用企业资源基础理论（Resource – Based View，RBV）、交易成本理论和企业能力理论，分析跨境合作绩效的影响因素。从价值创造的视角，分析西南临边省区企业跨境合作的绩效产生机理、建立跨境合作绩效的评价指标体系。并据此提出西南临边省区企业跨境合作绩效提升的路径与策略，以有效指导如何提升跨境合作绩效，实现跨境合作战略目标。

第二章　相关理论与文献综述

第一节　相关概念的界定

一、西南临边省区企业跨境合作的定义

西南临边省区指中国西南边疆的广西壮族自治区和云南省。其中，广西壮族自治区与越南接壤，而云南省则与越南、老挝、缅甸接壤。无论是货物交流还是人员流动，西南临边省区一直是中国西南的重要门户。

西南临边省区企业指在广西和云南注册，并在当地经营的企业，既包括广西和云南本地的投资者（包括个人和组织）投资经营的企业，也包括外来的投资者（包括个人和组织）投资经营的企业。按照所有制来划分，分为国有企业（包括当地政府和中央政府出资的国有企业，后者通常是指中央直属企业在广西和云南的子公司）和民营企业（包括内资企业和外资企业）。

西南临边省区企业跨境合作，是指广西和云南的企业分别与其接壤的邻国企业开展的跨越国境的在经营管理方面的合作活动。这种跨境合作是企业跨国经营的一种具体形式之一，实践中通常是以各种形式的国际战略联盟（International Strategic Alliances，ISAs，又称跨国战略联盟、跨国联盟）开展的，例如研发联盟、采购联盟、生产联盟、产销联盟、工程建设联盟等。

西南临边省区企业与邻国企业的跨国战略联盟具有项目的特点，其本质上就

是一个跨国合作项目。根据跨国战略联盟的特点，西南临边省区企业跨国战略联盟可以划分为四个阶段：联盟决策阶段、组建阶段、运营阶段和解体阶段，如图2－1所示。

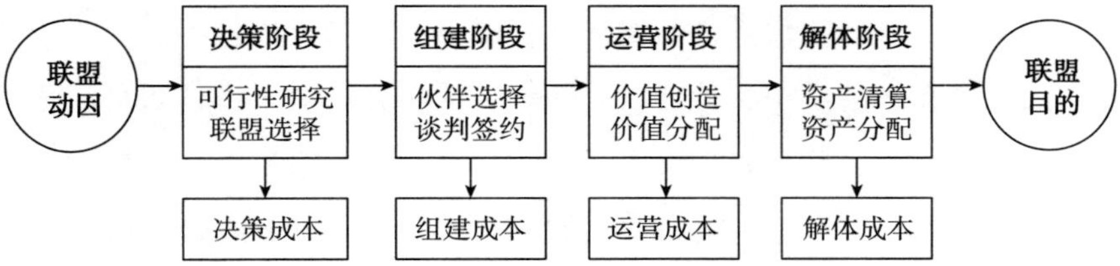

图2－1 西南临边省区企业跨国战略联盟的阶段及成本构成

二、西南临边省区企业跨境合作绩效的定义

西南临边省区企业跨境合作的绩效，是指西南临边省区企业与邻国企业通过跨国经营合作所获得的产出结果，通过双方企业公平、合理分配后，即属于中外双方企业各自的绩效。这种绩效可以用绝对值的形式表示，如效果；也可以用相对值的形式表示，如效率。

根据不同的划分标准，西南临边省区企业跨境合作绩效有不同的分类。例如，按照财务与非财务来划分，西南临边省区企业跨境合作绩效可以划分为财务绩效和非财务绩效。按照期限长短来划分，西南临边省区企业跨境合作绩效可以划分为短期绩效和长期绩效。按照预期与非预期来划分，西南临边省区企业跨境合作绩效可以划分为预期绩效和非预期绩效。其中，预期绩效是指西南临边省区企业与邻国企业在跨国合作之前，意图通过组建跨国联盟来展开合作而获得的绩效，是联盟组建前追求的预期绩效目标；非预期绩效是指西南临边省区企业与邻国企业在跨国联盟组建和运营后，额外获得的绩效（这是一种额外收益或附加收益），是联盟组建前的非预期绩效目标。

西南临边省区企业跨境合作的绩效提升是指西南临边省区企业与邻国企业，

通过各种途径提高跨国合作的效率与效果的一系列经济活动。在实践中，西南临边省区企业与邻国企业可以采取各种有效的措施和策略提高跨国合作绩效。

三、价值创造的定义

根据认识论，价值是指客体的属性和功能能够满足主体需求的一种效用、效益或效应关系。在经济学中，价值（Value），泛指客体对于主体表现出来的效用（Utility）。效用的含义是功效和作用。通常情况下，效用越大，价值就越大。

价值创造（Value creation），是指通过各种途径增加客体对主体效用的一系列经济活动。西南临边省区企业跨境合作过程中的价值创造，是指跨国合作主体在合作过程中，通过各种途径增加联盟体对合作各方的效用的一系列经济活动。联盟体的效用越大，价值创造就越大。

价值创造效应是指价值创造的效果，包括正面的效果和负面的效果。本书主要研究正面的效果，这种正面的效果最终会形成跨境合作绩效。负面的效果又称为价值毁损，最终将会降低跨境合作绩效。

第二节　理论研究基础

本书的研究主要依据企业的国际战略联盟理论和绩效管理理论，结合国际战略联盟的关键成功因素，从联盟的价值创造入手，根据联盟的绩效评价理论、绩效提升理论等联盟绩效管理理论和方法，探寻西南临边省区企业跨境合作绩效提升的有效途径和方法，并贯穿研究的实践成果。

一、企业国际战略联盟理论

现代意义上的企业战略联盟（Strategic Alliances），起源于日本企业界竞相成立合资企业的浪潮中，但其概念却是由美国 DEC 公司（Digital Equipment Corporation，DEC）总裁简·霍普兰德（J. Hopland）和管理学家罗杰·奈杰尔（R. Nigel）在 20

世纪70年代首次提出的。他们认为，企业战略联盟是指两个（或两个以上）对等的经济实体，为了实现共同的战略目标（如共享市场、共享资源等），通过各种协议、契约或者联合组织等方式而结成的优势互补或优势相长、利益共享、风险共担、生产要素双向（或多向）流动的一种松散型合作模式或者经营联合体。

战略联盟的概念被提出后，迅速成为理论界的经济学家、管理学家和实业界的企业家关注的焦点，掀起了企业战略联盟的研究与实践热潮，并迅速发展成为一种具有普遍性的新型企业经营组织形式。这种组织形式在欧美和日本的企业界快速发展，并很快成为世界范围内各类企业的重要战略选择。各国的跨国公司纷纷采取战略联盟的形式，在全球市场中展开激烈竞争。

（一）企业国际战略联盟的定义

企业国际战略联盟（International Strategic Alliances，ISAs）又称为企业跨国战略联盟或者企业跨国联盟，是一种跨越国界的企业战略联盟。企业国际战略联盟是指一国企业基于其国际化经营战略，而与外国企业通过各种协议、契约或联合组织等方式组成的优势互补或优势相长、利益共享、风险共担、生产要素双向或多向流动的一种合作性的复合型联合体。这种联合体主要包括以下两种形式：

1. 实体组织

即合作各方共同成立合作机构，如合资企业、合作企业等。此类联盟又称为实体联盟，可根据合资（合作）企业的“国籍”分为内向型和外向型两种。其中，内向型联盟是指一国企业在本国与外国企业组建的战略联盟，是国际战略联盟的初级形式；外向型联盟是指一国企业在他国与外国企业组建的战略联盟，是国际战略联盟的高级形式。实体联盟是一种紧密型的经济联合体。

2. 虚拟组织

即合作各方并没有成立合作机构，仅通过签订跨国合作协议、契约进行某些业务的合作，如研发协议、采购协议、生产协议、营销协议等。此类联盟通常没有内向型和外向型之分，又称为虚拟联盟。虚拟联盟是一种松散型的经济联合体。

国际战略联盟是不同国家企业之间跨越国界的合作，也是生产要素跨越国界的优化配置与整合，或者产品、服务跨越国界的流动途径。由于联盟成员之间存在着资源（包括企业的核心能力和知识等无形资产）的互补性与相互学习性，通过组建国际战略联盟，彼此在各自的优势价值链环节上展开合作，可获取联盟成员的互补性资源，提高并扩大自身利用外部资源的能力与边界，在价值传递与创造的过程中创造更大的价值。

在国际战略联盟中，联盟成员之间的关系是一种竞合关系，具体表现在如下两个方面：①联盟成员在合作领域范围内进行合作，而在非合作领域则展开竞争；②在联盟的价值创造过程中充分合作，而在价值分配时展开竞争。因此，联盟成员之间是在竞争的背景下展开的合作，人们把这种状态形象地比喻为“左手握拳，右手握手”。

（二）企业国际战略联盟的动因

在实业界，企业组建国际战略联盟的动因多种多样。在学术界，学者们根据交易成本理论（Transaction Cost Theory）、资源基础观（Resource - Based View）、规避管制理论（To Circumvent the Regulation Theory）、风险管理理论（Risk Management Theory）、组织学习理论（Organizational Learning Theory）、战略缺口理论、企业增长战略理论、企业能力理论等，从多层面、多视角进行了分析与探讨，主要归纳如下：

1. 降低成本

基于交易成本理论，一个企业通过与外国企业组建国际战略联盟，使原本需要通过市场来完成的交易内部化，从而降低某种生产要素的交易成本（如市场搜寻成本、谈判签约成本、监督成本等），最终降低总成本而以更有竞争力的产品价格获得市场优势。

2. 利用外部资源

基于资源基础观，一个企业通过与外国企业组建国际战略联盟，可以共享对方的优势资源或者互补资源，实现对外部资源的优化整合与最大化利用。

3. 规避管制

根据规避管制理论，一个企业通过与东道国企业组建国际战略联盟，可以规避东道国对外商独资企业从事某种行业或者业务的各种政策、法规等制度方面的限制，从而有效规避制度管制。

4. 分担风险

根据风险管理理论，不同国家的企业通过组建国际战略联盟，可以共同分担跨国合作过程中面临的各种风险，以便有效地管理和降低己方面临的风险。

5. 学习联盟伙伴的先进技术和管理经验

根据组织学习理论，一个企业通过与拥有先进技术和管理经验的外国企业组建国际战略联盟，可以在合作的过程中，通过内部的“干中学”“用中学”以及外部的“从相互作用中学习”“产业间外溢”等基本的学习途径，认真学习联盟伙伴的先进技术和管理经验。但是学习的效果取决于企业自身的学习能力。因为先进技术和管理经验通常属于隐性知识（Tacit Knowledge），而且也是联盟伙伴的核心技术和能力，因此联盟伙伴常常会竭力保密和隐藏，一般不会轻易泄露出去。只能在某一特定情景中通过观察、模仿和实践才能获得。在这种情况下，企业的学习能力至关重要，直接决定了学习的效率与效果。

6. 弥补战略缺口

根据战略缺口（Strategic Gap）理论，一个企业通过与外国企业组建国际战略联盟，可以共享对方的优势（或者互补）资源和能力，实现联盟各方的优势互补，从而弥补或者“填平”完全依靠自有资源和能力获得的绩效与预期目标之间的差距——战略缺口，进而最终实现各自的预期目标。企业国际化经营的战略缺口越大，组建国际战略联盟的动力就越大。

7. 实现企业快速增长

根据企业的增长战略（Growth Strategies）理论，一个企业通过与外国企业组建国际战略联盟，可以优化整合与最大化利用外部资源，促进企业快速发展，实现外部扩张的增长方式。

8. 提高自身的竞争优势

根据企业的能力理论，一个企业通过与外国企业组建国际战略联盟，一方面可以充分整合并利用对方的优势资源，另一方面通过相互学习，提高己方的竞争能力，进而提高本企业的竞争优势。

（三）企业国际战略联盟的特点

1. 联盟目标的明确性

企业组建国际战略联盟的目的是通过双方（或多方）在某些战略环节上开展跨国合作，以实现资源共享、优势互补，提高本企业的竞争力。在具体合作过程中，联盟企业的联盟目标是多样化的，例如：加快进入国外市场的速度、有效开拓国外市场、降低跨国经营成本、获取资金、技术与管理经验、分担风险等。

2. 联盟行为的独立性

在国际战略联盟中，成员企业之间是合作伙伴关系，彼此通过事先达成的协议或契约组成优势互补或优势相长、资源共享、风险共担、相互独立、相互信任的跨国合作伙伴关系。成员企业均为独立的法人实体，拥有自己独立的决策权，不受其他联盟成员的决策影响。

3. 联盟合作的平等性

国际战略联盟是合作各方在相互独立、相互信任的基础上，通过事先磋商并达成一致的协议组成的一种平等互利的合作伙伴关系；其相互之间不存在控制与被控制的隶属关系。

4. 联盟组织的灵活性

国际战略联盟是一种形式多样的、动态开放的、结构松散的不同国家企业之间相互合作的组织形式。成员企业为了能够抓住市场机会，而迅速结盟，协同会战；一旦机会消失，联盟可迅速解散，各成员企业又为了各自的目标与其他企业组建新的国际战略联盟。由于成员企业之间是一种平等的合作伙伴关系，在紧密合作的同时又拥有各自的平等性和独立性。因此，国际战略联盟有着较强的可退出性和较低的进入壁垒。

5. 联盟企业的竞合性

在国际战略联盟中，联盟企业之间是合作与竞争并存的竞合（Co – opetition）关系。这种竞合性主要表现在三个方面：①联盟成员通常在联盟合作范围内进行合作，而在合作范围以外的领域则可能是竞争对手从而展开竞争；②联盟是为了获得更大的竞争优势而进行的合作，合作又可能出现新的竞争；③联盟成员通过相互合作创造价值，获得价值增值、财富增加的协同效应，而在价值分配、财富分割时展开竞争。可见，国际战略联盟是合作与竞争并存的统一体。

6. 联盟行为的战略性

企业组建国际战略联盟的目的，是为了本企业能够积极、有效地整合和利用外部资源，以获取长期的竞争优势，是对企业未来市场竞争的长期谋划，是一种战略层面的跨国合作行为和长期性安排。因此，联盟行为具有战略性。

（四）企业国际战略联盟的类型

企业国际战略联盟可以根据不同的标准进行分类，如表 2 – 1 所示。

表 2 – 1 企业国际战略联盟分类

分类标准	联盟类型
股权与非股权形式	股权式联盟、契约式联盟（非股权式联盟）
是否成立合作机构	实体联盟、虚拟联盟
价值链的位置	纵向联盟、横向联盟、混合联盟
合作的职能领域	研发联盟、采购联盟、生产联盟、销售联盟
联盟成员的数量	双方联盟、多方联盟
联盟成员整体实力对比	强弱型联盟、力量对等型联盟
联盟成员间合作与竞争强弱	合作竞争型、合作型、竞争型、松散型

1. 根据股权与非股权形式划分

根据股权与非股权形式划分，企业国际战略联盟可以分为股权式联盟和契约式联盟（又称非股权式联盟）两种。

（1）股权式联盟。股权式联盟是指一国企业与外国企业在股权安排和法律规定的基础上组建的国际战略联盟。在这种联盟中，联盟成员之间通过一定的股权把各方的利益紧密地联系在一起。具体的联盟形式有：合资企业、相互持股（即成员间双向持股），或者一方持有另一方的股权（即单向持股）。股权式联盟明确规定成员企业的责、权、利，一旦违约则要承担相应的法律责任。一般来说，股权式联盟通常比较稳定、持久，而且联盟的强度较高，其中合资企业是联盟强度最高的形式。

（2）契约式联盟。契约式联盟是指一国企业与外国企业根据各方达成的协议而组建的国际战略联盟。在这种联盟中，联盟成员之间达成的是某种具有约束力的正式协议（包括单边合作协议，如许可证协议、技术转让协议等，以及双边或多边合作协议，如联合研发协议、联合制造协议和联合营销协议等），不涉及股权参与，联盟各方只有在利益结合点才进行紧密合作。具体的联盟形式有：合作企业、研发联盟（合作研发）、采购联盟（联合采购）、生产联盟（合作生产，如特许经营、OEM）、营销联盟（合作营销，如名牌“联姻”）、技术联盟（技术交易）等。不同的联盟形式，其联盟强度不同。一般来说，契约式联盟的联盟强度较低（如原材料供应协议的联盟强度相对较低、许可证协议的联盟强度稍高一些、研发联盟强度更高一些），是一种比较松散的合作形式。这种联盟通常需要经过一段磨合期，随着联盟伙伴之间的信任与了解的不断加深，契约式联盟很有可能往联盟强度更高的股权式联盟演进。

2. 根据是否成立合作机构划分

根据是否成立合作机构划分，企业国际战略联盟可以分为实体联盟和虚拟联盟两种。

（1）实体联盟。实体联盟是指一国企业与外国企业通过成立合作机构的形式进行跨国合作而结成的国际战略联盟。在这种联盟中，联盟各方可以按照股权或者契约的方式成立合作机构。前者如合资企业，后者如合作企业。

（2）虚拟联盟。虚拟联盟是指一国企业与外国企业没有成立合作机构，仅通过签订合作协议的形式进行跨国合作而结成的国际战略联盟。在这种联盟中，联盟各方仅按照合作协议的要求，在协议规定的范围内展开合作，不涉及股权参与。具体的联盟形式主要有：研发联盟（合作研发）、采购联盟（联合采购）、特许经营、OEM、名牌“联姻”等。

3. 根据联盟企业所在价值链的位置划分

根据联盟企业所在价值链的位置划分，企业国际战略联盟可以分为纵向联盟、横向联盟、混合联盟三种。

（1）纵向联盟。纵向联盟是指一国企业与上游或下游的外国企业组成的国际战略联盟。在这种联盟中，联盟成员分别位于价值链的上、下游环节，如原材料供应协议、产销联盟等。

（2）横向联盟。横向联盟是指一国企业与同行业的外国企业组建的国际战略联盟。在这种联盟中，联盟成员同属于价值链的某一个环节，如研发型联盟（共同研发）、采购型联盟（联合采购）、生产型联盟（合作生产）、营销型联盟（联合销售）等。通过组建联盟，联盟各方可以共享联盟伙伴的优势资源，弥补自身的不足之处，从而获得各自单干所不能实现的联盟效益。但这种合作通常只是在某些局部功能方面开展的合作，而在其主导产品和核心业务上依然保持各自的独立性，并相互竞争。

（3）混合联盟。混合联盟是指一国企业为了实施非相关多元化经营战略，而与既不是上游、下游的行业，也不是同行业的外国企业组建的国际战略联盟。

4. 根据联盟企业合作的职能领域划分

根据联盟企业合作的职能领域划分，企业国际战略联盟主要有研发联盟、采购联盟、生产联盟、销售联盟四种。

（1）研发联盟。研发联盟是指一国企业与外国企业在某些产品的研究与开发方面进行合作而组成的国际战略联盟。

（2）采购联盟。采购联盟是指一国企业与外国企业在某些产品的原材料和零部件采购方面进行合作而组成的国际战略联盟。

（3）生产联盟。生产联盟是指一国企业与外国企业在某些产品的生产制造方面进行合作而组成的国际战略联盟。

（4）销售联盟。销售联盟是指一国企业与外国企业在某些产品的销售方面进行合作而组成的国际战略联盟。

这些联盟以契约式联盟居多，股权式联盟较少。联盟企业之间主要以签订某种协议的形式进行长期合作，从而形成较为牢固的、相互信任的战略合作伙伴关系，以便共同协商合作意愿、手段和目标，共同研究与开发技术、市场或者改变竞争意识。具体形式有：技术交换与联合开发协议、许可证协议、购买协议、生产制造协议、销售代理协议等。

5. 根据联盟成员的数量划分

根据联盟成员的数量划分，企业国际战略联盟可以分为双方联盟和多方联盟两种。

（1）双方联盟。双方联盟是指一家企业与另一家外国企业通过股权或契约形式组成的国际战略联盟。

（2）多方联盟。多方联盟是指一家（或多家）企业与多家（另一家）外国企业通过股权或契约形式而组成的国际战略联盟。

6. 根据联盟成员整体实力对比划分

根据联盟成员整体实力对比划分，企业国际战略联盟可以分为强弱型战略联盟和力量对等型战略联盟两种。

（1）强弱型战略联盟。强弱型战略联盟是指联盟成员的实力对比存在差异，或者对联盟伙伴的依赖程度不同的不同国家企业组成的战略联盟。

（2）力量对等型战略联盟。力量对等型战略联盟是指联盟成员的实力对等，或者对联盟伙伴的依赖程度不存在差异的不同国家企业组成的战略联盟，包括强强型战略联盟和弱弱型战略联盟。实践表明，强强型战略联盟的成功率相对较高，并且比较稳定。

7. 根据联盟成员间合作与竞争强弱划分

根据联盟成员间合作与竞争强弱划分，企业国际战略联盟可以分为合作竞争型、合作型、竞争型、松散型四种，如图 2－2 所示。

（1）合作竞争型国际战略联盟。合作竞争型战略联盟是指联盟成员之间既高度合作又高度竞争的战略联盟。在这种联盟中，联盟成员通常是某一产品或某一市场中的直接竞争对手或潜在的竞争对手，它们相互之间在一定的领域或一定

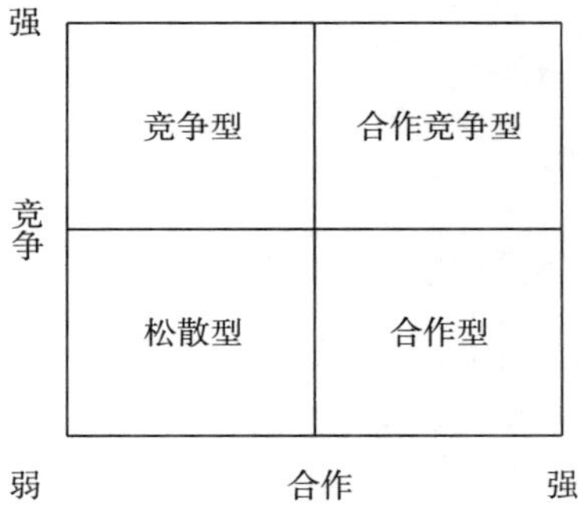

图 2－2 根据联盟成员间合作与竞争关系强弱划分的国际战略联盟

的市场中为了共同的利益展开高度合作，而在其他领域或其他市场又进行高度竞争。例如，通用汽车公司与沃尔沃汽车公司在美国组建联盟，成立重型卡车合资企业，但在其他产品与其他市场仍进行竞争。美国波音公司与欧洲空中客车公司合作研发下一代空中交通系统，以节省燃油，避免空中交通拥挤，但双方在合作领域之外仍然进行激烈竞争。

（2）合作型国际战略联盟。合作型战略联盟是指联盟成员之间合作性强、竞争性弱的战略联盟。在这种联盟中，联盟各方在资源、能力等方面具有高度互补性，联盟后能够形成各自单干所无法获得的竞争优势，如制造商与供应商的跨国联盟、制造商与经销商的跨国联盟等。

（3）竞争型国际战略联盟。竞争型战略联盟是指联盟成员之间竞争性强、合作性弱的战略联盟。在这种联盟中，联盟各方均为某一产品或某一市场上的直接竞争对手，相互之间竞争激烈，但为了维护共同的市场或利益而组建战略联盟。比如，为了共同抵御潜在的进入者进入市场而联盟、为了避免打价格战等过度竞争而组成联盟等。这种联盟由于联盟各方利益冲突，相互之间竞争性强、合作性弱，联盟各方一般是通过协商后签订契约的方式进行合作。

（4）松散型国际战略联盟。松散型战略联盟是指联盟成员之间竞争性、合作性都弱的战略联盟。在这种联盟中，通常是一方（或多方）为某一方（盟主企业）提供产品或服务，盟主企业对其他伙伴企业提供技术上的指导或信息、资金上的帮助，相互之间的竞争性、合作性都非常有限。

二、企业绩效管理理论

（一）企业绩效的定义及其影响因素

企业绩效（Performance of Enterprises），是指在一定的资源、条件和环境下，企业在一定经营期内开展一系列的生产经营活动所获得的效益（产出成果），包括有形的效益（如利润、营业收入等）和无形的效益（如企业形象提升、品牌影响力提升等）。根据企业的边界，影响企业绩效的因素包括企业的内部因素和外部因素。

1. 企业的内部因素

企业的内部因素通常又称内部环境因素，是指企业内部的物质、文化环境的总和，企业能够对其施加影响和控制。企业的内部因素可以归纳为企业拥有的资源和能力两大类。

（1）企业资源（Resources）。企业资源是指企业在实现经营目标过程中可以运用的各种生产要素及其他相关因素。根据是否具有物质形态和是否容易计量，企业资源可以分为有形资源和无形资源。

有形资源是指能够看得见并且可以量化的资产，主要包括：①财务资源（Financial Resources）。财务资源是指企业所拥有的资金（如现金、债权和其他权益），以及企业在筹集和使用资金的过程中所形成的独有的、不易被模仿的财务专用性资产，包括企业的融资能力，创造现金收益的能力、独特的财务管理体制、财务分析与决策工具、健全的财务关系网络以及拥有企业独特财务技能的财务人员等。②实物资源（Material Resources）。实物资源是指企业从事生产经营活动所需的，在使用过程中具有物质形态的一切生产资料。根据实物资源在企业生产经营过程中的作用，实物资源可以划分为劳动对象（如原材料和辅助材料）和劳动手段（如工厂车间、生产设备及其布局、运输设备、土地、房屋等各种企业财产）。

无形资源是指伴随企业的成长而长期积累起来的，没有实物形态的甚至难以用货币精确度量的，却以独特的方式存在，并且不易被竞争对手了解和模仿的资产。虽然无形资源的最大特点是无形（由于是非物质性的，因此通常看不见摸不着），但是可以被人们意会和感知，通常是一些人文资源，包括：①技术资源。企业的各种知识产权以及与之相关的技术知识。如专利权、专有技术等。②创新资源。企业技术人员和研究开发所需的创新能力。如理论知识、科学技术、创意思维等。③信誉资源。企业顾客和供应商所认可的品牌、信誉及合作关系。如品牌形象、商标权、客户关系、企业形象、产品或服务的声誉等。④人力资源。企业员工的培训水平、适应力、判断力和工作态度。如企业的管理者和员工所掌握的知识与技能、相互之间的信任程度、交往方式、心理特征、工作经验、员工对企业的忠诚、管理人员间的默契等。⑤组织资源。企业的组织结构及其计划、控制、协调系统。如组织经验、管理制度、企业文化等。这些无形资源虽然难以被观测、描述和估值，但是在企业的生产经营过程中发挥着不可或缺的作用，可能对企业的竞争优势和经营效益甚至企业成败产生重要影响。

（2）企业能力（Capability）。企业能力是指企业有效分配、使用和整合资源的能力，表现在运用一组资源完成某一任务或活动的质量和水平。企业必须对资源进行有效的分配、使用和整合，才能有效发挥资源的作用，确立企业的市场领导地位，建立持久的竞争优势。

资源不等于能力。例如，一些企业虽然资金实力雄厚、人才充足、技术设备先进，但是经营绩效不佳。其主要原因就是企业缺乏有效整合资源使其为企业创造利润的能力。要注意的是，虽然资源本身不是能力，但是拥有优势资源的确能够给企业带来较强的市场竞争优势。

企业能力主要由研发能力、生产管理能力、营销能力、财务能力和组织管理能力等构成。企业能力是可以培育的。但企业能力的培育并非在短期内能够完成，而是一项长期的、复杂的系统工程。企业能力对企业成长具有决定性作用，它决定了企业成长的速度、方式和程度。一个企业必须拥有一定的企业能力，并且该能力能够随着外部环境的变化不断动态提升，企业才能够不断地动态成长。

2. 企业的外部因素

企业的外部因素通常又称为外部环境因素，是指存在于企业外部，影响企业生产经营管理活动及其发展的各种客观因素的总和。由于这些因素不受企业支配，因此外部因素是企业不可控制的因素，可以划分为宏观环境因素和产业环境因素两大类。

（1）宏观环境因素。宏观环境因素是指国家或地区范围内对一切产业部门和企业都产生影响的各种因素的总和。宏观环境因素包括政治法律因素（Political and Legal Factors）、经济因素（Economic Factors）、社会文化因素（Sociocultural Factors）、技术因素（Technological Factors）四大类。其中，政治法律因素是指对企业经营活动具有实际和潜在影响的政治力量以及有关的法律、法规等因素。这些因素通常制约或鼓励企业的经营行为（尤其影响企业较长期的投资行为）、消费者的消费行为以及其他与企业有关的活动。这种影响具有不可预测性（企业难以预测一个国家政治法律环境的变化）、直接性（一个国家的政治法律环境，直接影响在该国的企业的经营行为）、不可逆转性（企业无法抗衡、逃避和转移政治法律因素对其施加的影响）等特点。对这四大类因素的分析，称之为 PEST 分析。在典型的 PEST 分析中，这四大类因素各自包含的具体因素如表 2－2 所示。

表 2－2　PEST 分析的主要因素

政治法律因素	经济因素	社会文化因素	技术因素
政治制度与体制	GDP/GNP 及其增长率	人口规模	国家的 R&D 支出
政局的稳定性	产业结构	年龄结构	科技研究重点
政府对外资企业的态度	劳动力及资本输出	人口分布	技术发展趋势
产业政策	融资的难易程度	收入差距	专利数量
财政政策	劳动生产率水平	人口的流动性	新技术的商品化
货币政策	通货膨胀率	教育水平	新产品
特种经营政策	税率	宗教信仰	技术更新速度与生命周期
知识产权法	利率	消费结构和水平	技术转让率
反垄断法	汇率	对外国产品和服务的态度	信息技术变革
税法	工资水平	对售后服务的态度	互联网的变革

续表

政治法律因素	经济因素	社会文化因素	技术因素
劳工法	人均就业率	对环保的态度	移动技术变革
环境保护法	市场需求	公众道德观念	
外贸法规	可任意支配收入	生活方式	

（2）产业环境因素。从产业角度看，影响企业的各种因素主要包括：①行业内的竞争状况；②替代品；③潜在进入者；④供应商；⑤购买者（顾客）。这五种因素相互影响，如图2－3所示。它们共同决定了企业所在的产业的吸引力，并影响企业的战略决策。

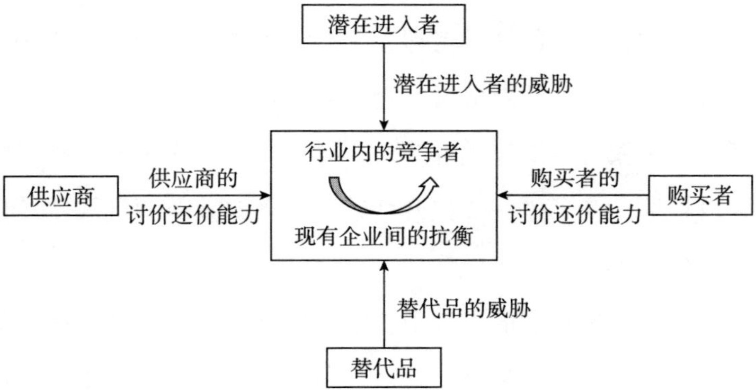

图2－3　五种因素相互影响示意图

（二）企业绩效管理的定义及模型

企业开展绩效管理的目的是持续提升企业、部门和员工个人的绩效。所谓企业绩效管理（Enterprise Performance Management，EPM），是指企业为了实现组织的预期绩效目标，而开展绩效计划制订、绩效计划实施、绩效监控、绩效考评、绩效反馈、绩效提升的过程。企业绩效管理的6个模块，构成了绩效管理模型，如图2－4所示。

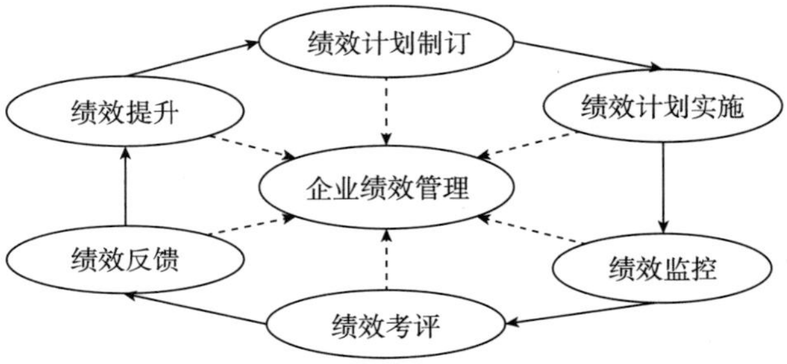

图 2－4　企业绩效管理模型示意图

在图 2－4 中，企业在开展绩效管理时，首先要制订科学、详细的绩效计划，然后有效地实施该计划，并且在实施计划的过程中进行有效的监控，避免偏离计划。到计划期末，进行科学的绩效考评，并把考评结果反馈给各组织、部门和员工个人，以使其了解自己的绩效成果是否达到预期绩效目标。如果没有实现预期绩效目标，则需要采取有效措施提升绩效，以便实现预期绩效目标；如果已经顺利实现预期绩效目标，为了进一步提升绩效，则需要重新制订绩效计划。

（三）企业绩效管理方法与工具

在企业绩效管理理论发展的过程中，学者们先后提出了许多绩效管理方法与工具，但是没有哪一种方法与工具能够适合所有企业的所有时期。因此，企业必须根据自身的具体状态和特点，来选择合适的绩效管理方法与工具。企业常用的主要绩效管理方法与工具如表 2－3 所示。

表 2－3　企业常用的主要绩效管理方法与工具

序号	名称	核心理念	主要优点	主要缺点
1	平衡计分卡（Balanced Score Card，BSC）	围绕企业战略目标，从财务、顾客、内部运营、学习与成长四个维度对企业进行全面测评。使用时对每一个方面确定相应的目标，并建立衡量该目标是否实现的指标	①强调四个维度的动态平衡；②目标之间相互关联；③强化对目标制定、行为引导、绩效提升等方面的管理，使企业绩效目标在制度上得到保证	①实施难度大，工作量和成本也大；②须与 KPI 组合使用；③使用 BSC 时，要考虑自身管理基础和管理成本压力

续表

序号	名称	核心理念	主要优点	主要缺点
2	关键绩效指标（Key Performance Indicator，KPI）	采取有效分解方法，把企业战略目标分解到各个部门和岗位。然后以目标为导向形成关键绩效指标，并把这些指标下达到相关部门和个人，形成从月度、季度到年度的绩效考核体系	①目标明确集中，有利于实现考核目标；②倡导员工工作价值目的在于为企业内外部客户创造价值；③策略性地将目标分解，有利于组织利益与个人利益达成一致	①倾向于定量化的指标，但要科学界定这些量化指标比较困难，且费时费力；②过分依赖考核指标而忽略人为因素和弹性因素，考核时容易引起争端和异议；③过分关注 KPI 可能带来其他管理风险
3	杜邦分析法（DuPont Analysis）	将若干个用来评价企业经营效率和财务状况的比率按其内在联系有机地结合起来，形成一个完整的指标体系，并最终通过权益收益率来综合反映	①让管理层清晰地看到权益资本收益率的决定因素，以及销售净利润率与总资产周转率、债务比率之间的互联关系；②给管理层提供一张明晰的考察公司资产管理效率和是否最大化股东投资回报的路线图	①只包括财务方面的信息，不能全面反映企业实力；②对短期财务结果过分重视，有可能会忽略企业长期的价值创造
4	作业成本分析法（Activity – Based Costing，ABC）	主要关注生产运作过程，它将生产运作过程中的资源按资源动因分配到作业或作业中心，再把作业成本按作业动因分配到产品	①加强了运作管理，使员工关注具体活动及相应的成本；②强化了基于活动的成本管理，使企业管理者能够看到成本的消耗和所从事工作之间的直接联系	成本动因和企业的业务是变化的，只有通过定期修订各项数据，才能确保 ABC 数据和分析结果有效
5	经济增加值模型（Economic Value Added，EVA）	资本获得的收益至少要能补偿投资者承担的风险。股东必须赚取至少等于资本市场上类似风险投资回报的收益率	①考虑了权益资本成本，能够更好反映公司价值和经营治理水平；②能够激发公司决策者与治理者提高资本使用效率，从而使公司价值在现在与将来有显著的提高	①衡量权益资本成本的准确性决定了 EVA 数据核算的准确性，而且股东个人的偏好不同，以股东个人期望薪酬为基础的综合资本成本也不尽准确；②如果法人治理结构和会计准则要求等缺失，将会加大准确获取 EVA 的难度
6	关键事件技术（Critical Incidents Technique，CIT）	由上级主管者记录员工工作中出现做得特别好或特别不好的具体事件。在预定时间，通常是半年或一年后，利用积累的记录，由主管者与被测评者讨论相关事件，并据此为员工绩效测评分数提供依据	①确保绩效结果是员工在整个年度的工作表现而非考核时点上的工作表现；②为解释员工绩效评价结果提供了一些确定的事实依据	管理者要花费大量的时间去记录和整理

续表

序号	名称	核心理念	主要优点	主要缺点
7	目标管理法（Management By Objective，MBO）	以目标为导向，以人为中心，以成果为标准，使组织和个人取得最佳业绩的一种管理方法	作为一种管理哲学与技巧，允许组织和员工自行设定各自的目标与绩效标准，具有很大的激励性	假设条件是员工愿意接受有挑战性的目标，忽略员工惰性。这种假设理论缺陷使目标管理的效果大打折扣
8	行为锚定等级评价法（Behaviorally Anchored Rating Scale，BARS）	这是一种同一职务工作可能发生的各种典型行为进行评分度量，建立一个锚定评分表。以此为依据，对员工工作中的实际行为进行测评的考评方法	可使考评结果更有效、更公平，它使工作承担者直接参与了绩效评估，使考核结果便于为大家所接受	由于每个不同工作都有不同的表格，导致文字描述耗时多，管理成本较高
9	360度评价法（360 Degree Feedback）	由员工本人、上司、直接部属、同仁、同事甚至顾客等从全方位、各个角度来评估人员的方法	①比较全面地进行评估，易于做出比较公正的评价；②通过反馈可以促进工作能力，也有利于团队建设和沟通	①需要全方位评估，工作量大；②可能存在非正式组织，影响评价的公正性；③员工需具备相关评估知识，难以做到公平、公正和有效评价
10	目标与关键成果法（Objectives and Key Results，OKR）	在一定周期内为企业和团队设定战略和目标。在每一个周期结束的时候，OKR能够帮助评估团队目标的执行和完成情况	①对达成目标的行为途径没有太多约束，容易调动员工积极性；②目标更清晰，组织努力方向更聚焦	①对员工的职业性和个人自我驱动精神要求较高；②对高层主管的要求相对较高，需要高层主管能够实时关注员工、及时沟通

第三节 国内外研究现状综述

在实业领域，不同国家企业之间的跨国合作，通常以商业契约为合作的基本原则。这种契约明确地规范了缔约各方的责任、义务和权利，使合作的全过程规范、严格和理性。根据合作各方在合作过程中是否成立专门的实体组织（合作机构），国际战略联盟（ISAs）可以分为：实体联盟（如合资、合作企业）和虚拟联盟（双方仅签订一个临时的合作协议，没有组建实体组织）。根据合作各方在合作过程中有无股权产生，ISAs 又可分为：股权式联盟（Equity Alliances，如合资企业）和契约式联盟（Non - equity Alliances）。可见，西南临边省区企业跨境合作中的业务合作和组织合作，均为 ISAs 的不同形式。其中，跨国业务合作和成立中外合作企业属于契约式 ISAs，合资企业则是股权式 ISAs。跨国并购既可以看作是 ISAs 的最终结果（经过一段时期的合作后，一方完全并购另一方），也可以看作是 ISAs 的一种形式（实行部分跨国并购后，一方持有另一方的股权，或相互持股）。

虽然，西南临边省区企业跨境合作实践在 20 世纪 90 年代初期就开始了（前期基本上是个体工商户进行的边境贸易。目前大部分仍然属于业务合作，少部分属于组织合作，成立了合资、合作企业，只有个别企业开展了跨国并购活动），但是，在理论研究方面相对滞后，特别是针对西南临边省区企业跨境合作的直接研究极少，而关于战略联盟的相关研究成果则较为丰富。

要提升战略联盟的绩效，首先，必须了解战略联盟绩效的影响因素，明确其度量指标。其次，由于联盟各方合作的模式不同，要素整合和价值创造的方式与效果也不同，导致合作绩效也随之产生差异。可见，联盟的合作模式影响联盟绩效。关于战略联盟绩效提升的研究，主要包括以下几点：

一、关于绩效影响因素的研究

企业能力学派认为，联盟绩效取决于合作者拥有的异质性能力和资源的互补性（Das & Teng，2000）。联盟管理能力、组织学习能力则直接影响联盟组合绩效（刘景东、杜鹏程，2015；黄俊等，2008）。交易成本理论学派则强调防范机会主义行为、降低交易成本对提升研发联盟绩效的重要性（Williamson，2002；潘思谕、熊梅娟，2012）。Hoffmann 和 Schlosser（2001）对 164 家奥地利中小企业的实证研究表明，“软”因素如“信任”对联盟成功是重要的，“硬”因素如“战略匹配”和“合适的治理机制”对联盟成功也有重要影响。Cullen 等（2000）强调战略联盟的成功也要关注“软”的一面，即联盟发展和管理中的关系资本。杨海军（2010）则建议在关注影响联盟绩效“硬”因素如资源、治理模式等的同时，也应注重“软”因素如信任、承诺等关系资本因素和市场导向等。薛卫等（2010）指出，关系资本和组织学习是提升研发联盟绩效的关键因素。Robson 等（2006）的研究表明，影响联盟绩效的因素是建立在个人及组织层次上的相互信任、友好、承诺等为盟员专有的独特性关系资源。戴淑芬等（2008）探讨了中小企业策略联盟绩效影响因素，发现联盟伙伴的资源投入程度、联盟伙伴的信任程度对联盟绩效具有显著的正向影响。此外，企业的联盟合作经验也会影响联盟绩效，例如，联盟的合作经验与联盟绩效之间存在正向关系（马娜，2015），部分研究也得出了显著的负向关系（Lunnan & Haugland，2008），也有研究表明，特定合作伙伴的合作经验比总体合作经验对联盟绩效的贡献更高（Gulati，2009）。

王思梦等（2018）研究发现：联盟社会资本的联盟结构资本、联盟关系资本和联盟认知资本对企业联盟绩效有正向影响。张慧和张舒婷（2019）认为：关系治理、分配公平感知和程序公平感知均与联盟绩效之间存在正向关系；沟通维度可以通过影响分配公平感知和程序公平感知影响供应商联盟绩效；信任维度可以通过影响程序公平感知影响供应商联盟绩效。隋博文（2017）研究证实：供应链合作关系的稳定性对跨境农产品供应链联盟绩效有直接影响。其中，承诺与信赖、联盟预期、关系资本、利益分享等因素对财务绩效、运营绩效影响显著；联盟预期、关系资本等因素对绿色绩效影响显著。Panico（2017）研究发现，缺乏信任将会加剧伙伴间的恶性竞争并阻碍联盟价值创造和增值，增大联盟失败的概率。许多学者的实证研究也表明：组织间信任能够提高项目联盟绩效和联盟成员合作满意度，而机会主义则会负向影响项目联盟绩效（Niesten & Jolink，2015；张连营等，2018）。

李伟等（2009）运用 LISREL 模型，实证研究了信任、承诺、交流沟通、冲突降低、保护主义、文化协同、共同愿景及合作等企业组织行为特征要素对技术联盟绩效的影响作用。结果显示：信任、承诺、交流沟通、冲突降低及文化协同对联盟合作有显著正向关系，但保护主义、共同愿景与学习并无显著关系。此外，联盟伙伴合作与联盟绩效有着显著正向关系。李垣等（2009）对程序公平和分配公平影响联盟绩效的路径进行了分析，研究发现：程序公平和分配公平能够提高组织在联盟中的承诺；承诺是提高联盟绩效的一个关键因素。杨伟明和孟卫东（2018）的实证研究表明：组织间信任能够提高项目绩效和联盟成员合作满意度，而机会主义则会负向影响项目联盟绩效。

卢艳秋等（2014）通过实证分析证明：跨国技术联盟知识整合对联盟组织学习有正面影响，联盟组织学习对合作创新绩效有正面影响，知识整合对联盟合作创新绩效有正面影响。Dong（2006）以中外企业共同参与的技术联盟为研究对象，研究发现中国企业的联盟绩效主要受到市场地位、国际扩张和技术交流等因素的影响。Lopez（2008）研究发现，在企业的合作研发过程中，信息流动效率影响创新主体的创新绩效形成。陈啸和张浩（2018）运用 SEM 模型，从激励协同视角系统分析中小银行战略联盟创新绩效的影响因素，结果表明：激励协同对战略联盟创新绩效有直接正向影响；激励协同通过促进不同层次知识主体的知识转移和知识共享进而对战略联盟创新绩效产生间接正向影响；激励协同序参量对战略联盟创新绩效及不同层次知识主体知识转移、知识共享均有促进作用。

在产业技术联盟中，联盟过程冲突和关系冲突与成员创新绩效间具有负向相关关系，而任务冲突与成员创新绩效间具有正向相关关系（周青等，2016）；按照联盟过程中实际贡献进行分配，联盟企业无偿使用技术的分配方式与成员目标创新绩效和过程创新绩效均存在正相关关系，按投资比例进行分配对成员目标创新绩效有一定的影响，且付费购买创新技术方式与成员过程创新绩效间存在正相关关系（周青等，2015）。Ricardo 等（2012）实证分析了产学研合作过程中社会资本、创新与知识获取间的关系，结果显示：社会资本对知识获取和联盟的创新绩效有显著影响。吴兴宇和王满（2019）基于社会网络理论，从产学研协同创新视角，研究联盟网络嵌入对创新绩效的影响，结果表明：联盟网络嵌入正向影响企业协同能力和创新绩效。

关于中外合资企业绩效的影响因素研究，李自杰和张雪峰（2010）基于 106 家中外合资企业的实证调查，发现国家文化差异对绩效有正相关关系，组织文化差异与绩效有负相关关系。信任程度能够加强国家文化差异对绩效的正向影响，沟通会减弱组织文化差异对绩效的负向影响。伍华佳（2011）对海内外华人合资企业在创新期的管理文化与战略联盟绩效进行实证分析，发现“谋划”与战略联盟绩效有显著的正相关关系；“关系”与战略联盟绩效有显著的负相关关系；“礼与法”与战略联盟绩效有一定的正相关关系。田晖（2011）在界定企业文化冲突、关系资本和合资企业绩效及其测度指标的基础上，建立中外合资企业文化冲突、关系资本和绩效之间关系的理论模型。研究表明，企业文化冲突与中外合资企业绩效负相关，而关系资本与中外合资企业绩效正相关，并能有效缓解合资企业文化冲突对绩效的负面影响。潘思谕和陈柳源（2015）采用沪深A股63家中外合资公司2011～2012年数据，研究中外合资上市公司高管团队的年龄、任期、受教育程度和职业经历异质性对企业绩效的影响。结果表明：年龄异质性显著、任期异质性不显著地正向影响企业绩效，受教育程度和职业经历异质性不显著地负向影响企业绩效；外资持股比例正向调节年龄异质性、负向调节任期、受教育程度和职业经历异质性对企业绩效的影响。

二、关于绩效测度与评价的研究

学者们普遍认为，应从多个维度，运用多种指标对战略联盟绩效进行评价。如：Glaister和Buckley（1998）指出，战略联盟的绩效评价应综合采用联盟各方对联盟总体绩效的满意程度、联盟的收益是否超过联盟成本、联盟稳定性和持续时间等主、客观指标。Arino（2003）将联盟绩效测量方法归纳为财务绩效、运营绩效和组织有效性。Lunnan和Haugland（2008）从联盟存续、联盟短期和长期绩效3个方面讨论联盟成功与否，其中联盟存续是针对联盟运营状况的测量，短期和长期绩效衡量探究联盟目标完成效果的测量。Nielsen（2007）构建了包括关系平等、财务绩效、组织学习和联盟目标达成四个维度的联盟绩效评价模型。Mohr（2006）提出，技术联盟绩效应包括技术知识获取、联盟收益、成员企业成长、联盟市场份额以及联盟稳定性五个维度。向刚（2012）从过程绩效和产出绩效两个角度构建了技术创新战略联盟绩效评价指标体系。任慧（2011）建议，知识联盟运行绩效评价应包括知识创造结果和联盟合作过程两个维度。潘思谕

（2012）基于平衡计分卡理论，构建了中国企业国际战略联盟绩效评价指标体系。石书玲（2011）结合评价主体的不同目的，分别构建了基于联盟个体和联盟总体的知识联盟绩效评价模型。

谭建伟等（2017）以来自西部地区 4 个代表性产业技术创新战略联盟为研究对象，从主体效用的视角，运用探索性因子分析，构建基于联盟运行过程（投入、运行和产出过程）的产业技术创新战略联盟运行绩效评价指标体系，包括 3 个一级指标和 37 个二级指标。罗茜等（2018）构建了包括网络形成能力、网络整合水平与网络创新效应等 3 个一级指标的创新网络联盟治理绩效测量指标体系。潘思谕和陈凯婷（2015）从价值创造的视角，剖析中国企业国际产销联盟绩效的产生机理，并从预期绩效和非预期绩效两个层面，构建了中国企业国际产销联盟绩效评价指标体系。

三、关于合作模式对绩效影响的研究

在不同合作模式的战略联盟中，由于资源整合方式不同，导致价值创造的效果也不同，最终致使联盟绩效也不同。不同的合作模式（开发式合作、探索式合作）对企业绩效产生了显著积极的影响。开发式合作通过增强现有产品和服务的竞争力而提升企业绩效（Kauppila，2015）。探索式合作具有资源消耗大、高风险高收益（Bjorn et al.，2012）等特点。为了提高联盟绩效，需要根据联盟所投入的资源和知识的特征和属性，选择相应的合作模式。其中，开发式合作需要大量同质的资源和知识，而探索式合作则需要大量异质的资源和知识（杨伟明、孟卫东，2018；魏江、徐蕾，2014）。在代工企业与国际领导企业“弱 + 强”不对称联盟中，开发性联盟对代工企业价值攫取具有正向促进作用，探索性联盟与价值攫取显著负相关；但是在强关系治理情境下，探索性联盟比开发性联盟更具有显著的价值攫取效果（马海燕、熊英，2016）。

Sampson（2004）深入研究了联盟治理模式选择对联盟绩效的影响，发现联盟治理模式与交易特征的匹配显著提升了联盟绩效，匹配下的联盟绩效是非匹配下联盟绩效的 2.38 倍。Murray 和 Kotabe（2005）的实证研究也得到了类似的结

论。殷梦丹（2017）认为，在技术联盟网络中，选择合适的联盟治理模式对降低信息不对称性和缓和联盟成员的利益矛盾，以及提高联盟成功率和绩效起到关键性作用。梁建英（2010）基于交易成本理论和社会交易理论分析了不同治理结构对联盟绩效的影响，认为契约控制和关系控制都有助于联盟绩效的提高。其中，契约控制对于联盟短期绩效的取得较为有利，而关系控制对于联盟长期绩效的取得较为有利。

乐琦等（2016）基于中国境内 141 个企业战略联盟样本，验证了：与产权联盟相比，非产权联盟中关系控制对联盟绩效的积极作用更大；与横向联盟和非相关联盟相比，纵向联盟中关系控制对联盟绩效的积极作用更大；与本地联盟相比，跨区联盟中关系控制对联盟绩效的积极作用更大；与短期联盟相比，长期联盟中关系控制对联盟绩效的积极作用更大。彭珍珍等（2020）研究发现：在纵向竞合中，运用关系治理模式比运用契约治理模式能更好地提升创新绩效；在横向竞合中，运用契约治理模式比运用关系治理模式有效，竞争强度加强了契约治理对创新绩效的影响，即关系治理模式在波动的环境中更有效，契约治理模式在竞争的环境中更有效。黄俊等（2007）研究表明：中国汽车行业制造商与供应商之间的纵向联盟管理与联盟的绩效呈显著正相关；联盟更多是依赖联盟溢出效应来影响联盟的绩效，而联盟目标实现程度、满意程度以及持续程度对联盟绩效的影响作用不显著。

Sampson（2007）研究了合作伙伴技术多样性和联盟组织形式对企业创新绩效的影响，发现联盟组织形式可能会影响合作伙伴分享信息的能力和动机，进而影响绩效。曾庆洪和蓝海林（2009）认为，战略联盟的不同类型、联盟目的、联盟的特征（包括联盟组织方式、覆盖市场范围、合作企业数量和联盟成立时间）会影响联盟的绩效表现。江玮和王奎（2014）认为，联盟组合的功能多样化、价值链广度和伙伴质量之间存在显著的相互影响作用，可以共同提升企业绩效。刘宇等（2019）发现，联盟组合规模、多样性和网络密度对企业创新绩效发挥显著的正向作用。

宋玲玲（2017）认为，联盟的合作模式会影响合作创新的成功与绩效。跨组织合作创新模式与混合模式的合作创新模式都会促进联盟合作创新的成功，增大成功的概率与绩效。但是相对于混合模式，跨组织的合作对于合作创新的成功率更大，更能提高创新成果的质量。姚利民和温苗苗（2011）发现，企业应结合自身和合作方的技术水平，选择合适的国际技术合作模式，从而提高企业的技术能力，最终提高联盟企业的绩效。

四、关于绩效提升措施与策略的研究

国内外学者基于不同的理论流派和研究视角，对战略联盟绩效的提升方法和策略进行了广泛研究。交易成本理论学派认为，联盟各方可以通过选择有效的治理模式来降低交易成本，提升联盟绩效，如：改善企业间的有效沟通（Mohr & Spekman，1994；刘宇等，2019）、提高联盟治理模式与交易特征的匹配度（Sampson，2004）、建立感性信任（Jiang et al.，2015）、契约控制和关系控制等（Boersma et al.，2003；张延锋等，2007；梁建英，2010；沈灏等，2015）、调整联盟伙伴的合作和竞争关系（李健等，2007）、加强伙伴之间的协调程度（Lee，2019）。

资源基础理论学派则强调，联盟各方的资源互补性可有效提升联盟绩效（Lusch & Brown，1996；Dyer & Singh，1998；Holm et al.，1999；Harrison et al.，2001；Lambe et al.，2002；Deitz et al.，2010；刘宇等，2019）。Dyer & Singh（1998）认为联盟伙伴的稀缺性使得联合的资源更具稀缺性、不可替代性和不可模仿性，也更具有稳定的租金创造能力；同时企业间资源在价值创造过程中的依赖性使得双方的利益更加紧密地绑定在一起，促进了联盟绩效的提升。舒成利等（2015）的实证研究表明：知识获取能够帮助企业提升创新绩效。Lusch & Brown（1996）对供应商与分销商联盟关系的实证研究发现，双方资源的结构依赖性提升了联盟绩效。Holm 等（1999）对纵向联盟的实证研究发现，资源的过程性依赖使得双方成为具有共同利益的生产共同体，并进而提升了联盟绩效。Dyer（1997）对美国与日本汽车产业的对比研究发现，日本汽车组装商与供应商之间资源更高的结构和过程依赖性提升了联盟绩效。Wassmer 和 Dussauge（2011）认

为，企业可以利用从与不同合作伙伴的联盟中获得网络资源，在任何单独联盟的层面上创造高于或超过其创造的利益的绩效。

企业在合作研发过程中，联盟伙伴的多样性可以获取互补资源，进而提升联盟的创新绩效（Lavie，2007；Sampson，2007；Casanueva et al.，2013；Beers & Zand，2014；Leeuw et al.，2014；张妍、魏江，2016）。Lin 等（2009）基于资源基础观与制度视角，考察企业与其合作伙伴之间的资源互补性与制度关联（通过社会地位和网络地位反映）的互动关系，发现企业联盟合作伙伴的资源互补性有利于联盟绩效的提升。杨震宁和赵红（2020）研究中国企业开放式创新（广度和深度）对创新绩效的影响，结果显示：开放式创新的广度和深度对创新绩效的影响存在倒 U 形关系；合作关系有利于企业广泛利用外部知识资源，进而提高创新绩效。吴松强等（2017）实证研究发现：在技术联盟内，知识模糊性不利于提升企业创新绩效；知识复杂性对企业创新绩效的提升具有显著的积极作用。

Mart（2012）实证分析了产学研合作过程中社会资本、创新与知识获取间的关系，结果显示：社会资本可以促进知识获取，提升联盟的创新绩效。蔡树堂和魏思佳（2018）认为，基于关系资本视角，科技型中小企业在产学研联盟中，通过知识共享可以促进企业技术创新绩效的提升。朱少英和徐渝（2016）研究发现：产学研联盟管理、联盟能力、关系质量与联盟绩效呈显著正相关，联盟能力和关系质量不仅可以提升联盟绩效，而且在联盟管理影响联盟绩效过程中起了中介作用。

戴海闻等（2017）研究表明：在标准联盟组合中，企业拥有的关系资源数量越多，其创新绩效越高；关系强度调节关系数量与企业创新绩效之间的关系。文金艳等（2020）基于资源基础和社会网络理论，研究标准联盟网络资源禀赋（网络资源影响力、网络资源异质性）、结构嵌入性对企业新产品开发绩效的影响。结果表明：标准联盟网络资源影响力可以显著提升企业新产品开发绩效，但网络资源异质性的正向影响不显著。

能力理论学派指出，联盟绩效取决于合作者拥有的异质性能力和资源的互补性（Das & Teng，2000）。构建与提高企业的联盟能力可提升联盟绩效（Simonin，

1997；Kale et al.，2002；郑胜华等，2007；潘思谕，2013、2014；Khalid & Larimo，2012）。Simonin（1997）、Kale 等（2002）、Lee（2019）等学者都强调通过“干中学”的方式，从联盟经验中提炼企业联盟能力的重要作用，并发现联盟能力的构建可以提升企业的联盟绩效。近年来，越来越多的中国企业希望通过在海外并购发达国家企业，寻求知识、技术、品牌等关键战略资产，实现能力的跃迁，进而提升并购绩效（Chen & Young，2010；Lin et al.，2014；Luo & Tung，2007；Nicholson & Salaber，2013；Kumar et al.，2020）。

Schilke 和 Goerzen（2010）将核心企业对联盟组合的满意程度视为联盟组合绩效，认为联盟组合管理能力可以明显提升联盟组合绩效。张根明和张曼宁（2019）通过对国内 164 家企业进行问卷调查以及数据分析，发现联盟管理能力中的协调能力、沟通能力和关系能力均有利于提升创新绩效。姜红等（2019）以参与标准联盟的 261 家企业为研究对象，研究表明：企业的知识整合能力对提升技术标准联盟绩效有积极作用；企业的联盟管理能力对提升技术标准联盟绩效有积极作用。郑胜华等（2007）提出了基于整合动态能力观（IDCV）的联盟能力基本构架及其提升企业联盟绩效的内在机理：联盟能力提升联盟绩效的源泉来自运营能力、提升能力和协控能力三种能力之间相互依赖、相互作用和相互促进的协同关系。

Vanhaverbeke 等（2012）从知识流动视角出发进行研究，发现企业参与联盟是为了通过直接或间接联系以提升核心技术能力，从而提高企业的创新绩效。Morrow（2014）研究了基于技术获取的产学研联盟创新，通过实证分析表明：多数企业与学研机构进行联盟创新，目的是获取更先进的行业技术以增强企业自身的竞争力，最终提升合作绩效。武雅敏等（2018）研究发现，联盟成员的执行力可以显著提升跨境农产品供应链联盟的绩效。殷俊杰和邵云飞（2018）则从资源基础理论视角出发，认为联盟组合管理能力有助于核心企业获得在联盟组合内部的关系权力并促进关系学习，从而提升核心企业与其他联盟伙伴合作产生的创新绩效。

张坚（2007）构建了企业技术联盟绩效的激励机制。李健和金占明（2007）

通过对联盟伙伴选择、联盟竞合关系和联盟绩效的关系进行分析，建立了联盟伙伴匹配性、竞合关系和绩效模型，使联盟管理者能够制定更合理的联盟伙伴选择标准，调整联盟伙伴的合作和竞争关系，从而促进联盟绩效的提高。张延锋和田增瑞（2007）认为：在联盟管理中，建立感性信任更有助于提高联盟绩效；相对于正式控制而言，我国企业采取关系控制更有利于联盟绩效的提高。

潘思谕和陈凯婷（2015）从价值创造的视角，提出中国企业国际产销联盟预期绩效的提升策略是：提高营销渠道的有效性、缩短产品在国外上市并获得顾客认可的时间、加大国外市场的开发力度、降低成本、增强市场力量；非预期绩效的提升策略是：提高财务效益、优化内部流程、加强学习、促进成长、提升顾客满意度与保持率。闫立罡和吴贵生（2006）提出有效提高中国企业联盟绩效的策略：充分发挥中国企业建立关系资本的优势、实施以能力提高为导向的长期联盟战略、转变成为学习型组织。江旭和姜飞飞（2015）研究表明：联盟企业对联盟风险进行管理，可以提高其对合作绩效的满意度。此外，高度的共同愿景有利于发挥风险管理的积极作用，为联盟企业带来更高的合作绩效满意度。

白丹等（2010）分析了跨国公司在华子公司战略联盟绩效的影响机制，发现明确统一的战略联盟目标、联盟成员资源匹配、持续不断的沟通、保持相对均衡的学习能力均能提高联盟绩效。杨海军（2010）强调通过提高企业自身的市场导向水平、选择市场导向水平高的合作伙伴、提升联盟市场导向从而提升联盟绩效。潘思谕（2010）以中国与东盟企业的国际战略联盟为例，研究中国企业国际战略联盟的价值创造及拓展途径，认为联盟通过有效创造价值，可以提升联盟绩效。

五、上述研究的评价

1. 缺乏对中国西南临边省区企业跨境合作战略联盟的具体研究

已有研究基本上是以“发达国家跨国公司之间的战略联盟、发达国家与发展中国家企业之间的战略联盟，或者发展中国家企业之间的战略联盟”为研究对象，缺乏针对中国西南临边省区企业跨境合作战略联盟的具体研究。因为这种国际战略联盟属于发展中国家经济相对落后的、少数民族集中居住的、临边省区企业与相邻的经济相对落后的发展中国家企业跨境合作的国际战略联盟，这种国际战略联盟在地理位置、企业实力（包括资源与能力）、联盟经验、市场观念等方面均具有明显的特色，导致在组建与运营过程中呈现出不同的特点。

2. 已有研究成果不能够解释和指导中国西南临边省区企业跨境合作的战略联盟

由于研究对象不同，已有研究成果仅能够为西南临边省区企业跨境合作的战略联盟的发展、演化与运营提供某种程度的参考，不能够完全解释这种战略联盟的发展、演化现象，更无法有效指导他们如何提升联盟绩效。

本书在借鉴国内外专家学者已有的相关成果基础上，按照“要素整合—价值创造—绩效提升”的思路，研究跨国合作的现状特点、演化过程，探索跨国合作的关键成功因素。并把西南临边省区企业跨境合作的整个过程作为研究对象，运用企业跨国经营理论、国际战略联盟理论、企业绩效管理理论与方法，根据西南临边省区企业的特点（优势与劣势），从价值创造的视角，构建绩效评价指标体系，并提出西南临边省区企业跨境合作绩效提升的路径与策略，为提高西南临边省区企业跨境合作的成功率与绩效提供理论依据和方法论支持。

第三章　西南临边省区企业跨境合作的调查分析

第一节　西南临边省区企业跨境合作的历程与现状特点

一、西南临边省区企业跨境合作的历程回顾

（一）西南临边省区企业跨境合作的起源

西南临边省区企业跨境合作最早源自边境贸易。中国有 14 个陆地邻国，陆地边界线长达约 2.2 万公里。随着中国临边省区与邻国的边境商贸往来，在这漫长边界上逐步形成了三个主要边境贸易区：以俄罗斯、蒙古等国为对象的东北地区；以印度和中亚五国为对象的西北地区；以中南半岛国家为对象的西南地区。这三个边境贸易区的边境贸易量，占据中国边境贸易量的 90%。

在西南地区的边境贸易区中，越南由于地理位置独特，政局稳定，经济发展迅速，与中国交往历史悠久，因此逐渐成为边境贸易的中心地带。此外，由于广西可以迅速连通中国经济快速发展的珠江三角洲经济区，而且与越南接壤（云南与越南接壤地区山高林密，道路狭小崎岖。而广西与越南接壤地区相对平坦，道路也相对宽广，而且还可以走海路），因此广西作为中国与越南贸易往来中转站的区位优势十分明显，实践中也主要通过广西来完成。

广西与越南的贸易历史，最早可以追溯到中国的宋朝时期。

在明清时期，广西南宁曾一度设关与越南互市。在越南人民进入中国从事贸易活动的同时，广西人民也从凭祥、宁明、龙州等地进入越南从事贸易活动，导致双边商贸一片繁荣。当时，越南输入中国的产品主要是金、银、铜、胡椒、象牙、犀角、竹木、白铅等，换取中国的纸、笔、米、布等生活用品。

中法战争后，西方工业品开始大量涌入桂滇越边境，导致边境贸易结构发生了变化，促使近代桂滇越边境贸易开始走上区域国际化的轨道。1889 年，广西龙州口岸开埠通商，法国货（西药、香皂、香水、酒类等）从此大量进入边境市场。在广西的进口中，主要以洋纱、布匹、火油、海味等为大宗商品。而在出口中，产品依然是以农副产品为主，只是数量远多于战前而已。

到了民国初期，由于广西境内社会治安相对稳定，桂越边境贸易也随之缓慢发展。但是，此时却出现了鸦片贸易。由于从事鸦片贸易利润丰厚，很多广西边区的商号卷入其中。1919～1924 年，单是鸦片专卖一项就占了法越殖民政府间接税总收入的 30% 以上。这种鸦片贸易导致双边贸易结构畸形发展。

新中国成立后，鸦片贸易才最终被取缔。此后的桂滇越贸易合作也随着中越关系的波动而变迁，出现了从活跃、萎缩到停止，继而又小范围自行交易的发展过程。

（二）西南临边省区企业跨境合作的起步与发展

1991 年中越关系正常化后，中越贸易与投资合作经历了从起步到跨越式发展的过程。在这个过程中，西南临边的广西、云南企业与越南企业的商贸与投资合作，从探索性的起步阶段到因为受亚洲金融危机的影响投资合作增加（因为包括越南在内的东南亚各国货币迅速贬值而人民币不贬值）阶段，再到 2014 年越南反华示威暴乱后投资合作停滞阶段，最后到如今复苏与平稳发展，一共经历了四个发展阶段。

在探索性的起步阶段，中国在边境地区鼓励当地企业以“边境小额贸易”方式开展跨境贸易合作。因此广西、云南突出优势，大力发展边境贸易，推动在中越边境地区形成加工贸易产业链和产业集群，边境地区活力不断增强。随着中越贸易结构的不断优化，沿边跨境贸易合作在两国边境贸易中扮演着越来越重要的角色，成为双边贸易不可或缺的重要组成部分，对中越两国持续推进兴边富民战略、加快促进两国关系发展具有重要意义。

现在越南从中国广西、云南进口的商品主要以机电产品（如家电产品、纺织机械、矿山机械、建材机械、农用机械等）、化工产品、纺织服装产品、电力、卷烟等工业品为主，而出口到中国的则以农产品（大米、水果等）、水产品、林产品（木材及其加工产品）和矿产品等初级产品为主。到2018年，越南已经连续18年成为广西的最大贸易伙伴，中国也连续14年成为越南的第一大贸易伙伴；同时越南超过马来西亚，成为中国在东盟国家中第一大贸易伙伴。

云南企业与缅甸、老挝企业的贸易合作，受到双方接壤地区交通条件恶劣的影响，比越南缓慢。缅甸与云南的商贸往来源远流长，一直以来都是云南边境贸易的第一大伙伴。云南省8个沿边州市中有6个与缅甸接壤，18个公路口岸中有11个为对缅口岸。2018年，云南省与缅甸的贸易总额达65.9亿美元，占中缅双边贸易总额的43.2%。缅甸是云南企业对外投资合作的重要国家之一。2018年底，云南省在缅甸设立投资企业128家，协议投资103亿美元，实际投资19.8亿美元。同时中缅双方在边境经济合作区、工贸园区建设以及边境旅游等方面合作日益加强。

近年来，随着沿边开放政策的实施，云南企业对老挝的投资合作呈现迅速增长的态势。在这一过程中，云南企业也遭遇一些失败。调查发现，云南企业与老挝企业的合作主要属于市场开拓型和政策驱动型。而云南企业与老挝企业的跨国合作障碍，主要体现在法规障碍和内部障碍两个方面上。

由于缅甸、老挝的工业和农业均不发达，而且交通落后，因此缅甸、老挝从云南进口的商品主要以机电产品、化工产品、纺织服装产品等工业产品为主，而出口到云南的则以农产品（大米、水果）和自然资源（木材、矿产）等初级产品为主。随着经济的发展，未来极有可能发展成为线上经济贸易往来。

二、西南临边省区企业跨境合作的现状特点透视

（一）跨国合作的主体以民营企业为主，国有企业为辅

调查发现，广西和云南企业与邻国企业跨国合作的主体大多数是民营企业，其次是国有企业。在民营企业中，既有广西和云南本地投资者创办的企业，也有外省投资者在广西和云南创办的企业。例如，广东投资者在广西创办的金美集团与越南企业的跨国合作。在国有企业中，既有广西和云南本地的国有企业，也有中央企业在广西和云南的子公司与邻国企业跨国合作。前者如：广西柳钢集团、广西玉柴集团、南宁五菱桂花公司、广西农垦集团等广西本地国有企业与越南企业的跨国合作；云南能投联合外经股份有限公司（UREC）和缅甸企业的跨国合作；云南科达集团公司与缅甸亚太国际控股集团的跨国合作；云天化集团与缅甸AWBA集团的跨国合作；云南建投集团与老挝吉达蓬集团的跨国合作（双方合资的老挝万象中心公众公司——Vientiane Center Lao Public Company，2019年登陆老挝证券交易所市场，成为第一家在老挝上市的云南省属国有企业控股子公司，也是老挝证券交易所的第十家上市公司，股票简称为“VCL”，股票代码A000100）；云南东岩实业有限公司与老挝国家石油公司（PWC）、老中联合投资有限公司（LCC）的跨国合作。后者如：中国水利水电第十四工程局有限公司云南子公司和老挝Huayu国际建筑有限公司（Laos Huayu International Construction Company）签订合作协议，组成建设联盟，共同建设老挝万象世贸中心一期工程项目。

（二）跨国合作的动因主要是开拓邻国市场与获取关键资源

关于广西和云南企业与邻国企业跨国合作的动因，不同的企业、不同的合作领域不同。调查发现，与邻国企业合作主要是为了开拓邻国市场与获取关键资源。例如，广西玉柴集团、南宁五菱桂花公司等，为了进一步开拓越南市场，扩大销售，与越南经销商企业进行合作，组建跨国产销联盟；云南建盛投资有限公司为了开拓缅甸水泥市场，与缅甸丹托密有限公司合资建立丹托密水泥厂（总投资25亿元人民币，日产量1万吨），在当地生产水泥并在当地销售；云南新华印

刷实业总公司为了开拓缅甸印刷市场，与缅甸联邦企业合资建设“中缅合资缅甸新华教育印刷有限公司”，为缅甸学生提供优质教科书，推动缅甸教育业和印刷业的发展。广西农垦集团为了获得相对便宜的土地资源开展种植业务，而与越南企业进行跨国合作。

（三）跨国合作的形式主要是以虚拟联盟居多

广西和云南企业与邻国企业跨国合作的形式，以虚拟联盟（契约式联盟）居多，实体联盟（合资企业、合作企业）相对比较少。这种虚拟联盟比如：广西玉柴集团、南宁五菱桂花公司等与越南经销商企业组建跨国产销联盟；广西和云南许多商业企业、物流企业与越南农产品经销商企业组建的农产品跨国供应链联盟；广西和云南的旅行社企业与越南、老挝、缅甸的旅行社企业组建的跨国联盟，由中方旅行社组织中方游客到越南、老挝、缅甸旅游，由外方旅行社负责游客在当地的住宿、饮食、游览、购物等活动。

实体联盟（合资企业、合作企业）比如：云南建盛投资有限公司为了开拓缅甸水泥市场，与缅甸丹托密有限公司合资建立丹托密水泥厂；云南建投集团与老挝吉达蓬集团跨国合资，建立老挝万象中心公众公司（Vientiane Center Lao Public Company，2019 年登陆老挝证券交易所市场）；云南东岩实业有限公司与老挝国家石油公司（PWC）、老中联合投资有限公司（LCC）合资建立老中东岩石化股份有限公司（LAO - CHINA DONGYAN PETROCHEMICAL CO. ，LTD）。

（四）跨国合作的层次以业务合作为主

从跨国合作的实践看，广西和云南企业与邻国企业的跨国合作大多数是业务合作，这种合作属于初级合作或低层次合作，如中国能源建设集团广西电力工业勘察设计研究院和广东水电二局股份有限公司联合承建的越南第一座绿色水电站（占化水电站）的“交钥匙”工程项目；云南建投集团与老挝政府签署万万（万象至万荣）高速公路特许经营权协议，双方成立老中联合高速公路开发有限公司，以 BOT 模式进行投资、建设、运营老挝万万高速公路项目。广西农垦明阳生化集团股份有限公司从“贸易切入”（与越南企业开展贸易合作，从越南大量采购木薯）转变为“实业支撑”，在越南投资建立越南明阳生化有限责任公司，并由该全资子公司与越南企业合作，在越南平定省归仁市仁会工业园区建设年产10万吨木薯变性淀粉、30万吨木薯干片仓储项目。

只有少部分企业成立了合资、合作企业，这种合作是组织合作，属于高级合作或高层次合作，如云南建投集团与老挝吉达蓬集团合资建立老挝万象中心公众公司（Vientiane Center Lao Public Company），2019年登陆老挝证券交易所市场；老挝国家石油公司（PWC）、老中联合投资有限公司（LCC）和云南东岩实业有限公司共同参股合资成立老中东岩石化股份有限公司（LAO－CHINA DONGYAN PETROCHEMICAL CO.，LTD）等。

也有极少数企业开展了跨国并购活动，并购了邻国企业部分或全部股权，前者并购后形成合资企业；后者则是完全一体化的合作。企业通过并购、参股等股权投资合作方式，可以有效地利用当地企业的分销渠道，快速进入当地市场，开展有效的产品营销。

（五）跨国合作范围涵盖第一、二、三产业

西南临边省区（广西与云南）企业与邻国企业的跨国合作基本上从边境贸易开始，然后逐步扩散到其他领域。目前跨国合作的范围主要分布在三个领域：对外贸易（贸易合作）、对外经济技术合作、海外直接投资（合作投资）。主要从事行业有：贸易、工程（如路桥、建筑工程）、旅游、物流运输、化工、轻纺服装、机电、农业与农产品加工、餐饮、机械、房地产、食品加工、药品生产、中医、轻工、矿产、建材、造纸、电子、水产、农药、供水、包装、珠宝加工、水电建设等。经营范围涵盖第一、二、三产业。其中，广西企业与越南企业跨国合作的产业主要以物流产业合作最具特色，合作形式如原材料供应链（越南从中国进口工业原材料、零部件等）、农产品供应链（中国从越南进口大米、水果、海鲜等）；云南企业与越南、老挝、缅甸企业跨国合作的产业主要以电力、农业（合作种植）、工程承包、矿业（合作开采）合作最具特色。

由于云南水电资源丰富，年可发电量约4700亿千瓦时，在中国排第二位。因此云南电网公司依托得天独厚的地理和资源优势，成为全国第一个“走出去”开展跨国合作的省级电网公司。云南电网公司架设了国际化区域电网，与越南、老挝、缅甸国家的电网互联，建立区域电力交换平台，开展电力对外出口合作。同时，在国内率先从单纯的电力出口逐步发展为电力进出口并重，利用国内外两个市场、两种资源，构建了较为完整的国际电力进出口营销体系和目标市场。

此外，截止到2017年，云南省对越南、老挝、缅甸投资合作的农业企业约有130家。目前云南企业在越南、老挝、缅甸农业投资合作中主要有五种生产经营模式：替代种植模式、订单农业模式、土地租赁模式、股份合作模式和农业示范园模式。在调查中发现，大多数企业都选用了2～3种模式同时开展生产经营，但是，每家企业都会选择一种模式作为最主要的投资生产经营模式。

第二节　西南临边省区企业跨境合作的演化分析与发展趋势

一、西南临边省区企业跨境合作的演化分析

在西南临边省区企业与邻国企业跨国合作的历程中，由于内外部许多因素的影响，导致两国企业在跨国合作的主体、合作动机、合作要素、合作范围、合作关系、合作形式、合作行为、合作绩效等方面不断发展、演化、升级。可见这个跨国合作的演化过程是一个高度复杂的过程。本书从上述八个维度对其进行厘清、分析和归纳，以便充分、详细地了解跨境合作的演化过程与演化机制，为预测跨国合作的发展趋势做准备。

（一）从跨国合作的主体看

纵观西南临边省区企业与邻国企业跨国合作的历程与现状，以中方企业的视角（剔除无偿援助这种以政治目的为主的非经济行为），跨国合作主体按照“个体工商户（从事边境贸易）→民营企业→国有企业→中央直属企业在西南临边省区的子公司”的路径演化。不同的企业主体与邻国企业的合作侧重点不同。民营企业大多集中于一些短平快的项目和业务领域的合作。而国有企业（特别是中

央直属企业在西南临边省区的子公司）则主要集中于一些大中型的项目和业务领域的合作。

（二）从跨国合作的动机看

从中方企业的视角，跨国合作的动机按照“商品交换（双边贸易）→开拓市场→获取关键资源→分散风险→提升竞争力（获取竞争优势）→提高效益”进行演化。在西南临边省区企业与邻国企业跨国合作的初期（1997 年亚洲金融危机以前），双方企业主要以进行贸易合作、商品交换为主要目的。中方企业主要把日用的轻工业产品和农业生产用的中小型农机产品销售给邻国企业，再由对方转售本国消费者。

1997 年以后，由于越南、老挝、缅甸等东南亚国家的货币大幅度贬值而人民币不贬值，中方企业纷纷到邻国与当地企业开展合作，成立了一批合资合作企业，在当地生产和销售产品，以便有效地开拓当地市场。也有部分企业与邻国企业合作开采矿产资源、木材资源等。随着越南、老挝、缅甸政府对本国市场、矿产资源、木材资源的监管力度加大，中方企业为了分散这种政策和法律风险，与当地企业展开新一轮合作。也有一部分中方企业，为了降低成本、提高收益，与当地企业合资合作，开展生产、种植和养殖活动。此外，一些工程承包企业为了提高投标的竞争力，选择与当地企业合作，共同竞标、共同建设。

（三）从跨国合作投入的要素看

从中方企业的视角，投入跨国合作的生产要素按照“产品（双方跨国贸易交换的商品，包括最终消费品和原材料、零部件等）→劳务（劳务输出合作）→资本（包括货币资本和实物资本）→技术→品牌”进行演化。可见，生产要素的投入遵循“初级生产要素（原材料、劳动）→中级生产要素（资本、技术）→高级生产要素（品牌）”演化。这种生产要素投入的演化路径基本符合跨国经营与合作的要素投入演化理论。但是，与发达国家跨国公司之间的合作相比，这种演化速度相对较慢，演化所需的时间相对更长。

（四）从跨国合作的范围看

从中方企业的视角，与跨国合作投入的生产要素演化路径相对应，跨国合作领域也从价值链下游的销售领域（环节）逐步向上游的生产运作、采购等领域（环节）延伸、演化。跨国合作的产业领域，则按照“第三产业（双边贸易、物流运输）→第二产业（采矿业、生产加工等制造业、建筑业）→第一产业（合作种植、养殖等农牧业）”演化。

（五）从跨国合作的关系看

在西南临边省区企业与邻国企业跨国合作的过程中，双方企业的合作关系从“强弱型→平等型”演化。中国改革开放后，由于中国经济快速发展，中国已经从农业国迅速发展成为新兴市场经济国家，经济远超越南、老挝、缅甸等国。虽然西南临边省区企业实力比东部地区（特别是珠三角、长三角、环渤海地区）企业实力弱，但是在资金实力和市场化经营经验方面则普遍比邻国企业强大和丰富，此时的双方企业合作属于“强弱型”企业合作。但是随着双方企业合作的进一步发展，以及双方企业的相互信任与关系的进一步融洽，双方企业之间的合作也逐步向“平等型”合作演化和转变。

（六）从跨国合作的表现形式看

纵观西南临边省区企业跨境合作的历程与现状，双方企业跨国合作的表现形式按照“通道经济背景下的企业合作→口岸经济背景下的企业合作→传统国际战略联盟形式的合作→园区经济背景下的企业合作→跨境电商平台（如淘宝、微商等网络平台）背景下的企业合作”演化。在中国改革开放以来，特别是中国和越南两国关系正常化后，中国在与越南、老挝、缅甸接壤的边境上开辟通商口岸，此时双方企业通过这些通商口岸进行贸易合作。1997 年亚洲金融危机以后，中方企业纷纷与邻国企业组建国际战略联盟，成立合资、合作企业，共同生产和经营。随着两国之间的经济进一步发展，越南、老挝、缅甸纷纷建立了产业园区，此时双方企业通过这些产业园区开展合作。近年来，由于网络经济的发展、跨境电商平台的建立，以及手机和电脑的普及，双方企业又纷纷通过这些电子商务平台进行合作。由此可见，双方企业跨国合作的表现形式在不断发展且演化、升级。

（七）从跨国合作主体的行为看

从西南临边省区企业跨境合作的历程与现状看，在不同的合作领域，企业采用不同的合作行为。以中方企业的视角，在营销和采购领域，采用商品贸易行为；在劳务输出领域，采用工程承包的行为；在生产运作领域，采用组建合资、合作企业的行为。为了获得比各自单干更大的利益，跨国合作主体的行为从“损人利己的机会主义短视行为向合作共赢”演化，导致合作关系从主次分明的合作关系向平等互利的合作关系演化，即从一方对另一方的单向依赖关系向双向依赖关系演化。西南临边省区企业这种跨国合作行为的演化路径，基本符合国际战略联盟的跨国合作主体行为的演化理论。但是，与发达国家跨国公司之间的合作相比，这种演化速度相对较慢，且演化所需的时间相对更长。

（八）从跨国合作的绩效看

根据西南临边省区企业跨境合作的历程与现状来，从中方企业的视角，对跨国合作绩效的追求，按照“追求有形绩效（如财务绩效）向追求有形与无形绩效（如企业竞争力等）相结合”演化。西南临边省区企业这种跨国合作绩效追求与获取的演化路径，基本符合跨国经营与合作绩效管理的演化理论。但是，与发达国家跨国公司之间的合作相比，这种演化速度相对较慢，演化所需的时间相对更长。

通过上述八个维度，可以剖析西南临边省区企业与邻国企业跨国合作的演化路径与机制，为进一步分析演化的驱动因素，预测未来的演化趋势，制定进一步的合作策略提供依据。

二、西南临边省区企业跨境合作的发展趋势

根据上述的演化趋势，结合中国和越南、老挝、缅甸的经济发展情况，以及企业国际化经营与合作的相关理论，从中方企业的视角，西南临边省区企业与邻国企业跨境合作的发展趋势如下：

（一）跨国合作主体以民营企业为主，国有企业为辅

与中国经济相比，越南、老挝、缅甸的经济发展远比中国落后。因此，在西

南临边省区企业与邻国企业的跨国合作中，许多的项目和业务均为中小项目和业务，这些更适合民营企业开展业务合作；而大中型的项目和业务相对比较少，这些则更适合国有企业开展业务合作。可见，在将来相当长的一段时期内，西南临边省区企业与邻国企业跨国合作的主体仍然以民营企业为主，国有企业为辅。

（二）跨国合作的动机以提高合作绩效为主，分散风险为辅

虽然不同企业的跨国合作动机和目的不同，但是它们开展跨国合作的最终目的，通常是为了获得各种收益，包括有形收益和无形收益、短期收益和长期收益、财务收益和非财务收益等。在具体的跨国合作实践中，它们短期内可能是为了快速进入当地市场、获取关键资源的长期稳定供应、分散风险、获取竞争优势（提高竞争力）等，这些都是为了企业在长期内获取各种收益的手段和途径。可见，在未来一段时期内，西南临边省区企业与邻国企业跨国合作的动机以提高合作绩效为主，分散风险为辅。

（三）跨国合作投入的要素以品牌和技术为主，资本（资金）为辅

在不同的合作领域，需要合作双方投入不同的生产要素。相对于邻国越南、老挝、缅甸的企业而言，中方企业资金相对雄厚，而且经营管理经验相对丰富。虽然现在中方企业投入的生产要素仍然以资本（资金）为主，外方企业以相对廉价的土地和劳动力为主。但是随着中国经济的进一步发展，中方企业的实力和品牌进一步提升，未来中方企业在跨国合作中投入的要素将以品牌和技术为主，资本（资金）为辅。

（四）跨国合作的产业领域以资源密集型产业为主，资本（资金）密集型产业为辅

根据产业的核心生产要素特征和比重差异，产业通常划分为（自然）资源密集型产业、劳动密集型产业、资本（资金）密集型产业、知识技术密集型产业等。在西南临边省区企业与邻国企业跨国合作的过程中，与邻国企业相比，中方企业通常拥有充足的资金、领先的技术、丰富的经营管理经验等，而外方企业通常拥有相对良好的资源（包括相对廉价和丰富的土地、矿产、森林等自然资源；劳动力资源；对当地政策、法律、市场充分了解的知识资源；与当地政府部

门、非政府组织和社会公众良好的关系资源）。虽然目前跨国合作的产业大多数是劳动密集型产业，少部分是（自然）资源密集型产业和资本（资金）密集型产业，极少数是技术密集型产业等。但是，随着两国经济的发展，中国人均自然资源的短缺，在未来一段时期内，西南临边省区企业与邻国企业跨国合作的产业领域将以（自然）资源密集型产业为主，以资本（资金）密集型产业为辅。

（五）跨国合作关系以平等型合作为主，平等型与强弱型两种合作关系共存

在西南临边省区企业与邻国企业的跨国合作中，由于中国经济的快速发展，中方企业通常比邻国的越南、老挝、缅甸等国企业总体实力强。但是为了有效提高跨国合作绩效，双方企业应该相互信任、有效沟通、融洽关系、协同共进。因此越来越多的企业在跨国合作中，将会选择平等型合作关系。可见，在未来一定时期内，西南临边省区企业与邻国企业的跨国合作关系将以平等型合作为主，平等型与强弱型两种合作关系共存。

（六）跨国合作的表现形式逐渐以园区经济和跨境电商平台背景下的企业合作为主

随着中国和越南、老挝、缅甸等国之间的经济合作进一步发展，越南、老挝、缅甸等国纷纷建立了一些产业园区，如广西北部湾投资集团有限公司直属企业——广西凭祥综合保税区开发投资有限公司与越南福康公司合作，开发建设越南谅山北投产业园项目。该产业园位于同登—谅山口岸经济区下属非关税经济区，总投资约25亿元人民币。项目前期产业规划主要集中在东盟特色、机械电子、纺织轻工3个领域，中远期定位以轻纺加工制造业、装备制造业、电子信息产业、新能源及新材料、农副产品深加工、现代服务业为主。

云南省保山市在缅甸曼德勒和密支那投资设立境外工业园区，构建以保山到曼德勒为线，以保山工贸园区、曼德勒保山缪达工业园区为支点和合作平台的“一线两园”内外联动合作平台，为云南省以及国内企业“走出去”开展跨国经营与合作搭建平台，全面提升企业“走出去”水平。

云南省建设投资控股集团有限公司的海外子公司——云南省海外投资有限公司，与老挝万象市政府共同出资组建老中联合投资有限公司。由该合资公司负责

投资开发和运营管理的老挝万象赛色塔综合开发区（Vientiane Saysettha Development Zone），是老挝境内唯一的国家综合性开发区，按照“工业开发区+万象新城”的开发理念，分三期滚动开发。项目一期开发4平方公里，重点发展工业产业；第二、三期发展物流、商贸、旅游及房地产，努力建成万象新城。

由于产业园区往往提供许多优惠和便利条件，导致中外双方企业将越来越多通过这些产业园区开展合作。而且，由于网络经济的发展，以及手机和电脑的普及，出现了许多跨境电商平台，如淘宝网平台、中国—东盟跨境电商平台（又称“东盟易购”：www. eshopasean. com）等。其中，中国—东盟跨境电商平台积极吸纳和重点对接东盟各国跨境电子商务企业、外贸综合服务企业、金融机构、品牌方、商场超市、贸易商、跨境电商服务商等，具有交易方式便捷、物流配送高效、使用成本较低等特点。因此，中外双方企业又纷纷通过这些电子商务平台展开合作，如跨境贸易、跨境旅游、跨境电商、跨境金融、跨境物流等合作。由此可见，西南临边省区企业与邻国企业跨国合作的表现形式，将逐渐以园区经济背景下的企业合作和跨境电商平台背景下的企业合作为主。

（七）跨国合作主体的行为逐渐向平等互利的合作关系转化

西南临边省区企业与邻国企业开展跨国合作，目的是获得比单干更大的利益。为了提高跨国合作效益，合作各方必须相互信任、坦诚沟通、精诚合作，才能有效创造价值，并获得更大的绩效。因此这就要求跨国合作主体的行为从损人利己的机会主义短视行为，向平等互利、合作共赢转化，并从一方对另一方的单向依赖关系向双向依赖关系演化。由此可见，在未来一定时期内，西南临边省区企业与邻国企业跨国合作主体的行为将逐渐向平等互利的合作关系转化。

（八）跨国合作绩效从追求有形绩效向有形与无形绩效相结合转化

在西南临边省区企业与邻国企业开展跨国合作过程中，双方均是为了获得比各自单干更大的利益。根据是否能够易于用货币或者实物单位衡量，跨国合作的绩效可以划分为有形绩效和无形绩效。就中方企业而言，根据其与邻国企业跨国合作的历程与现状，中方企业从初始阶段主要追求有形绩效（如财务绩效）逐步向追求有形绩效与无形绩效（如企业竞争力等）相结合转化。

第三节　西南临边省区企业跨境合作面临的主要问题及成因剖析

目前，西南临边省区企业与邻国企业的跨境合作虽然已经取得了一定成绩，但是与双方企业跨境合作的预期绩效相比，还是存在很大差距。本书从宏观层面和企业的微观层面，剖析跨境合作存在的问题及其成因。

一、从宏观层面看

（一）跨国合作的企业总体上实力薄弱

调查发现，在西南临边省区企业与邻国企业的跨境合作中，中方企业主要是广西和云南的民营企业，国有企业（特别是中央直属企业在西南临边省区的子公司）比较少。与在越南、老挝、缅甸的欧美、日韩企业相比，总体实力较弱。近年来，越南、老挝、缅甸为了发展本国经济，相继出台了各种优惠政策吸引外资，许多外国企业为了充分利用这些优惠政策、降低成本，纷纷进入越南、老挝、缅甸投资发展。甚至许多外国企业撤离中国搬迁到东盟国家。例如，由于中国近年来的土地成本和劳动力成本不断上升，原本在中国投资经营的美国福特汽车公司、耐克公司，英国的博柏利（Burberry）公司，日本的优衣库公司、奥林巴斯公司，韩国的三星公司、LG 公司等国际大型跨国集团，均先后从中国迁移到越南。可见，与这些大型跨国集团相比，与邻国的越南、老挝、缅甸企业开展跨国合作的西南临边省区企业，总体上实力薄弱，缺乏国际竞争力。

（二）跨国合作的产业分布相对集中于劳动密集型产业

从调查资料可以看出，西南临边省区企业与邻国企业的跨国合作领域主要集中于境外加工制造业、建筑业、服务业、采掘业和农林渔业等一些技术含量相对较低的初级产业，极少涉及高新技术产业。这与中方企业的技术水平相对较低有关。这些产业属于劳动密集型产业和以资源开发为主的资源密集型产业。这种跨境投资合作的产业分布，尽管近期内具有一定的比较优势，但是，随着高科技的发展，以及市场需求的变化（如消费者对产品的质量要求越来越高），这些产业在国际上的竞争力将日趋劣势地位，极容易被替代，也不利于企业跨国经营与合作的长远发展。近两年来，跨境投资合作的产业结构发生了积极变化，陆续涌现投资额上千万美元的较大项目，主要集中在电力、产业园区建设、汽车摩托车零部件生产、矿产资源开发等领域，推动西南临边省区企业与邻国企业的跨国合作跨上新台阶。

（三）政府及相关职能部门的服务亟待改善

调查发现：①主管部门对开展跨境合作的企业具体情况掌握不多，因此既无法进行有效监管，也难以进行跟踪服务。②审批手续虽然已经简化了不少，但是依然烦琐。具体表现在：企业境外投资合作办企业的审批部门多（首先由国家发改委或地方发改委、商务部或地方商务部门审批，然后由银行办理境外直接投资项下外汇汇出手续。如果是国有企业，在报相关部委前，还需取得国资管理部门的批准）、层次多（地方初审，中央再审）、时间长；跨国经营与合作企业的人员办理出入境手续也同样存在审批部门多、报批时间长等问题，难以适应国际市场经营的需要，甚至贻误商机。③政府的引导与协调不力，在对外投资合作的管理上常常表现出严重滞后。目前，国家与广西、云南的地方政府均尚未制订出企业跨国经营与合作的总体战略规划和产业规划，无法对企业的跨国经营与合作、参与国际市场竞争进行统一的引导与协调，对企业跨国经营的管理基本上处于企业各自为政的状况，因此，难以避免境外重复投资与合作、企业间恶性竞争的局面。不仅损害跨国经营与合作的总体利益，也损害跨国经营与合作的企业形象。④政府对“走出去”企业的境外国有资产监管不力。目前，国家与广西、云南的地方政府对“走出去”企业所形成的境外国有资产均实行事后监管，以确保海外国有资产的安全。但由于监管体制的不完善，企业治理结构混乱，国有资产代理人的能力欠缺、责任心不强，导致企业效益差，亏损严重。有的甚至恶意转移国有资产，给国家财产造成重大损失，海外国有资产的安全缺乏保障。

（四）对到海外开展经营与合作的人才培养不够重视，普遍缺乏跨国经营人才

在竞争日益激烈的国际市场上开办合资、合作企业，涉及面广，业务性强，需要较高的技术水平、沟通能力和管理能力。实践表明，企业跨国合作绩效的大小关键取决于管理、技术人员素质的高低。国际市场的竞争归根到底是人才的竞争。在调研中发现，一方面，中国目前对到海外开展经营与合作的人才培养不够重视，导致普遍缺乏跨国经营人才。因此许多企业难以招聘到合适的跨国经营与合作人才，导致派出的人员素质不高，不懂技术、法律、经济，甚至不懂外语，沟通能力差。这样的人员到了国外，难以胜任开拓海外市场、经营海外业务的任务。由于素质差，缺乏经济敏感性，沟通能力与管理经验不足，最终严重妨碍和影响跨国经营与合作企业的运行和发展。另一方面，广西、云南实施跨国经营与合作的企业普遍反映，非常缺乏既懂专业技术，又懂法律、外语和国际规则，且精通经营管理的复合型人才。单就企业目前的人力资源来看，难以满足企业跨国经营的人才需要。由于企业实施跨国经营与合作面对的问题，比在国内经营更为复杂和不确定，因此对管理者的素质与能力相应要求更高，特别需要一批具有全球化眼光、善于从全球的视角定位企业的未来和发展方向、能够在全球范围内成功管理企业的高级管理人才。可是，目前广西、云南企业中能够达到这种要求的管理者可谓微乎其微，严重影响企业跨国经营与合作战略的实施。

二、从企业层面看

（一）企业跨国合作之前没有进行可行性研究，或可行性研究不充分

越南、老挝、缅甸虽然与中国西南边疆的广西、云南接壤，但是这三个国家的政治、经济、法律、文化和风俗习惯各不相同，广西、云南企业到海外与他们的企业开展跨国经营与合作面临的风险要比国内高得多。因此，为了降低风险、减少失误，跨国经营与合作之前开展全面、科学的可行性研究就显得至关重要。

调查研究表明，广西和云南企业与邻国企业开展跨国经营与合作存在很大的自发性和盲目性，大多数是受利益驱动，往往只看到了东道国的优惠政策，没有

对东道国的投资环境、市场状况、风土习俗、合作伙伴、跨国投资合作的运营规则、国际规范、国际惯例等进行深入了解，进行科学、全面的可行性研究，就匆忙展开对外投资合作。有些企业为了“走出去”，往往饥不择食地抓项目，导致重复建设、产品雷同、同室操戈、恶性竞争。由于缺乏跨国投资经营与合作经验，导致企业对外投资经营与合作失败，最终无法生存。例如，梧州松香集团在越南的河静林化生产联营公司、广西进出口贸易股份有限公司在越南的空调加工装配企业均因为对项目可行性研究不准确，盲目投资，造成生产经营无法正常进行，不得不“走回来”。

（二）跨国合作的风险大

实践表明，与国内的企业合作项目相比，西南临边省区企业与邻国企业跨国合作项目的可行性研究、审批环节、投资经营环境、市场状况、利益相关者更为复杂。因此，在跨国合作过程中，通常会受到许多不确定性因素的影响，导致其不可避免地面临许多风险。由于这些不确定性因素（又称风险诱发因素或称风险来源）错综复杂，导致跨国合作风险也非常复杂。其中影响最大的是政治风险。例如，越南的政策法律不完善、越南民众的排华倾向等，影响中资企业在越南的经营与合作。在 2014 年 5 月 13 日越南发生的反华暴乱中，越南民众对在越南开展跨国经营与合作的中资企业进行打、砸、抢、烧，导致中资企业损失巨大。缅甸与中国云南边境地区长期战乱、政府的诚信度低、政策多变，以及美日等第三方的干预等，严重影响西南临边省区企业的跨国合作。

根据跨国合作所组建的国际战略联盟的边界，这些不确定性因素可以划分为联盟的内部环境因素和外部环境因素。联盟的内部环境因素（即内部因素）是指联盟内部合作各方拥有的资源、能力，以及联盟过程中的各种行为、表现等，这些因素联盟伙伴通常可以控制。而联盟的外部环境因素（即外部因素）是指联盟外部的宏观环境因素、产业环境因素、自然环境因素等。这些因素联盟成员通常无法控制。

根据风险诱发因素的不同，西南临边省区企业与邻国企业跨国合作的风险可以进一步分解，如图 3－1 所示。

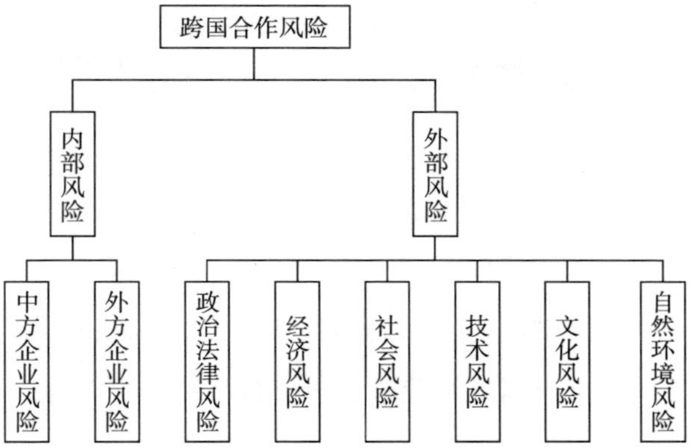

图3-1　西南临边省区企业与邻国企业跨国合作风险分解示意图

其中，内部风险（内生性风险）主要是指联盟内部因素的变化诱发的风险，如联盟伙伴的经营状况的变化（资金和资源投入变化）、对联盟协议的执行状况的变化（执行不严格或者违约）、联盟伙伴未能充分合作、联盟内部运营管理不当等。内部风险属于可控风险，通常可以通过建立有效的机制和控制措施来转移、减轻或消除内部风险诱发因素。

外部风险（外生性风险）包括东道国的政治法律风险、经济风险、社会风险、技术风险、文化风险和自然环境风险。其中，政治法律风险是指东道国的政治系统和政治法律因素变化诱发的风险，如政权更替、政府干预、政治骚乱、外事审批效率、政策法规变化、第三国的干预等。经济风险包括宏观层面的经济风险和产业风险、市场风险。社会风险主要是指当地民众、非政府组织和媒体的态度变化诱发的风险。技术风险指由于技术的变化导致的风险。文化风险则是国别文化差异诱发的风险。自然环境风险是指自然环境因素诱发的风险。外部风险属于不可控风险，通常不以联盟各方的意志为转移，超出联盟各方可掌控的范围。

（三）跨国合作总体绩效不理想，合作的成功率低

目前，西南临边省区企业与邻国企业的跨国合作已经取得了初步进展。一批具有一定规模和竞争实力的企业正在积极探索企业跨国经营与合作之路，主动参与国际市场竞争，将企业发展纳入国际化轨道，从单一的贸易合作转向境外合资

建厂，合作经营。在实现资源优化组合、优势互补的同时，企业整体实力不断增强，并取得了一定的经济效益与社会效益。但是跨国合作总体绩效不理想，合作的成功率普遍较低。主要原因如下：

1. 跨国合作企业对外投资的资金不足

从总体来看，开展跨境合作的企业由于实力欠缺，导致对外投资资金不足。广西、云南均属于中国西部经济不发达省份，经济基础相对薄弱，企业规模小、实力欠缺。例如，到老挝与当地企业进行投资合作的云南企业，主要为地方中小型民营企业，经营规模小、实力弱，发展的主动性和能力不强。

由于我国的资本市场不够发达，金融体系不健全，企业很难通过现有的资本市场、融资贷款解决资金不足问题。资金不足且融资渠道不畅，是制约西南临边省区企业跨境合作的瓶颈。

由于对外投资资金不足，与世界大型跨国公司相比，西南临边省区企业还处于“婴幼儿”期，国际竞争力很弱。主要表现为：企业缺乏资金和核心产品，主业不突出，产品竞争力相对较弱，企业国际知名度、品牌美誉度较低，产品附加值、科技含量低，质量体系未得到国际认可等问题尤为突出。

2. 跨国合作的经验不足

调查发现，目前西南临边省区企业由于缺乏跨国经营与合作经验，许多企业只能边干边摸索。一些企业参照与国内企业合作的经验和做法，也有一些企业学习国外跨国公司的做法，来指导其与邻国企业的跨国合作，但效果均不理想。前者因为合作对象与中国国内企业在价值观、经营管理理念、企业文化等方面相差太大，而后者则因为中方企业的实力与国外的跨国公司相去甚远，不能简单照搬和直接运用。例如，在西南临边省区企业跨境合作中，中方企业的对外直接投资主要以合资新建投资为主，而国外跨国公司的对外直接投资则半数以上采用并购的方式。而且，中方企业的合资经营主要以资金、设备等方式进行投资，而国外跨国公司的合资经营主要以技术、品牌等方式进行投资。

3. 跨国合作战略目标不明确

西南临边省区企业与邻国企业的跨国合作，属于企业的跨国经营战略行为，要求战略目标明确。但是，在实践中，许多西南临边省区企业跨境合作的战略目标不够明确。一些中方企业以追求短期财务目标为主，没有对长期的总体目标进行规划，且忽略了企业的总体布局、竞争优势等非财务目标。究其原因，主要包括：①大部分企业决策层把经营放在首位，追求经营绩效，对企业的发展战略没有引起足够重视；②跨国合作目标不清晰。一些企业的海外决策带有机会主义色彩，企业跨国合作的目的是扩大销售，追求短期的财务绩效，并非为了企业的长远发展。实践表明：明确的战略目标和科学的战略规划对企业的国际化发展具有重要意义，可以为企业指明发展方向，激励全体员工为实现战略目标努力工作。

例如，在境外合作加工等装配型企业中，企业布局不尽合理。由于目标不够明确，与国内的母公司联系松散，母子公司之间未能形成研究与开发、采购、生产、营销与财务之间合理、有效的内部分工与一体化安排。大多数的生产型合资子公司基本上是在单一市场上开展功能完整的生产经营活动，且各自为政。这种分散管理的体制无法利用跨国公司内部的价格转移策略来实现资源的最优配置和利润的最大化，更无法获得经营协同效应。

4. 海外合资合作企业的经营机制不完善

由于西南临边省区企业普遍缺乏跨国经营与合作经验，许多海外合资合作企业仍然采用国内传统的经营模式和管理办法，未能根据海外经营情况进行制度创新和管理创新，仅仅作为“中国式企业”在国外的延伸，在形式上虽然直接面对国际市场，但行为上却按照国内现行体制进行管理。经调查发现，在企业组织结构方面，有些企业还是采用传统的纵向金字塔式组织结构，国内企业严格集权，对子公司的运营管得过严、干涉过多，极大地束缚了企业的手脚，常常导致企业丧失商机，降低了企业跨国合作战略的运行效率，造成大多数跨国合作企业的效益低下。但是，也有一些企业恰恰相反，国内企业对海外合资合作企业放权太多，甚至难以控制。特别是一些国有企业，虽然形式上已经改为股份制，但实际上却未真正转机建制，没有建立一套切实有效的对海外合资合作企业实行监督管理的规章制度，导致一些海外合资合作企业很少与国内的母体企业联系。因此，常常出现跨国经营不善，甚至亏损，造成国有资产严重流失。有些是巨额亏损，有些则是变相侵吞国有资产。而在民营企业的跨国合作中，则相对好得多。

（四）跨国合作的品牌效应低

调查发现，西南临边省区虽然企业众多，可是却鲜有在全国或全球叫得响的品牌。由于大多数企业规模较小，自主品牌意识及维护品牌的意识较差，平时主要把注意力集中于提高产品质量、加大促销力度、加强售后服务方面，疏于品牌的宣传、培育，导致其品牌在国际市场上的影响力低。与国外许多著名品牌相比，西南临边省区企业的品牌在知名度和美誉度方面，相对比较逊色，难以迅速获得当地消费者的认可和青睐，因此品牌效应较低。在当前品牌先导的商业模式中，品牌意味着商品定位、经营模式、消费档次和利润回报。因此西南临边省区企业在与邻国企业的跨国合作中，无法通过品牌效应，带动商机，扩展企业价值，提高跨国合作绩效。

第四章　西南临边省区企业跨境合作的关键成功因素分析

第一节　西南临边省区企业跨境合作的关键成功因素概述

一、西南临边省区企业跨境合作关键成功因素概念

关键成功因素（Critical Success Factors，CSFs）最早可能由哈佛大学教授William Zani（1970）提出，后由麻省理工学院的John F. Rockart（1979）将其引入信息系统（Information System，IS）研究领域，得到推广与发展。到1989年，Pinto等已经在项目的关键成功因素上进行了系列研究。目前，关键成功因素方法更多地用在IS/IT项目的开发与管理领域。John F. Rockart教授认为关键成功因素是企业能够保持长久竞争力的核心要素，必须给予持续的关注与管理。Boyton和Zmud认为关键成功因素是一个概念，更是一种管理方法和管理机制，那就是组织的管理者通过对少数几个关键因素的分析、确认、管理和持续关注，来实现组织的预期目标。Paul J. H. Schoenmmaker将关键成功因素定义为“产业链条中对成功的影响超过其他因素的部分活动、资源或能力”，一般为5~9个，项目关键成功因素的识别将指导对外承包工程企业进一步提升项目管理绩效。

国内外学者对企业/项目的“关键成功因素”的界定可以归纳为以下三种观

点：一是外部视角，认为关键成功因素是对运营绩效有重要影响的环境因素总和；二是内部视角，认为关键成功因素是从影响最终绩效众多因素中提取出来的、主体可以把控的内部因素；三是综合视角，以“二八原则”为出发点，认为在促进企业/项目走向成功的过程中，其中只有20%的影响因素起到决定作用，这些就是关键成功因素，其余80%的影响因素则是起到辅助作用的因素，管理得好，当然是好的，但管理得不是很理想，也无伤大雅。要成功，需要做到的是牢牢地把握住那20%的关键成功因素。

中国西南临边省区企业跨境合作是指广西、云南的企业与越南、老挝、缅甸的企业开展的跨国合作，依托丰富的自然资源与得天独厚的区位优势，西南临边省区与周边国家开展跨境合作日益频繁。企业跨境合作的成功，即达成了合作之初预定的目标，受到众多因素的影响，纵向上看，根据第二章中的图2－1，企业跨境合作阶段分为决策阶段、组建阶段、运营阶段和解体阶段四个阶段，鉴于企业跨境合作关键成功因素旨在探明影响合作成功的关键要素，因此重点关注前三个阶段，即企业跨境合作的决策、组建和运营等阶段对成功合作产生决定性影响的关键因素；横向上看，从企业跨境合作边界区分，有内部运营因素和外部环境因素；由此构成一个多元、复杂、立体、动态的影响因素体系。只有抓住其中的主要因素，即关键成功因素，才能将稀缺的管理资源用在刀刃上，提升企业跨境合作的成功率。

综上所述，中国西南临边省区企业跨境合作的关键成功因素是指在广西、云南两省与越南、老挝、缅甸三国的企业开展跨境合作过程中纵横两个方面对取得成功起到关键作用的因素，关键成功因素不是项目成功的全部因素，而是其中起到决定性作用的关键少数因素，需要提前规划，持续关注，重点管理。

二、西南临边省区企业跨境合作关键成功因素文献回顾

自1970年，“关键成功因素”概念正式提出以后，许多学者便开始对关键成功因素进行研究。由于“关键成功因素”具有极强的对象性特征，即根据对象不同，关键成功因素亦不同，即使是同一对象，也需要因时因地因势的不同而进

行动态调整，因此对关键成功因素展开研究需要从不同行业、不同企业、企业不同的生命周期阶段、企业生产的不同产品、不同项目等展开具体研究，方能得出有指导性价值的“关键成功因素”理论成果。不同学者从不同视角分析关键成功因素，并将此理论应用到不同行业不同领域。

西南临边省区企业跨境合作实践从改革开放后的80年代中后期就开始了(之前基本上是个体工商户进行的边境贸易，目前大部分仍然属于业务合作，少部分属于组织合作，成立了合资、合作企业，只有个别企业开展了跨国并购活动)，但是，在理论研究方面相对滞后，特别是针对西南临边省区企业跨境合作的关键成功因素的直接研究极少，而关于企业合作的关键成功因素的相关研究成果也不多。

国外学者关于企业跨国/跨境合作中的关键成功因素的研究，主要有：跨国公司在华合资企业的关键成功因素、跨国公司非在华合资企业的关键成功因素，以及有关企业国际战略联盟的关键成功因素的相关研究。Jeffrey L. Cummingsa 和 Bing－Sheng Teng（2003）认为，新产品跨国合作研发过程中知识成功转移的关键因素主要是：合作双方相互理解、共享知识、愿意并能够传递知识、学习吸收对方的知识。Ping－KitLam 和 Kwai－SangChin（2005）运用层次分析法（AHP），研究新产品开发合作中冲突管理的关键成功因素，认为沟通管理、信任与承诺是合作的最重要因素。Fredo Schotanus、Jan Telgen 和 Luitzen de Boer（2010）的研究表明，企业联合采购的关键成功因素是：自愿参与、共同努力、共享知识和信息、相互沟通、公平分配利益。Jeffrey L. Cummings 和 Stevan R. Holmberg（2012）认为，企业战略联盟伙伴选择的关键成功因素包括以下四个方面：①与联盟任务有关的因素，这类因素可以促进联盟目标的成功实现；②与组织学习有关的因素，即促进联盟伙伴学习效果的潜在学习能力因素；③与联盟伙伴关系有关的因素（关系因素），这类因素可以影响联盟运作从而影响联盟绩效；④与联盟风险有关的因素，这是联盟本身与生俱来的，但也是常常在实践中容易被忽视的因素。

国外学者针对跨国合作关键成功因素的理论探索主要来自于资源观、能力观和关系观三个理论层面。①基于资源观的研究认为，跨国合作的关键成功因素有：技术优势、良好的品牌形象、政府政策、合作伙伴的信息获取、充分的准备和深入的可行性研究等。②基于能力观的研究认为，跨国合作的关键成功因素有：高层管理者的支持、合作的耐心、合作伙伴的选择、明确合作协议和合作目标、适应文化的管理、组织学习能力等因素。③基于关系观的研究认为，跨国合作的关键成功因素主要有信任、长期承诺、冲突处理。

国内学者关于企业合作中的关键成功因素的研究，主要有：李良成（2003）综合国外对影响战略联盟成败的因素后认为，选择恰当的合作伙伴、相互信任、高层管理人员积极参与、相互协调与沟通、及时反馈与控制等是战略联盟的成功的因素。李秋容（2005）的研究表明，中小企业在虚拟合作的五个阶段中，各阶段取得成功的关键因素分别是：①策略分析和合作决议阶段，虚拟合作项目要求高灵活性和低控制度、合作目标源于企业策略、注重虚拟合作发展的时间要求；②合作伙伴选择阶段，合作基于信任、合作伙伴具有突出的互补或相似资源、基本价值观一致；③合作关系的设计阶段，明确界定合作者的权利和义务、确保合作伙伴的投入相当、建立信息交流原则、维护核心能力、制定现实的目标和具有阶段性成果标志的计划；④合作的实施与管理阶段，建立信息交流与合作体系、获取需要的资源、获得管理者的支持、定期进行成果总结；⑤合作的结束阶段，基于所有合作伙伴同意的结束、在设计阶段就要准备结束事项。中小企业合作成功的关键因素多体现在合作早期，尤其是在合作伙伴选择和合作设计两个阶段。因此，在合作初期各合作者就要进行系统的准备和精心的规划，但并不需要将合作关系规划到每一细节，因为虚拟企业是逐渐演进的，在合作的实施阶段和合作的结束阶段还有随时间而变动的因素。

柳春锋（2006）采用博弈论中的收益矩阵，研究旅游联盟在寻求和维持阶段获得成功的重要因素，发现在寻求联盟阶段，成员需要提高对合作的认识；在维持联盟阶段，实力均衡的联盟需要提高成员的违约成本以此防止机会主义威胁，力量悬殊的联盟需完善资源投入和利益分配机制以防止“搭便车”现象，形成“按劳分配”的激励机制。吉峰和周敏（2007）运用问卷调查和层次分析法

（AHP），探寻影响技术联盟成功的关键因素，结果表明：联盟伙伴选择、联盟沟通管理是中小企业进行技术联盟主要考虑的层面因素；互信程度、资源互补、产出分配公平性、竞争合作关系是企业进行技术联盟的重要考虑因素。

俞建中和王敏（2010）研究了日产与雷诺组建的ISA，认为双方合作成功的主要因素是：紧密的资本协作关系、富有创造性的联盟协调机构、步步为营的战略计划、相互尊重的信赖关系。张荣佳、原毅军和徐凯（2012）以226家中国企业为样本，对企业合作研发的主要影响因素进行实证研究。结果表明：合作研发与输入溢出具有显著的正相关关系；就输出溢出而言，水平溢出会抑制企业间的合作（包括水平合作和垂直合作），而垂直溢出却会促进企业间的垂直合作，且这种积极作用不会受到水平溢出的影响；研发目标对企业间合作研发模式选择也具有显著影响，当企业旨在提高研发成果的成功率和利用率时，更倾向于选择垂直合作；当企业进行重大技术开发或重大创新时，更倾向于选择水平合作。

沈鹏熠（2013）基于文献研究和访谈研究，文章构建了中国企业承接离岸服务外包关键成功因素概念模型。实证研究表明，区域经济与产业发展水平、政策支持力度、技术创新与应用能力、市场竞争能力、跨文化沟通与适应能力、人力资源质量、运营管理能力对承接离岸服务外包绩效有积极影响。相比区域经济与产业发展水平、政策支持力度的影响，人力资源质量、运营管理能力、技术创新与应用能力、市场竞争能力、跨文化沟通与适应能力对承接离岸服务外包绩效的影响更大。外包业务类型和承接企业规模对承接离岸服务外包绩效及其关键成功因素有一定的调节作用，并且对中国企业承接离岸服务外包的绩效水平有显著差异化影响。

章长城和任浩（2018）在分析企业跨界创新案例的基础上，认为企业跨界创新表面上是指企业跨越组织或知识领域的一种创造性活动，在跨出（OUT）熟悉领域并跨入（IN）新领域的过程中，建立企业内与企业外的联系—实质是企业在跨界思维指导下，基于自身能力与外部可协调资源，以整合、连接企业内外部价值创新为目标，进行的组织系统（目标、结构、制度等）重组活动。刘玉明、刘延宏和张静（2019）通过文献整理和案例分析，总结了中国铁路“走出去”

建设项目的41个成功影响因素，并提出了建设项目成功影响因素的五维模型；接着通过开展问卷调查统计分析，得出了中国铁路“走出去”建设项目成功影响因素的重要程度排序并筛选得出关键成功因素；再采用解释结构模型方法，构建了15个关键成功因素影响建设项目成功的解释结构模型，运用该模型分析了关键成功因素对建设项目成功的影响机理；最后，从国家、行业、企业三个层面提出相关对策建议，为有关各方制定中国铁路“走出去”发展战略提供理论依据和参考建议。

综上所述，现有关于企业跨境合作的关键成功因素的研究比较分散，没有形成系统、全面的研究，更是缺乏针对西南临边省区企业跨境合作的关键成功因素的直接研究。本书在借鉴国内外专家学者已有的相关成果基础上，把西南临边省区企业跨境合作的主体和整个合作过程作为研究对象，运用企业跨国合作理论、协同论、演化理论、价值链理论与方法，探索双方企业跨国合作的关键成功因素，为提高西南临边省区企业跨境合作的成功率与绩效提供理论依据和方法论支持。

第二节　西南临边省区企业跨境合作关键成功因素的识别与确定

一、西南临边省区企业跨境合作关键成功因素识别的思路

西南临边省区企业跨境合作成功关键因素的识别，首先须明确界定“企业跨境合作成功”的含义，简言之，是达成合作预期的目标，也包括经济目标和非经济目标。经济目标，如降低成本与增加收益，前者包括确定性成本、不确定性成本和风险性成本等，后者一般包括正常收益与风险收益等，通常采用投资回收期法（Pay Back Period，P_b）、净现值（Net Present Value，NPV）法、内部收益率（Internal Rate of Return，IRR）法等进行定量测算。非经济目标，如提升市场渗

透速度、学习先进技术与管理经验、树立企业形象等，通常采用德尔菲法、模糊综合评价法（FAHP）等进行定性分析。只有能够同时达成企业跨境合作的经济目标与非经济目标，才能表明此次企业跨境合作是成功的。

在明确企业跨境合作成功的基准后，研究从纵向和横向两个视角，识别并确定西南临边省区企业跨境合作的关键成功因素。其中，纵向视角反映企业跨境合作过程，即跨境合作与时间的关系；横向视角反映跨境合作与环境的关系，然后对这些关键成功因素进行分析与评价，并探寻这些关键成功因素的管理方法和策略，以便对其进行有效管理。

二、西南临边省区企业跨境合作关键成功因素识别的方法

企业跨境合作关键成功因素识别以模块化分析法为主导方法，以文献研究法、传统调查分析方法（包括实地调查、访谈法等）、专家咨询法（包括德尔菲法，Delphi）、层次分析法（AHP）等多种研究方法为辅助方法，综合研究西南临边省区企业跨境合作的关键成功因素。

其中，对内、外部因素的采集提取，可以分别从企业的资源与能力两个视角、PEST 分析（宏观环境因素分析）和波特五力分析（产业环境因素分析）两个层次展开。因素力度分析，即对关键成功因素采集提取出来的因素进行量化评价，拟采用德尔菲法与计划评审技术（PERT）相结合的方法，对各因素的强度进行评分，运用比较成熟、简单并经典的层次分析法（AHP）来确定各因素的权重系数。最后，根据各因素的力度大小，采用逐级筛选的办法筛选来确定关键成功因素。

（一）文献研究法

文献研究法是基于对文献的收集、整理、归纳、分析以掌握某一知识领域的研究现状及其进展的研究方法。为了有关跨境合作以及关键成功因素等的研究情况，广泛收集有关“越南、老挝及缅甸经济发展动态”“东盟自贸区建设”“企业战略联盟”“西南临边省区企业跨境合作”“企业跨国合作”“企业跨境合作”“关键成功因素”等国内外文献，对其中涉及企业跨境合作的关键

成功因素的国内外研究文献，并按照研究的思路从纵向与横向两个方向进行分析、归纳、汇总。

（二）调查分析方法

调查分析方法，是收集一手资料的有效方法，研究采用走访调查，深入西南边境的广西、云南与越南、老挝、缅甸等国开展跨境合作的企业，了解企业跨境合作的具体情况，包括跨境合作的洽谈过程、跨境合作的开展过程、跨境合作的成效等方面，收集第一手文本及数据材料，为后续企业跨境合作理论研究提供参考。

（三）专家决策法

专家决策法是依靠专家的知识、经验和直觉判断，分析并发现企业跨境合作潜在风险的分析方法，又称专家调查法。专家决策法很多，在实践中比较常用的主要有以下几种：头脑风暴法、德尔菲（Delphi）法、风险识别调查表、风险对照检查表和风险评价表等。专家决策法通常适用于企业跨境合作风险分析的全过程。需要注意的是：运用专家决策法时，专家的数量应有一个合理的规模，一般人数在 10～20 位为宜。专家的人数主要取决于企业跨境合作的类型、特点、复杂程度和风险的性质而定，没有绝对的规定。

（四）层次分析法

层次分析法是一种定性与定量相结合的多准则决策分析方法。在企业跨境合作的关键成功因素中，层次分析法主要有两种用途：①将关键成功因素逐层分解识别，直到最基本的关键成功因素为止，通常称为正向分解；②两两比较同一层次关键成功因素的重要程度，列出该层关键成功因素的判断矩阵（判断矩阵一般由专家调查法确定），判断矩阵的特征根就是该层次各个风险因素的权重，利用权重与同层次关键成功因素概率分布的组合，求得上一层关键成功因素的概率分布，直至求出总目标的概率分布，通常称为反向合成。运用层次分析法分析企业跨境合作的风险时，一般包括以下步骤：①建立企业跨境合作关键成功因素的层次结构；②构造两两比较判断矩阵；③由判断矩阵计算被比较关键成功因素的相对权重；④计算各层关键成功因素的组合权重；⑤将各子项的权重与子项的关键成功因素概率分布加权叠加，即得出企业跨境合作关键成功因素的概率分布。

三、西南临边省区企业跨境合作关键成功因素的确定

（一）关键成功因素采集

关键成功因素的采集将按照纵向与横向两条线进行，纵向上看，是西南临边省区企业跨境合作过程的时间线上的关键节点的关键成功因素，关键节点包括决策阶段、实施阶段、运作阶段。横向上看，分为合作企业内部环境与外部环境，内部环境采用“平衡记分卡”的方法梳理关键成功因素，外部环境采用 PEST 分析法与波特五力分析法进行采集。

1. 合作企业外部因素

西南临边省区企业跨境合作的外部环境关键成功因素分析采用 PEST（Politic factors－Economic factors－Social cultural factors－Technological factors，PEST）分析和波特五力分析（Five Forces Model）的思路，从宏观环境层面和产业环境层面，分析西南临边省区企业跨境合作的外部环境因素，如政策、经济、技术、行业、市场和竞争对手等的发展趋势、政策机会、行业机会、市场机会等，以及来自各方面的威胁等。

2. 合作企业内部因素

采用平衡计分卡的分析框架，从财务、内部流程、学习和成长、顾客四个维度，将西南临边省区企业跨境合作内部运营的所有活动进行梳理，广泛收集影响企业跨境合作成功的各类因素。

（二）关键成功因素分析

1. 纵向关键成功因素

企业跨境合作从纵向上看，分为决策阶段、实施阶段和运作阶段，企业跨境合作的成功，是三个阶段性成功的总和，缺一不可，如图 4－1 所示。

在跨境合作的决策阶段，合作的可行性分析与创新性研究是关键成功因素。可行性分析主要论证项目实际落地的现实依据是否充分，包括合作项目的资金来源，双方能投入的人力、物力的保障程度，目标市场的潜力等方面。创新性则是重点分析跨境合作项目是否符合时代发展的要求，具备相当程度的创新性，包括

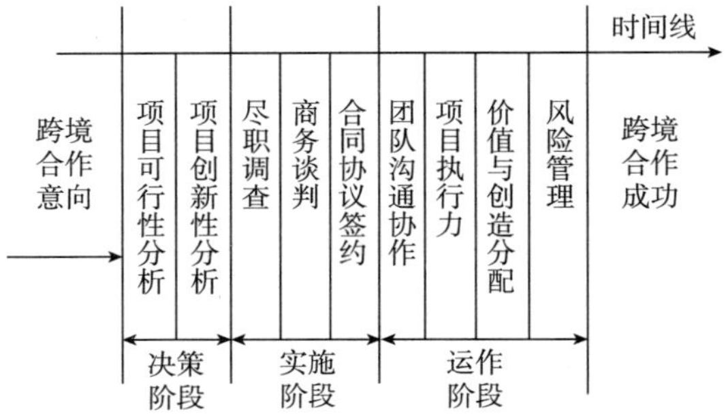

图 4－1　西南临边省区企业跨境合作纵向关键成功因素图

理念创新性、技术创新性、产品创新性等。在跨境合作的实施阶段，商务谈判是其中关键的成功因素，包括谈判前双方企业对彼此相关经营情况的掌握，谈判中如何避开零和博弈的僵局，争取达成双赢，在谈判后，对谈判达成的一致意见通过协议或合同的形式形成文件。在跨境合作的运作阶段，关键成功因素有合作项目执行力、沟通、信任和风险管理等，合作项目的执行力是对合作达成的协议或合同里的条款落地执行的情况，合作的规划再好，若缺少执行，也只是一纸空文，没有任何价值；团队协作、合作、积极主动的沟通是企业跨境合作中相当关键的组织行为方面的成功因素，这也是保证项目执行的关键的人际因素；风险管理是对三个阶段的关键成功因素的纠偏与管控，贯穿于整个跨境合作过程。

2. 横向关键成功因素

企业跨境合作横向上的关键成功因素包括企业跨境合作项目与外部环境的关系以及与内部经营的关系两个方面。

项目与内部经营的关系，基于平衡计分卡的四个方面（财务、内部流程、学习与成长、顾客）展开分析。财务方面的关键成功因素主要体现在财务运行过程的高效性上，通过财务规范化管理、制度化建设等方面的工作实现企业跨境合作项目的财务目标。内部流程是项目运作内部效率的核心，业务流程重组与业务流程再造等是提高内部效率的关键路径。学习与成长是指企业开展跨境合作后，企业的文化、组织学习与发展等方面是否能够有所提升，关键的成功因素需要从合作双方企业文化的匹配性，组织能够在合作中进行组织学习等方面进一步总结提炼。顾客是企业跨境合作项目价值的最终裁判，能够赢得顾客的认可，将直接决定项目的成功与否，这就需要在跨境合作项目中，充分考虑顾客的需求，提供的产品和服务能够充分满足顾客的期待，因此对顾客的需求分析成为获得顾客满意度、认可度和美誉度的关键。

项目与外部环境的关系通过 PEST 模型（政治环境、经济环境、社会环境、技术环境）与波特五力模型（供应商、消费者、潜在进入者、替代者、行业内的竞争者）进行分析，以确定跨境合作项目关键成功因素。

（三）关键成功因素确定

采用德尔菲法（Delphi）、层次分析法（AHP）确定关键成功因素，可以充分利用专家的知识、经验，对实际问题做出判断而主观确定权重。为了尽可能避免赋权时的主观随意性，在遴选专家时要注意综合考虑：专家的知识领域和经验、专家本身判断的一致性、增加专家数量、专家的代表性、给不同的专家赋予不同的权重等。将各评价指标的评分值分别乘以各自的权重系数，即为各评价指标的加权平均值。各指标的加权平均值之和，表示西南临边省区企业跨境合作关键成功因素影响力的大小，如表 4－1 所示。

表 4－1　西南临边省区企业跨境合作关键成功因素表

视角	维度/理论	关键成功因素
西南临边省区企业跨境合作纵向视角	决策阶段	合作可行性
		合作创新性
	实施阶段	尽职调查
		商务谈判/签约
	运作阶段	沟通/信任
		团队合作
		项目执行力
		价值创造
		价值分配
		风险管理

续表

视角	维度/理论	关键成功因素
西南临边省区企业跨境合作横向视角	PEST 分析	政府政策
		投融资市场
		信息新基建
	五力分析	项目供应链整合
		核心竞争力
	平衡计分卡	财务标准化
		合作项目内部流程效率
		文化适配性
		组织学习
		顾客需求

综上所述，通过层次分析法，对西南临边省区企业跨境合作关键成功因素进行评价和确定，可以充分反映企业跨境合作过程中的关键问题，确定工作抓手，根据已确定的关键成功因素，需进一步进行关键成功因素的影响力分析与管理策略的探讨。

第三节　西南临边省区企业跨境合作关键成功因素的影响

一、西南临边省区企业跨境合作纵向关键成功因素的影响

企业跨境合作纵向关键成功因素是根据合作的时间线上重要的因素来确定，且每一个确定的关键成功因素对跨境合作的最终绩效都具有决定性的影响作用。

决策阶段。对企业跨境合作项目可行性的论证和创新性的分析是保证项目成功的基本前提条件。其中，企业跨境合作项目可行性论证的目标是保证企业跨境合作决策的正确性，防止决策失误，包括跨境合作的必要性、可能性与合理性三个方面的分析与预测，只有这三个子过程的分析结果都可行，企业跨境合作项目

才具备可行性。而合作创新性是分析项目的创新程度，如果说项目的可行性论证是着眼于现实的基础，那么合作创新性则是立足于长远，确定基于项目的技术、产品、市场等因素是否具有成长性，符合未来商业环境发展的期待。

实施阶段。具体需要把握的关键成功因素包括尽职调查和商务谈判与签约。尽职调查是商务谈判的前提，一般聘请专业的机构进行，全面增加对待合作企业各项信息的了解，保证决策信息的准确性和完整性，为商务谈判议价提供充分的信息基础。商务谈判和签约在企业跨境合作的商务洽谈中，需要遵循的原则有明确跨境合作的目标、充分掌握对方企业的相关信息、不泄露谈判底线、不轻易承诺、有谈判失败的心理准备，等等，若谈判顺利，则需要着手准备签约事宜，包括的主要内容有企业跨境合作范围、合作条件、合作形式、合作的治理结构、合作期限、收益分配方法等，任何一个环节的疏忽都可能成为合作道路上的巨大隐患，因此，必须慎之又慎，保证签约合同/协议的每一项条款都经过了充分的讨论并达成共识。

运作阶段。企业跨境合作项目正式开启以后，双方人员的沟通、协作、相互信任与团队合作是保证项目执行力的重要基础，而项目执行力又是价值创造与价值分配的前提，风险管理是贯穿合作过程始终的保障因素。价值创造和价值分配相对抽象，稍后作分析（第五章将详述）。价值创造，简言之，即成本的节约、效益的增加、获得市场力量，是企业跨境合作成果的重要呈现，只有在前述关键成功因素上有好的表现，才能在价值创造因素上有好的成效。价值分配，通常是在跨境合作谈判时就已经根据各方投入人力、物力和财力等数量的多少确定的收益分配机制，但由于跨境合作的不确定性和各种风险因素的存在，可能使得原来的分配方式需要调整或者有合作方主观背弃协议等，都使处理价值分配变得相对困难。如果做到价值分配的科学、公平与合理性，成为保证企业跨境合作的关键成功因素之一。

二、西南临边省区企业跨境合作横向关键成功因素的影响

企业跨境合作横向关键成功因素是基于合作项目与外部环境、合作项目与内

部环境的联系进行确定。

合作项目与外部环境。外部环境包括宏观环境和产业环境两个方面。宏观环境上，通过 PEST 分析，合作项目在政治、经济、社会和技术四个环境因素方面，对企业跨境合作有直接影响的关键成功因素包括政府政策、投融资市场与信息新基建。政府政策，是指合作企业所在国的关于跨境投资扶持政策、开放市场领域、资源开发等方面的方针政策。投融资市场的发达程度是保证跨境合作项目资金链的重要因素。新基建是企业跨境合作的基础设施建设情况，随着大数据、人工智能、5G 技术、区块链技术等新兴的信息技术的迅猛发展，基于这些技术之上的大量商业机会正有待发现，也将成为未来商业发展的主流方向。就西南临边省区企业跨境合作而言，自东盟自贸区建立以来，相关的鼓励跨境投资合作的政策已比较完善，而且随着亚洲投资银行的快速发展和“一带一路”倡议的全面推进，无论在政策环境、投融资环境还是在新基建上，西南临边省区企业跨境合作的大环境都是比较良好的。产业环境基于波特五力模型，企业跨境合作关键成功因素包括项目供应链整合和核心竞争力。项目供应链整合，是指以企业跨境合作的产出为中心，产品或服务，上游整合供应商，下游整合分销商，最大限度地降低与上下游企业的谈判成本与交易成本。核心竞争力，则是企业跨境合作项目的特色，具备价值性、不易模仿、不易复制、成长性等特点。

合作项目与内部环境。内部环境的分析是基于平衡计分卡理论，该理论提出的初衷是用于对整个企业或项目的经营绩效进行评价，正是此全局性，为考察企业跨境合作项目提供了一个完整的视角。对应平衡计分卡的四个维度，财务、内部流程、学习和成长、顾客，企业跨境合作项目相应的关键成功因素有财务制度化、合作项目内部流程效率、文化适配性、组织学习与顾客需求。财务标准化，要求企业跨境合作项目的财务核算流程、财务指标选择必须规范化、标准化，财务指标包括成本的节约、利润的增加、资产利用率的提高等，可用企业跨境合作后当期经营业绩来反映。合作项目内部流程效率，是企业开展跨境合作后，项目内部业务流程的运行情况，包括生产（服务）流程的改进、新产品研发、运营周期等方法。文化适配性、组织学习都属于学习和成长方面，文化适配性，包括国家层面的文化，也包括企业文化，在合作企业这两个层面的文化价值观上不能出现太大的背离，就西南临边省区的广西、云南与接壤国越南、老挝和缅甸等国家而言，国家层面的文化相融性比较高，但是在企业层面，则需要根据合作企业的具体情况进行具体的研究。组织学习，是项目成长性的关键，反映在项目规模、市场占有率、项目参与员工满意度等方面。顾客需求，是企业跨境合作的风向标，获得顾客的认可，也是企业跨境合作项目价值的最终实现，主要通过顾客满意度、美誉度、忠诚度及顾客口碑等方面体现。

第四节　西南临边省区企业跨境合作的关键成功因素的管理策略

一、西南临边省区企业跨境合作决策阶段关键成功因素管理策略

企业跨境合作决策阶段是企业战略规划布局能力的集中体现，为什么需要开展跨境合作，跨境合作企业的选择标准是什么，对跨境合作项目可行性与创新性的论证等，在开展跨境合作之初，明确这些问题相当关键，尤其是对跨境合作项目可行性与创新性的把握。这要求企业必须具备战略规划的意识和能力，对快速变化的市场保持高度的敏感性，迅速识别市场机会和威胁，并正确判断和预测市场的发展变化趋势。体现在企业跨境合作项目上就是，清晰和准确地理解跨境合作项目在企业的发展战略，包括企业愿景、使命和战略定位，以及公司层面、业务层面和职能层面战略等的位置，能够有效洞察跨境合作领域未来的市场方向。在选择跨境合作伙伴时，能够综合考虑兼容性、能力、承诺、信誉、合作意愿等因素，综合各类环境机会分析方法，如SWOT分析法，根据市场机会与威胁，以及本企业的资源与能力，选择并确定合作领域，然后寻找、识别，确定合作企业，并对跨境合作项目的可行性与创新性进行论证，在广泛调研和充分掌握市场、行业信息的基础上，遵循客观、科学、理性的原则，展开具体的论证。

二、西南临边省区企业跨境合作实施阶段关键成功因素管理策略

企业跨境合作实施阶段的核心任务是商务谈判与签约，前提是做好尽职调查。尽职调查通常由专业机构完成，但是企业在此过程中必须把握主导权，对与跨境合作项目密切相关的因素，必须做到应查尽查，全面掌握，当下比较主流的尽职调查方式是充分地将量化思想融入其中的全方位尽职调查，包括精算、法律、税务、会计、投资银行、整体管理、信息技术与人力资源等，始终保持对跨境合作项目商业价值与人的价值的持续关注。商务谈判与签约是一项复杂的系统任务，需要通过成立跨境合作项目谈判签约小组来推进，谈判签约小组一般应由企业的内部人员和外聘专家组成，由于企业跨境合作属于战略行为，需要统观全局，综合调配企业的人力、物力、财力，因此，企业跨境合作项目小组的组长一般由企业高层领导担任。商务谈判应本着“互利共赢”的原则进行，通过换位思考、视角切换，追求双方利益的最大同心圆，在此基础上，充分商讨合作的各项事宜及可能面临的各类风险，明确所列条款的具体含义，签订跨境合作协议。

三、西南临边省区企业跨境合作运营阶段关键成功因素管理策略

企业跨境合作运作阶段紧随正式签约之后，跨境合作项目要取得成功，首先，项目团队能够在积极沟通、相互信任、团队协作的基础上推动项目的进展，并增强对企业跨境合作项目的日常运作的管理与控制。以提升项目的执行力，包括项目团队内部成员之间的沟通与协作，团队与外部的沟通与协作能力，如供应商、银行、政府部门等，以及其他利益相关者的沟通与协作。可以通过制定合理的沟通与协作计划，并严格执行此计划，采取恰当的沟通策略，选择合适的沟通时机、地点、方式等，并采取适当的协作技巧，有效管理并及时消除冲突，以增进团队协作来促进团队与内外环境的有效沟通。其次，从价值链的视角看，在确定了合作领域和具体内容后，企业跨境合作应该优化合作领域业务的价值链，然后对价值链上的每一个环节严格控制其成本驱动因素，降低成本，并尽可能创造价值，扩大其价值创造效果，最大限度提高效益。再次，做好企业跨境合作价值

分配工作，一是科学合理确定价值留存比例，保障价值分配的公平性，尽可能兼顾合作各方的价值预期，以便提高跨境合作项目的科学性、公平性与合理性；二是通过制定合理的价值分配体系，提高自身的价值捕获能力（特别是在处于弱势的地位的时候），减少和避免价值挤占现象。最后，风险管理，是指通过对企业跨境合作风险的识别、分析（估计和评价），运用各种风险管理技术，对合作的风险进行有效的控制和妥善处理风险发生后所造成损失的后果，期望以最小的合作成本实现最大的企业跨境合作目标，风险管理一般包括风险识别、风险分析、风险应对与风险监控等过程。

四、西南临边省区企业跨境合作外部环境关键成功因素管理策略

企业跨境合作外部环境关键成功因素通常是在企业控制能力之外，企业关键要做到准确识别，抓住机会，规避环境风险等。准确识别，要求企业必须增强对环境的认知能力，根据PEST分析，波特五力分析，应着重从政府政策、投融资市场、信息新基建、项目供应链整合、核心竞争力等因素，可通过组织系统的学习培训、聘请专业调查机构等方式，迅速并准确地了解和认清外部环境，分清环境中的机会与威胁，识别和确定应该抓住的机会和应该回避的威胁。

利用环境机会的策略有：一是开拓策略。采取有效措施，消除与某个机会相关的不确定性，确保该机会肯定出现。二是分享策略。为了抓住机会，积极进行企业跨境合作，实现机会共享、风险共担、共同受益。三是提高策略。提高机会的发生概率和（或）积极影响。识别那些可能影响该机会发生的关键因素，并使这些因素最大化，以提高机会发生的概率。四是接受策略。当机会发生时加以利用，但不主动追求。

回避环境风险的策略主要有：一是回避策略。在企业跨境合作的决策阶段，认真进行可行性研究，而不是必行性研究。在联盟的组建与运作阶段，避免引发与外部威胁直接相关的风险事件行为，防止威胁的出现。二是转移策略。通常威胁可视为一种风险，而不同的合同模式对风险有不同的分担，因此可通过选择适当的合同模式，将威胁向企业跨境合作项目相关各方转移；还可向经营风险的专

业机构转移，如保险公司、担保公司、风险投资机构。三是减轻策略。即把不利的威胁事件的概率和（或）影响降低到可接受的临界值范围内。四是接受策略。即不采取措施的策略。例如，已经留有足够的储备（如资金或资源）来应对风险，或者剩余风险不影响企业跨境合作目标的实现。

五、西南临边省区企业跨境合作内部环境关键成功因素管理策略

企业跨境合作内部环境关键成功因素依据平衡计分卡的框架进行选择、评价与确定，包括财务标准化、合作项目运作效率、文化适配性、组织学习和顾客需求。

（1）财务标准化。规范财务管理，提升财务指标的绩效表现。一是建立企业跨境合作财务管理机制，规范财务核算、结算、报销等过程。二是规范财务指标的统计口径和统计办法，避免短视思维，应立足长远发展选择合适的财务绩效指标，由此促进财务管理过程的稳定性和规范性。

（2）合作项目运作效率的提升。一是可以通过业务流程重组，优化研发、采购和生产制造流程，预防和减少不合格品的产生；同时，建立全面质量管理体系，运用各种质量管理与控制的方法和工具，对全过程各个环节进行有效的质量管理与控制，以便提高产品质量合格率。二是提升新产品研发效率，由于经销商比生产商更了解顾客的需求信息，因此通过建立联盟内部的顾客需求信息共享机制，可及时、有效地了解和掌握顾客的需求变化趋势信息，并据此不断改进、开发新产品，避免由于了解顾客的需求变化信息滞后而延误新产品的研发，甚至错失市场机会。

（3）文化适配与组织学习。要促进跨境合作企业之间的文化适配，需要在尊重对方的基础上，建立平等的沟通与对话机制，营造出和谐、相互信任的企业文化氛围。对于组织学习，就合作项目的参与者而言，需要建立学习激励机制，培养员工向书本、向同事、向环境主动学习的自觉性；就组织层面而言，则要建立合作项目知识管理系统，对于显性知识、隐性知识进行差异化的管理，显性知识可通过数据库的形式进行存储、更新与使用，隐性知识可通过传帮带的形式

进行。

（4）顾客需求。可从产品生产制造、销售和售后服务三方面，尽可能满足甚至超越顾客需求，提升顾客满意度和保持率。在企业跨境合作的产品生产与服务提供方面，做到充分掌握顾客需求，并投其所好，在产品和服务的销售方面，做到使其充分了解产品的各种性能并熟练使用，弥补其对产品的技术特点不熟悉的缺陷，以便其向顾客介绍、解释、有效推销产品。初期阶段最好派技术员到现场辅助销售，为顾客介绍、解释产品的技术优势，在产品和服务的售后方面，根据产品的技术特点，合理延长保修期。派遣技术熟练的维修人员，提供及时维修。保修期外，提供低成本维修。培训客服人员，使他们掌握有效的客服技能。安排建议表格、免费电话和电子信箱地址，方便顾客通过电话提建议、要求和投诉。定期通过电话、互联网或面对面征询顾客意见，无论褒贬均应坦诚、友善、认真对待，对顾客使用产品过程中出现的问题，要及时提出解决方案并认真执行，切实为顾客提供高效、优质的服务，提升顾客价值，留住顾客。同时，加强企业网站建设，打造高效的顾客联系系统，尽可能向顾客提供有价值的信息和服务。及时更新顾客信息，积极与客户保持密切、良好的关系。

第五章　西南临边省区企业跨境合作的价值创造分析

第一节　西南临边省区企业跨境合作的价值创造概述

一、西南临边省区企业跨境合作价值创造的概念

价值的概念是抽象的，且因所在学科不同，其含义也不同。《辞海》对价值的界定是“事物的用途或积极作用”，经济学则将其界定为客体对主体的效用，价值工程认为，价值是某种产品（包括有形产品与无形产品）的功能与成本的比值。本书将采用经济学对价值的界定，据此，价值创造是指主体对客体效用增量的感知。可见，价值创造具有主体性效应，即随着主体的不同，对价值创造的评价亦有所不同，具体而言，就是随着价值判断主体的立场、角度、动机、目的、知觉、经验、信念、态度和信息等不同，其对价值创造多少、有无的评价亦发生改变。

为准确地界定西南临边省区企业跨境合作价值创造，将价值创造按照评价主体不同，分为个体价值创造与合作整体价值创造，具体是指通过西南临边省区开展跨境合作的企业双方协同配合、共同努力，达成跨境合作预期目标，提高跨境合作效用，实现个体价值与合作整体价值的持续创造。

（一）企业跨境合作个体价值创造

企业跨境合作的个体价值是指通过合作为本企业带来的价值增量。判断通常是建立在客观评价（如合作后企业的成本节约或收益增加）基础上的主观判断，一般是指企业管理者对合作绩效的认可程度。企业跨境合作个体效应可分为经济价值与非经济价值。前者可量化，可用货币衡量，一般通过跨境合作后的价值分配进行；后者难以量化，一般采用定性分析，可以通过评分法确定评分值、权数，建立数理模型（如模糊层次分析法等）进行计算，通常主要依靠企业自身的努力获取，如认真学习跨境合作伙伴的技术与管理经验等。

（二）企业跨境合作整体价值创造

企业跨境合作整体价值是指通过跨境合作各方共同努力而实现的跨境合作体的正向价值。企业跨境合作整体价值创造同样也可分为经济价值与非经济价值两个部分，含义与个体价值创造相同。对企业跨境合作整体价值与企业跨境合作个体价值创造的关系的探讨有助于更深刻与准确的理解企业跨境合作整体价值创造。两者的关系可呈正向线性关系，也可呈正向非线性关系，所谓正向，是指企业通过跨境合作成功实现价值创造，即收益增加、成本降低、市场力量提升。当呈正向线性关系时，企业跨境合作整体价值创造值等于合作个体价值创造值之和，当呈正向非线性关系时，企业跨境合作整体价值创造值大于合作个体价值创造值之和，即实现了“1+1>2”的效果，这是企业跨境合作的理想效果。

二、西南临边省区企业跨境合作价值创造文献回顾

关于通过企业合作实现价值创造（Value Creation）的研究，自从 Michael Porter（1985）提出企业价值链（Value Chain）的概念以来，随着信息技术和电子商务的发展，学者们相继提出了“虚拟价值链”（Virtual Value Chain）、“价值网络”（Value Network）的概念。企业联盟作为企业之间合作的重要形式之一，得到学者极大的关注。Teece（1992）认为，通过合作可以创造出价值使联盟各方共同受益，这种价值是任何一方单干所无法获得的。创建的网络可以较低的费用扩大市场（Lorange et al.，1993），联盟的营销协议可以使合作者在市场上以

"更高的声调说话"，迅速扩大市场份额。在知识联盟中，增值最大的过程是那些以知识为基础的服务活动（Quinn，1991）。Ireland 等（2002）认为，战略联盟可以创造两种类型的竞争优势：①在成功合作过程中，通过整合互补性资源创造价值；②通过有效管理公司的联盟组合创造价值。Namgyoo K. Park 等（2004）从资源的视角，研究电子商务行业中战略联盟与公司价值的关系，发现组建战略联盟对提高公司价值具有正面影响，而且营销联盟创造的价值高于技术联盟。台湾学者 Shao – Chi Chang 等（2008）研究了联盟伙伴的联盟经验和智力资本对国际战略联盟的价值创造的作用，发现具有高水平的智力资本的公司获得更大的财富，联盟经验对提高财富效果具有积极作用。

国内学者通过分析、归纳战略联盟、企业跨国并购、跨境电子商务等价值创造的来源和本质。张延锋等（2003）认为联盟的价值创造主要来源于通过共享相关资源降低成本、知识学习与创新、获得市场力量等三个主要途径。梁建英（2010）基于交易成本理论和社会交易理论，分析了不同治理结构对联盟绩效的影响，认为契约控制和关系控制都能促进联盟成员能力的提升和联盟的价值创造。陆瑶、闫聪、朱玉杰（2011）以 1995 ~ 2010 年发生的 275 起中国公司海外并购为样本，采用事件研究法就对外跨国并购对中国并购方企业价值的影响进行了探究。研究发现并购公告发布前后中国并购方公司获得了正累计超额收益。这表明，从统计上，跨国并购能够为企业创造价值。陈泽、侯俊东、肖人彬（2012）采用 296 个中国企业海外并购事件的相关数据，实证分析了 17 个海外并购价值创造的决定因素，其中典型因素包括：并购企业市场资本化程度、公司价值、相对规模、地理距离、汇率、文化距离、目标国经济发展水平等。陈建、章华强（2013）基于资源竞争优势观，探讨企业并购的价值创造机理，文章认为并购是企业对外扩张的手段，是获取稀缺资源的有效途径，通过并购资源的优化配置以提高企业竞争能力可实现创造价值的目的，并提出影响价值创造的因素包括外部环境资源、内部资源、能力资源和组织资源，企业要想实现价值创造必须做到在充分发挥自身优势资源的基础上，通过并购获取稀缺资源并实现有效的优化组合。王昆（2016）的研究选取了美墨、欧盟、南部非洲三种具有发展阶段差异、经济水平差异、政治背景差异的跨国境合作地区，探究其跨国境地区合作的动力机制，研究发现，跨国境地区合作动力可分为经济联系建设、地缘安全保障、国际环境塑造、自然/社会系统保护、跨境资源开发，不同的合作模式，将影响合作成效。赵志田（2017）认为制造企业跨境电子商务价值创造过程包括组织体系构建、价值创造主体协同、价值创造客体形成、价值实现四个阶段，并在成本节约和绩效提升中呈现价值。戴建平、骆温平（2018）通过实证研究发现，基于供应链的多边合作价值创造过程将会受到流程协同、组织间学习、社会资本积累三者的共同作用，并依据三者之间的作用路径数据，探讨建立信息治理、知识治理以及关系治理的机制来保障供应链的价值创造。在互联网、区块链、人工智能等技术飞速发展的当下，以及企业跨境合作中，跨境电商已经成为其中重要的组成部分。张晓东（2019）基于产品设计与产品营销两阶段，创意共创与创意选择两体系建立跨境电商消费者参与价值共创的理论模型，并采用问卷调查，收集来自俄罗斯、美国、巴西、法国和波兰等国家消费者的数据，对理论模型进行检验。

现有文献对企业跨境合作价值创造的研究较为零散，并未对企业跨境合作价值创造的内涵进行具体分析，缺乏对企业跨境合作的价值创造机理、价值创造能力，价值创造模式等进行系统、深入的分析、研究与评价。本书拟从价值创造的视角，针对西南临边省区企业跨境合作价值创造问题进行深入分析与研究。

第二节　西南临边省区企业跨境合作的价值创造机理分析

一、西南临边省区企业跨境合作价值创造机理的含义

企业跨境合作是企业获取重要资源、外向型发展的途径之一，有利于实现企业资源的优化配置、增加收益、降低成本，提升企业的核心竞争力。换言之，通过跨境合作为企业创造价值。但是，并不是所有的企业跨境合作项目都能为企业

创造价值，实际上，据统计数据，企业跨境合作项目的成功率并不高，因此，探明成功的企业跨境合作项目如何为企业创造价值，就变得十分重要，这就是企业跨境合作价值创造机理所要研究的问题。

基于上述分析，西南临边省区企业跨境合作价值创造机理是指广西、云南企业为了扩张发展、获得关键资源、赢得更大市场，与越南、老挝、缅甸企业开展跨境合作，从而实现盈利增加，成本降低，市场份额扩大等，以及重要合作成果的内在过程及其价值创造的原理与机制的实现。

二、西南临边省区企业跨境合作价值创造机理

西南临边省区企业开展跨境合作是为了最大化地利用地缘优势、资源优势、商业契机等，从而满足企业自身持续发展的需求，以创造企业个体价值与合作整体价值的增量。

价值创造增量的多少取决于三个因素：①企业跨境合作各方的需求。这是价值创造的前提与主导因素；②企业跨境合作的效用。根据西方经济学的效用理论，企业开展跨境合作的价值，是指合作项目（客体）对合作企业（主体）的效用，这是价值创造的客观基础和价值的承担者；③企业跨境合作的效用与合作各方的需求两者的匹配程度。三者缺一不可，企业跨境合作项目及其效用本身都不是价值，合作各方的需求本身也不是价值，只有企业跨境合作的效用与合作各方的需求相互结合、匹配才能产生和创造价值。两者之间匹配程度与价值创造值呈正相关关系，即匹配程度越高，其价值创造值也就越高，反之则越低。企业跨境合作的价值创造来源于企业跨境合作项目、取决于合作各方、产生于企业实践，是企业跨境合作的效用和企业各方需求的匹配统一。这就是企业开展跨境合作的价值创造机理，如图 5－1 所示。

西南临边省区企业开展跨境合作的需求和价值创造呈现多元化、层次性与递进性等特征。多元化是指，开展跨境合作的需求是多种多样的，有开拓市场、获取资源、引进前沿技术等，不同企业对跨境合作需求不同，即使是同一企业在跨境合作项目的不同时期，需求也有变动的可能，并且这些需求的重要性和紧迫程

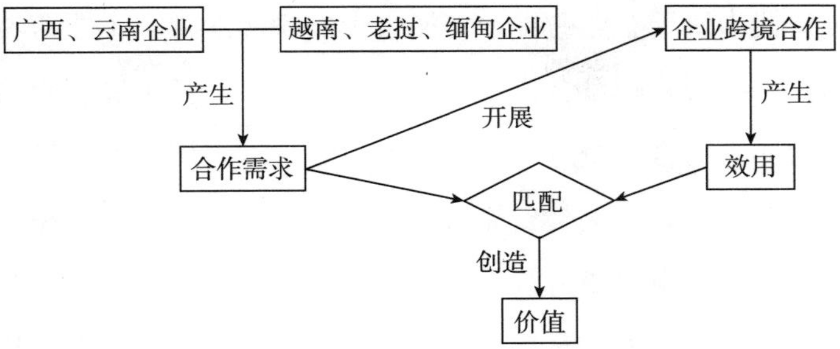

图 5－1　西南临边省区企业跨境合作价值创造机理

度并非完全相同，这就是企业跨境合作需求的层次性与价值创造的递进性特征，具体是指跨境合作需求可以按照优先顺序分为三个层次：基本需求、满足性需求、吸引性需求（即附加需求或超额需求）。对于跨境合作项目而言，首先要满足基本需求，创造基本价值，这是企业开展跨境合作的基本条件，否则跨境合作就没有意义；其次是满足性需求，创造满足性价值，这样跨境合作才具有一定的稳定性与持续性；再次是力争满足吸引性需求，创造吸引性价值，这样企业跨境合作才能够获得高绩效（超额绩效）。企业开展跨境合作的价值创造过程就是企业各方在明确合作需求的前提下，通过沟通、协调、高效合作，进而实现价值创造。

第三节　西南临边省区企业跨境合作的价值创造能力

一、西南临边省区企业跨境合作价值创造能力的含义

企业跨境合作能力是指企业开展跨境活动时需要具备的能力，包括确认跨境合作需求的能力、识别跨境合作企业的能力、谈判与签约的能力、合作项目的运作与管理能力、沟通与协作能力、价值创造与分配能力等，缺一不可。其中，跨

境合作价值创造能力属于企业跨境合作能力中的特殊能力。企业跨境合作价值创造能力的强弱，直接影响跨境合作项目的效率与效果，甚至决定跨境合作是否成功。相对于个人能力而言，企业跨境合作能力是一种组织能力，通常以个人能力为载体表现出来，但是并不是个人能力的简单相加，因为，当组织内部的人员相互激励、团结协作时，组织能力就远远大于个人能力之和；反之，当组织内部的人员相互猜疑，甚至激烈冲突时，组织能力就远远小于个人能力之和。

企业跨境合作价值创造能力可以来源于企业内部，也可以来源于企业外部。前者是指企业本身具备的跨境合作能力，取决于企业的组织经历、资金实力、人力资本等；后者是指企业整合外部力量开展企业跨境合作的能力，取决于企业对外部资源的整合效率与效果，如与中介机构、银行、政府部门的沟通与合作等。如果西南临边省区企业不具备跨境合作能力，那么将无法取得跨境合作的成功，也就无法实现价值创造。当然，企业跨境合作价值创造能力并非短期内能够迅速培育与提升，可以借助外部力量，聘请有跨境合作经验的投资银行、咨询机构等协助进行，以增强企业跨境合作的价值创造能力，但更重要的是，企业跨境合作价值创造能力是动态的、不断变化的，将随着企业开展跨境合作项目的经验积累与不断学习而提升。

综上，企业跨境合作价值创造能力是基于高效完成企业跨境合作过程各方面目标任务的能力展现，是在有效促进合作达成、顺利推进合作开展、实现合作绩效持续增长的过程中创造价值的能力体现，具体通过寻找最优合作伙伴、谈判与促进合作意向、开拓市场、获取关键资源技术、成本控制与收益增加、提升客户满意度等系列化的价值创造过程中综合能力的反映。企业跨境合作的价值创造是反映其价值创造能力大小的指标，价值创造值增量越大，其价值创造能力也就越大。

二、西南临边省区企业跨境合作价值创造能力构成

企业跨境合作价值创造能力，是对企业跨境合作关键成功因素的把控能力，是一个复杂的能力系统。依据关键成功因素，可以从两个角度进行解构。首先，

从反映企业跨境合作项目运作过程的纵向角度看，企业跨境合作的三个阶段：决策阶段、实施阶段与运作阶段，需具备的能力有：跨境合作的决策能力、谈判能力及运作管理能力。其次，从反映企业跨境合作项目与环境关系的横向角度看，企业跨境合作项目受到合作环境，如宏观环境和产业环境等的影响。此外，企业跨境合作项目的运作还必须具备一些基本能力，如跨境合作企业的匹配性、高效的企业团队等。

因此，从企业跨境合作活动的纵向角度和横向角度看，企业跨境合作价值创造能力由三部分构成：企业跨境合作基础能力、企业跨境合作运作能力和企业跨境合作环境适应能力，如表 5－1 所示。

表 5－1　西南临边省区企业跨境合作价值创造能力体系

	一级能力维度	二级能力维度	三级能力维度
西南临边省区企业跨境合作价值创造能力	合作基础能力	发现合作企业的能力	跨境合作战略规划能力
			商业机会敏感力
			合作企业鉴别力
		组建高效团队的能力	沟通能力
			合作能力
			团队领导能力
			企业人力资本
	合作运作能力	跨境合作决策能力	可行性研究能力
		跨境合作项目组建能力	谈判与签约能力
			融资与支付能力
		跨境合作运作能力	综合管理能力
			价值创造能力
			价值分配能力
			成长能力
	合作环境适应能力	环境认知能力	对环境认识与判断能力
		环境利用与回避能力	对环境机会的利用能力
			对环境威胁的回避能力

西南临边省区企业跨境合作价值创造能力是由多种要素构成的有机整体，其

能力结构和影响因素是多维度、多层次的，因此对其进行多个角度和层面的细化，才能准确把握企业跨境合作价值创造能力，进而确定能力提升策略。

企业跨境合作基础能力是指西南临边省区企业在开展跨境合作项目中必备的最基本能力要求，包括跨境合作战略规划能力、商业机会敏感力、合作企业鉴别力等。企业跨境合作基础能力是开展跨境合作的最基本条件。如果不具备这种能力基础，企业也就没有开展企业跨境合作的基础。也就是说，如果缺乏企业跨境合作战略规划能力，或者团队组建能力欠缺，企业均难以开展跨境合作。

企业跨境合作运作能力是指企业在开展跨境合作的过程中，解决企业跨境合作项目各阶段的具体运作问题的能力，包括跨境合作决策能力、跨境合作项目组建能力、跨境合作运作能力。企业跨境合作运作能力是企业跨境合作中的核心能力。如果企业对跨境合作项目的运作能力差，合作项目必然失败。

企业跨境合作环境适应能力是指跨境合作项目与外部环境因素的协调、匹配能力。包括宏观环境适应能力和产业环境适应能力。前者是指联盟企业适应东道国的宏观环境（政治、法律、经济、社会文化、技术等因素）的能力；后者是指联盟企业适应东道国的产业环境（供应商、竞争对手、消费者、潜在的进入者和替代品等因素）的能力。环境因素是企业在联盟活动中无法控制的因素，企业只能适应，却无法改变。如果企业的联盟环境适应能力差，则联盟活动往往也会失败。

三、西南临边省区企业跨境合作价值创造能力提升策略

（一）强化企业跨境合作的基础能力

1. 强化发现合作伙伴的能力

第一，清晰和准确理解本企业的发展战略，包括企业愿景、使命和战略定位，以及公司层面、业务层面和职能层面战略等。第二，对快速变化的市场保持高度的敏感性，迅速识别市场机会和威胁，并正确判断和预测市场的发展变化趋势。第三，具有寻找并发现企业跨境合作伙伴的眼光，培养企业鉴别力。可采用SWOT分析法，根据市场机会与威胁，以及本企业的资源与能力，选择并确定合

作领域，然后寻找、识别，并确定备选的企业跨境合作伙伴。第四，运用德尔菲法，对多个备选的企业跨境合作伙伴进行评分，最终确定合适的企业跨境合作伙伴。如果企业跨境合作伙伴选择错误，就无法实现企业跨境合作目标，甚至可能造成重大损失。

2. 强化组建高效企业跨境合作团队的能力

第一，合理规划团队的组织结构、成员构成与角色分工。由于企业跨境合作项目的运营非常复杂和高度紧张，因此必须整合企业内、外部力量，组建精干、高效的企业跨境合作团队，并进行角色分配、合理分工。根据企业跨境合作项目的发展阶段，把企业跨境合作团队分为企业跨境合作准备小组、组建小组和运作小组。团队成员必须相互配合、共同协作。

第二，选聘精明强干的人员担任团队负责人，全权负责企业跨境合作项目的全过程，对企业跨境合作项目的成功负责。团队负责人必须具有高水平的领导能力，最好是由企业的高层领导之一出任，因为高层领导“亲赴前线”，容易调配企业跨境合作项目实施所需的相应人力、物力、财力资源。此外，企业跨境合作团队中各小组的组长，也要选择有一定领导能力的人员担任，因为在企业跨境合作项目“战役”高度紧张的背后，是一个局部战场上的激烈较量。通常，企业跨境合作准备小组和组建小组的组长可选择投资银行或中介机构的有关专家担任，企业跨境合作运作小组组长最好可以选择企业内的人员担任。

第三，提高企业人力资本。人力资本是企业员工知识技能、文化技术水平和健康的总和，具备极高的投资价值，企业应针对员工急缺的知识与技能，积极开展组织培训、外部培训、工作轮换、知识管理等有利于增加员工人力资本的工作，同时，做到认真总结企业过去的跨境合作经验与教训，建立企业内部知识库，并形成惯例，或者借鉴其他企业的跨境合作经验，聘请中介机构或者商学院专家、教授来讲课、座谈、交流，提高企业内部人员的素质与能力，力图全面提升企业人力资本，将其整合成为企业跨境合作团队的企业内部力量。

第四，提高聘请合适中介机构的能力。即能够以合适的价格，迅速聘请到有效的中介机构。可以通过充分了解中介机构的实力、声誉、业务能力等，特别是企业跨境合作项目业务方面的成功案例与经验，甄选和聘请合适的中介机构，辅助企业跨境合作项目各阶段的工作。

第五，提高团队的有效沟通与协作能力。包括团队内部成员之间的沟通与协作、团队与外部的沟通与协作，如与企业跨境合作的谈判伙伴、政府部门，以及其他利益相关者的沟通与协作。可以通过制定合理的沟通与协作计划，并严格执行此计划，采取恰当的沟通策略，选择合适的沟通时机、地点、方式等，来提高团队的有效沟通能力。此外，采取适当的协作技巧，有效管理并及时消除冲突，增进团队协作效能。

（二）提高企业跨境合作的运营能力

1. 提高企业跨境合作决策能力

企业跨境合作的决策能力，是指正确进行企业跨境合作项目可行性研究的能力。提高企业跨境合作的决策能力，可通过提高企业跨境合作团队的可行性研究业务能力来实现。在企业跨境合作的决策阶段，企业跨境合作准备小组一般以企业的外部力量为主，内部力量为辅，因为，企业跨境合作项目的可行性研究内容多、涉及面广、专业性强、要求高，是一项非常复杂、细致的工作，必须具有较高的专业水平的人才能胜任。由于中国企业通常缺乏企业跨境合作项目可行性研究经验，因此难以单独完成。为了确保可行性研究结论的正确性，进而确保企业跨境合作项目决策的正确，必须借助企业的外部力量，聘请具有丰富企业跨境合作项目可行性研究经验的中介机构协助进行，并以中介机构为主，企业密切配合，以便避免企业跨境合作冲动，比较客观地进行企业跨境合作的可行性研究，提高决策的正确性。成功的企业跨境合作项目实践表明，在企业跨境合作项目过程中，聘请实力强、经验丰富的中介机构协助进行，可以有效避免决策失误，提高企业跨境合作成功率。如果准备小组的可行性研究结论可行，则决定企业跨境合作，进入企业跨境合作组建阶段；如果不可行，则应该果断放弃企业跨境合作项目。

2. 提高企业跨境合作组建能力

首先，提高企业跨境合作的谈判与签约能力。主要包括：①组建高效的企业跨境合作谈判小组，成员以企业跨境合作团队中经验丰富的中介机构为主，企业内部人员为辅；②谈判前，进行尽职调查，全面收集企业跨境合作各方的详细资料，包括企业跨境合作伙伴的跨境合作动机、目的、优势和劣势，以改善双方的信息不对称现象；③制订周密的谈判计划、详细的谈判方案以及应急方案，包括谈判的主角和配角、红脸和白脸，以及让步的时机和幅度；④选择合适的谈判时机和地点；⑤谈判时，采取各种有效的谈判策略与技巧，对企业跨境合作项目的合作领域、各方投入的资源、企业跨境合作的方式、治理结构、收益分配、违约行为的处罚、风险防范的设计等诸多方面进行协商与讨价还价，并掌握谈判进程，把握有利时机，见好就收，及时签约。其次，提高融资与支付能力。包括：①拓宽融资渠道。除了企业内部融资外，还要拓宽外部融资，如商业银行和非银行金融机构的融资、政府与民间信贷、资本市场、外资等；②选择有利的支付方式。企业跨境合作项目的支付方式通常有三种：现金支付、股权支付和综合证券支付。不同的支付方式，其成本不同、纳税不同（按照我国税法，不同的支付方式纳税规定不同），风险也不同。中国企业应根据自己的实际情况和企业跨境合作伙伴的状况，选择对本企业最为有利的支付方式。此外，应根据汇率变动趋势，选择有利的资金支付时间。

3. 提高企业跨境合作运作能力

首先，提高企业跨境合作管理能力，维持企业跨境合作的正常、稳定运行和发展。无论是契约式企业跨境合作，还是股权式企业跨境合作，在企业跨境合作的运作阶段，企业跨境合作运作小组均主要依靠企业跨境合作成员企业的内部力量为主、中介机构为辅（主要提供各种咨询），并对企业跨境合作的日常运作进行有效管理与控制。其次，提高企业跨境合作的价值创造能力。从价值链的视角看，在确定了合作领域和具体内容后，中国企业及其跨境合作伙伴首先应该优化合作领域业务的价值链，然后对价值链上的每一个环节，严格控制其成本驱动因素，降低成本，并尽可能创造价值，扩大其价值创造效果，最大限度提高效益。最后，提高企业跨境合作的价值分配能力。包括：①科学合理确定价值留存比例，保障价值分配的公平性，尽可能兼顾企业跨境合作各方的价值预期，以便提高企业跨境合作项目价值分配的科学性、公平性与合理性；②通过制定合理的价值分配体系，提高自身的价值捕获能力（特别是在处于弱势地位的时候），减少和避免价值挤占现象。

（三）加强企业跨境合作的环境适应能力

1. 提升环境认知能力

提升环境认知能力通常有三种方法与途径：一是充分发挥企业内部力量的主观能动性，认真总结企业的经验教训，运用 PEST 分析法、波特五力分析法，分别对宏观环境和产业环境进行详细分析；二是通过系统的培训、学习，以提高对环境的认识与判断能力；三是聘请中介机构协助对外部环境进行分析，迅速了解并认清外部环境。中国企业必须综合运用这三种方法与途径，才能有效提高对环境的认知能力，快速认清环境的现状与发展趋势，明确影响环境变化的各种关键因素，分清环境中的机会与威胁，识别和确定应该抓住的机会和应该回避的威胁。

2. 提升环境机会利用与风险规避能力

环境机会利用与风险规避均建立在对环境准确认知的基础上，面对环境给予的发展机遇，企业需要审时度势，当机立断，迅速抓住这可能是稍纵即逝的商机，若经过评估，仅凭借企业一己之力难以完全把握，就应积极寻求合作、联盟等，目标只有一个，就是抓住时代赋予的发展时机，促进企业向更优更强的方向发展；面对环境隐含的、潜在的威胁因素，企业需要谨慎，对于风险明显超出企业承受范围的项目或业务，要及时制止，不可只看到眼前利益而不顾长远发展，对于在企业承受范围的项目或业务，则可考虑依靠第三方风险保障机构的力量，最大限度保护企业的利益。环境的利用能力与环境风险的规避能力，需要企业在长期的试错，以及持续迭代中，才能真正培养出来，因此，对环境的误判而造成的亏损与损失，可谓不可避免，企业应对每次失败，甚至是成功都需要进行及时复盘，以持续提升企业的环境机会利用与风险规避能力。

随着西南临边省区跨境合作交流的日益频繁，培育与提升企业跨境合作价值创造能力日益迫切与重要。企业跨境合作价值创造能力是一种新型的企业能力，对其进行研究是一个新的、具有实际意义和应用价值的课题。中国企业（特别是具有企业跨境合作项目意图的企业）应该高度重视，并培育与提升自己的企业跨境合作价值创造能力。

第四节　西南临边省区企业跨境合作的价值创造模式

一、西南临边省区企业跨境合作价值创造模式类型

西南临边省区企业跨境合作的价值创造模式是建立在企业跨境合作类型基础上，以最大化创造合作价值为目标，通过纵向上对合作企业内价值创造活动的优化与横向上对环境机会、风险的把控，实现价值创造的系统过程。根据企业跨境合作的主要类型可分成三种主要的企业跨境合作价值创造模式：

（一）基于股权与非股权的价值创造模式

根据股权与非股权形式划分，企业跨境合作模式可以分为股权式合作和契约式合作（又称非股权式跨境合作）两种。

1. 股权式跨境合作

股权式跨境合作是指广西、云南企业与越南、老挝及缅甸企业在股权安排和法律规定的基础上开展的合作项目。在这样的合作中，合作企业之间通过一定的股权把各方的利益紧密地联系起来。具体的合作形式有：建立中外合资企业、相互持股（即成员间双向持股），或者一方持有另一方的股权（即单向持股）。股权式跨境合作对联盟成员的责、权、利有着明确的规定，一旦违约则要承担相应的法律责任。一般地，股权式跨境合作通常比较稳定、长久，而且合作的强度较高，其中合资企业是跨境合作中强度最高的形式。

2. 契约式跨境合作

契约式跨境合作是指广西、云南企业与越南、老挝及缅甸企业根据各方达成的协议进行的合作。此时，合作企业之间达成的是某种具有约束力的正式协议（包括单边合作协议，如许可证协议、技术转让协议等，以及双边或多边合作协议，如联合研发协议、联合制造协议和联合营销协议等），不涉及股权参与，跨

境合作各方只有在利益结合点才进行紧密合作。具体的合作形式有：中外合作企业、西南临边省区企业之间的研发合作、采购合作、生产联盟（合作生产，如特许经营、OEM）、营销联盟（合作营销，如名牌“联姻”）、技术联盟（技术交易）等。

不同的跨境合作模式，其合作强度不同。一般地，契约式跨境合作的强度较低，是一种比较松散的合作形式。通常需要经过一段磨合期，随着跨境合作企业之间的信任与了解的不断加深，契约式跨境合作很有可能向合作强度更高的股权式跨境合作演进。

（二）基于纵向与横向跨境合作的价值创造模式

根据跨境合作企业所在价值链的位置，可分为纵向跨境合作和横向跨境合作两种。

1. 纵向跨境合作

纵向跨境合作是指广西、云南企业与越南、老挝及缅甸企业进行的合作。合作企业分别位于价值链的上游、下游环节。在企业纵向跨境合作中，又具体分为资源获取型和渠道获取型两种跨境合作模式。其中，资源获取型跨境合作是指一个（或多个）中国企业为了获取关键性生产资源，通过股权或者契约的形式，与东道国的一个（或多个）上游企业进行的跨境合作；渠道获取型跨境合作是指一个（或多个）西南临边省区企业为了开拓东道国市场，通过股权或者契约形式，与东道国的一个（或多个）下游企业组建的跨境合作组织。

2. 横向跨境合作

横向跨境合作是指广西、云南企业与越南、老挝及缅甸企业进行的合作，即一个或者多个西南临边省区企业为了获取资金、技术和管理经验，或者开发东道国市场，获取竞争优势，通过股权或者契约形式，与一个或者多个东道国的同行企业开展的企业跨境合作。合作中的企业各方均属于价值链的某一个环节，主要有研发型合作（共同研发）、采购型合作（联合采购）、生产型合作（合作生产）、营销型合作（联合销售）等。

（1）研发型合作。西南临边省区企业跨境研发合作是指广西、云南企业与越南、老挝、缅甸企业在某些产品的研究与开发方面进行的跨境合作。

（2）采购型合作。西南临边省区企业跨境采购合作是指广西、云南企业与越南、老挝、缅甸企业在某些产品的原材料采购方面进行的跨境合作。

（3）生产型合作。西南临边省区企业跨境生产合作是指广西、云南企业与越南、老挝、缅甸企业在某些产品的生产制造方面进行的跨境合作。

（4）营销型合作。西南临边省区企业跨境销售合作是指广西、云南企业与越南、老挝、缅甸企业在某些产品的销售方面进行的跨境合作。

通过进行跨境合作，各方企业可以共享对方的优势资源，弥补自身的不足，从而获得各自单干所不能实现的跨境合作效益。但这种合作通常只是在某些局部功能方面开展，而在其主导产品和核心业务上依然保持各自的独立性，并相互竞争。基于职能的企业跨境合作以契约式跨境合作居多，股权式跨境合作较少。合作企业之间主要以签订某种协议的形式进行长期合作，从而形成较为牢固的、相互信任的战略合作伙伴关系，以便共同协商合作意愿、手段和目标，共同研究与开发技术、市场，或者改变竞争意识。具体形式有：技术交换与联合开发协议、许可证协议、购买协议、生产制造协议、销售代理协议等。

（三）基于竞争合作差异的企业跨境合作价值创造模式

根据企业跨境合作与竞争强弱划分，广西、云南企业与越南、老挝、缅甸企业跨境合作可以分为合作竞争型、合作型、竞争型、松散型四种，如图 5－2 所示。

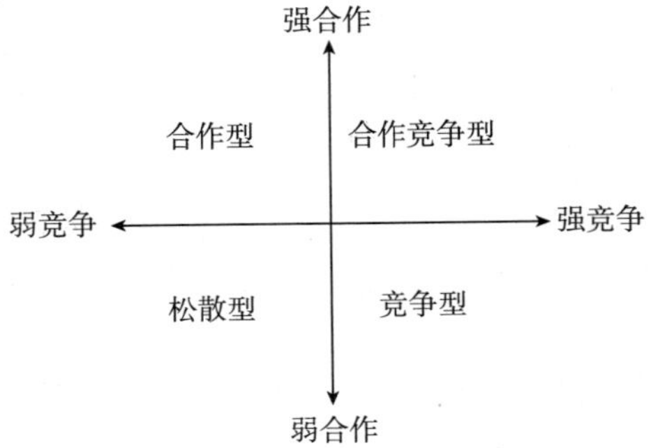

图 5－2　基于竞争合作差异划分的企业跨境合作价值创造模式

（1）合作竞争型企业跨境合作。合作竞争型企业跨境合作是指作为合作伙伴的广西、云南企业与越南、老挝、缅甸企业跨境合作之间既高度合作又高度竞争的合作关系。在这种关系中，企业跨境合作成员通常是某一产品或某一市场中的直接竞争对手或潜在的竞争对手，它们相互之间在一定的领域或一定的市场中为了共同的利益展开高度合作，而在其他领域或其他市场又进行高度竞争。

（2）合作型企业跨境合作。合作型企业跨境合作是指作为合作伙伴的广西、云南企业与越南、老挝、缅甸企业之间合作性强、竞争性弱的合作关系。在这种合作中，合作各方在资源、能力等方面具有高度互补性，开展跨境合作后能够形成各自单干所无法获得的竞争优势，如制造商与供应商的跨境合作、制造商与经销商的跨境合作等。

（3）竞争型企业跨境合作。竞争型企业跨境合作是指作为合作伙伴的广西、云南企业与越南、老挝、缅甸企业之间竞争性强、合作性弱的合作关系。在这种关系中，合作各方均为某一产品或某一市场上的直接竞争对手，相互之间竞争激烈，但为了维护共同的市场或利益而开展跨境合作。比如，为了共同抵御潜在的进入者进入市场、为了避免打价格战等过度竞争而开展合作等。这种合作关系由于合作各方利益冲突，相互之间竞争性强、合作性弱，各方一般是通过协商后签订契约的方式进行合作。

（4）松散型企业跨境合作。松散型企业跨境合作是指作为合作伙伴的广西、云南企业与越南、老挝、缅甸企业之间竞争性、合作性都弱的合作关系。在这种关系中，通常是一方（或多方）为某一方提供产品或服务，而某一方对其他伙伴企业提供技术上的指导或信息、资金上的帮助，相互之间的竞争性、合作性都非常有限。

二、西南临边省区企业跨境合作价值创造模式的路径

企业跨境合作价值创造模式的路径，就是不同价值创造模式实现价值增值的过程，具体又可分为初始路径和最终路径两个层次。初始路径主要受跨境合作类型的影响，合作类型不同，价值创造的路径有所差异，如股权式跨境合作在股权

比例分配、股权与控制权的关联等价值创造活动，在契约式跨境合作中是不需要考虑的。但是，无论初始路径如何不同，企业跨境合作价值创造模式的最终路径都是一样的，所谓殊途同归，即创造合作价值的最大化，具体如图 5－3 所示。

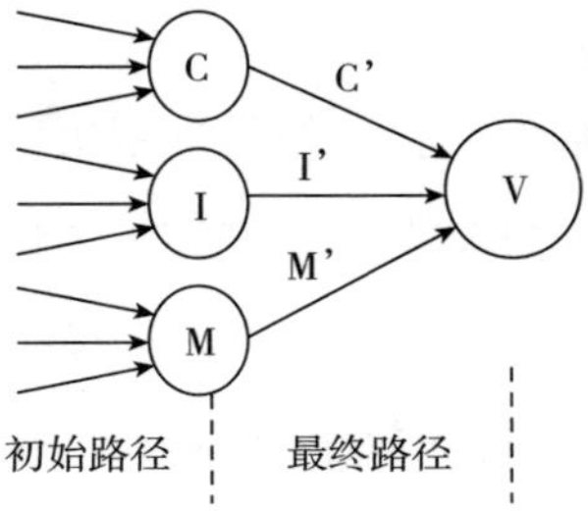

图 5－3　西南临边省区企业跨境合作价值创造模式路径图

在图 5－3 中，初始路径多样多元，但最终实现价值创造的关键节点一般有三种：①降低成本（Cost）以创造价值，即通过降低跨境合作各方企业的采购成本、管理成本等而提高各方合作企业效益，用 C 表示；②增加收益（Income）以创造价值，用 I 表示；③获得市场力量（Market Power，又称市场势力或市场权力，如加快对市场的响应速度等）以创造价值，用 M 表示。当企业跨境合作实现 C 降低、I 增加、M 增加时，则实现价值创造。

三、西南临边省区企业跨境合作价值创造模式关键点优化策略

（一）价值创造模式初始路径关键点优化

企业跨境合作价值创造模式初始路径的关键点主要是合作企业的选择与甄别，包括以下三方面的内容：

第一，重视并提高企业跨境合作意愿。合作意愿反映合作需求。意愿越强烈，表示其合作的需求越强烈，各方之间的合作与沟通越容易、高效。因此，应选择东道国跨境合作意愿强烈的企业。此外，可采取有效措施引导、开发和激活企业的合作需求，增强其合作意愿。

第二，提高跨境合作伙伴的营销能力和投入热情。营销能力反映跨境合作伙伴的“能干”程度，投入热情反映跨境合作企业的“肯干”精神和态度。“能干”和“肯干”相辅相成。只有两者兼备，跨境合作伙伴才能积极、高效地完成跨境合作项目组建和运营过程中的各项任务，才能顺利实现跨境合作目标。相反，如果跨境合作企业缺乏其一甚至两者皆缺，将难以胜任合作伙伴的角色与任务要求，无法如期实现跨境合作目标。如果重新培养营销能力、端正态度，这不仅增加跨境合作企业成本，而且延误甚至丧失市场机会。

第三，选择并提高跨境合作企业的商誉。合作企业的商誉越好，在跨境合作中，越有利于产品的销售，进而有利于提高预期绩效。因此，在选择合作企业时，要尽可能选择商誉好的企业。此外，在合作过程中，双方企业都应着力提高商誉。

（二）价值创造模式最终路径关键点优化

企业跨境合作价值创造模式最终路径的关键点是降低成本、增加收益、获取市场力量。

1. 降低成本

第一，降低市场进入成本。充分利用企业跨境合作企业在当地市场的知识资源和关系资源，降低调查、了解和熟悉当地市场、经营环境、政策（包括鼓励性的优惠政策和限制性的壁垒政策）法规和审批管理制度等的学习成本，以及办理和获取政府批文、通关手续等的咨询、等待成本，以便充分利用有关的优惠政策，回避相关市场进入壁垒。

第二，降低市场渗透成本。在扩大市场份额，提高市场占有率时，充分发挥跨境合作企业对当地顾客的了解、与当地顾客的良好关系，以及在当地市场的营销经验与技巧，提高宣传、促销效率，降低市场渗透成本。

2. 提高财务效益

第一，扩大投入产出比（产出/投入）。在企业跨境合作的资源投入和价值创造过程中，合作各方均应按照合作协议要求，保质保量投入专有核心资源。必要时，可建立有第三方（如管理咨询机构等）参与的合作资源投入监督评价小组，负责具体评估和监督合作各方的资源投入数量和质量，确保合作协议能够得到有效执行。同时，在合作企业内部建立有效的沟通机制，加强企业各方的沟通与合作，减少矛盾与冲突，提高价值创造的效率与效果，以便获得更大的产出（如销售量、销售收入等）。

第二，提高经济附加值（EVA＝税后营业净利润－资本×资本成本率）。通过充分利用跨境合作企业在当地市场的知识资源和关系资源，突破东道国的政治、法律和社会文化等投资环境的限制，扩大利用外部资源的边界，降低资本成本率；同时抓住不断涌现的商机，推出新产品，创造更多的价值。

3. 增强市场力量

第一，增强产品的影响力。通过跨境合作，企业及时掌握当地顾客的需求特点、消费偏好和消费倾向变化等动态信息，并据此及时调整生产制造策略（如改进现有产品、开发新产品），生产出更为适销对路的产品，提供更为恰当的、人性化的售后服务，以便不断吸引顾客，引领市场潮流，成为同类产品的领导者。

第二，提高市场占有率。可进一步刺激、开发现有顾客的潜在需求，引导他们更频繁地消费现有产品（或增加现有产品的单次使用量），提高现有产品的人均购买量。同时，根据顾客的需求变化不断改进现有产品（如通过增强或增加产品的功能特性提高产品质量；通过改进产品的形状、大小、重量、材料、附件等，提高产品使用的安全性、可靠性和便利性；通过改进产品的包装、颜色、式样、款式等提高产品对顾客的吸引力），以刺激现有顾客增加产品使用量。

第三，加强对交易行为的影响力。充分发挥生产制造型企业对产品的技术性能和技术发展趋势的深入了解，以及跨境合作企业的营销经验优势，在产品的销售和交易过程中，实现优势互补，有效增加产品的销售交易量和交易额。此外，可以利用卫星通信、计算机和互联网技术，建立自动订单处理系统、库存监控管理系统等，减少订单环节处理的时间和失误率，从而加强对交易行为的影响力。

第六章　西南临边省区企业跨境合作的绩效评价分析

企业绩效（Performance）是指企业在一定经营期内，在一定的资源、条件和环境下，从事生产经营活动所获得的成果。它反映一定经营期内企业经营效益水平，是检验企业实际运营情况的一个重要指标。它既是一种产出成果，也是一种行为过程，既是短期目标（财务目标），又是长期目标（战略目标），二者缺一不可。

1937 年，新制度经济学创始人罗纳德·科斯（Ronald H. Coase）在《企业的性质》中提到，“企业最显著的特征就是对价格机制的替代”。科斯指出企业的产生和存在不仅仅在于交易费用的节约，即组建机构、提高协作，从而提高合作效率，企业能大大降低交易成本等费用。另外，企业组建而形成的规模同样能获得规模收益，降低单位成本。该理论同样适用于企业战略联盟的情境，组建联盟的核心意义同样在于成本的降低、收益的增加。

企业绩效关系到企业的生存与发展，因此企业必须科学、高效地进行绩效管理。现代管理学之父彼得·德鲁克（Peter F. Drucker，1909 年 11 月 19 日 ~2005 年 11 月 11 日）指出“企业管理等于绩效管理”。通用电气董事长杰克·韦尔奇（Jack Welch，1935 年 11 月 19 日 ~2020 年 3 月 2 日）曾说“对于企业经营者来说，最有效的管理手段就是绩效管理”。企业管理绩效的首要内容就是对绩效的评价，即对企业经营活动实现组织目标的程度进行测评。通过绩效评价，明确企业经营现状、问题与机遇，进而调整战略、优化结构、改善资源配置，最终实现企业绩效的提升。

第一节　西南临边省区企业跨境合作绩效概述

国际战略联盟的绩效包括联盟的个体绩效（即联盟各方的绩效）和联盟的整体绩效。西南临边省区企业的跨境合作绩效，是指中国西南临边省区（广西、云南）的企业跨越边界，与邻国（越南、缅甸、老挝）一个（或一个以上）企业组建战略联盟后，其预期合作目标的实现程度和效果，属于联盟的个体绩效范畴。一般而言，联盟的个体绩效是对整体绩效进行分配的结果。在绩效分配的过程中，存在绩效捕获（Capture）和绩效挤占现象。前者是指各联盟伙伴主动争取绩效最大化的行为；后者是指强势的联盟伙伴往往挤占弱势联盟伙伴的利益的行为。因此，绩效分配的过程往往是一个不断博弈的、激烈竞争的过程。

一、西南临边省区企业跨境合作绩效的特征

企业运营的任何一项工作都是一个复杂的活动过程，会受到多种因素的影响，也能产出多种绩效成分，因此，企业绩效不是一个单一的概念。西南临边省区企业利用开放平台走出国门，与东道国企业进行合作，将置身于国际贸易大环境之中，进入一个复杂的国际社会运作系统。加之近年来，英国脱欧、特朗普“逆全球化”言论更加剧了国际社会的不确定性，导致国际贸易、经济格局悄然巨变，增加了企业跨境合作成功的难度。因此，跨境合作的绩效往往是复杂的，其主要特征大致可归为以下三类。

第一，跨境合作绩效的多因性。企业绩效通常受到主客观多种因素的制约和影响，而不是单一的因素所造就的，是受到组织内部结构和外部环境交互作用的结果，不同的学者从不同视角和理论出发，提出了形式不同的绩效函数和影响因素，但其内涵本质是互通的。西南临边省区企业进行跨境合作，从主体来看，合作不仅会受到中方企业自身运营的影响，还会受到合作方企业，甚至利益相关方企业的影响；从外部环境来看，合作不仅会受到母国环境的影响，还会受到东道

国，甚至国际环境的影响；从组建流程来看，组建前、组建后各阶段的影响因素不同，同一影响因素的影响程度也会发生变化。

第二，跨境合作绩效的多维性。企业绩效作为企业的运营成果，涉及合作前、合作中、合作后等多个阶段，关系到合作各方、东道国、母国环境等多种因素，通常具有多重维度。西南临边省区企业进行跨境合作的动机不尽相同，一部分企业出于企业国际战略，实现企业的国际化发展，开拓国际市场，另一部分企业利用“跳板策略”和海外资源反哺国内，深耕国内市场。一部分企业是出于战略导向，另一部分企业可能仅是由于财务导向。因此，合作目标的侧重点不同，导致合作绩效的维度也不是单一的。

第三，跨境合作绩效的动态性。企业运营是一个复杂的过程，企业绩效会随着时间推移而改变，是一个动态的结果。西南临边省区企业的跨境联盟从决策、组建到结束，不同阶段都有不同的目标和内容、结果，合作绩效的内容和关注点也会随之发生变化，因此需要持续关注与评价。

二、西南临边省区企业跨境合作绩效的分类

由于西南临边省区企业跨境合作各方的战略目标、合作目的等不同，对合作绩效的关注层面也不尽相同。因此，不同的学者根据不同的视角，对合作绩效有不同的划分方式。

从合作预期目标出发，按照是否为合作预期内期望达到的绩效目标，可分为预期绩效和非预期绩效。前者为企业做出跨境合作决策之前，预计通过此次合作达成并实现的预期需求目标，如合作收益等，属于西南临边省区企业跨境合作的预期绩效目标；后者是指企业跨境合作组建和运营后，获得的实现预期需求目标之外（非预期需求）的收益，如管理能力提升等，属于西南临边省区企业跨境合作的非预期绩效目标。

从合作收益的视角出发，按照是否为财务收益，可将合作绩效分为财务绩效和非财务绩效。其中，财务绩效是指合作企业在参与此次跨境合作中所获得的财务收益（经济收益），通常体现在财务指标，如净利润、净资产收益率、每股盈

利等方面，属于西南临边省区企业跨境合作的财务绩效目标；而非财务绩效，顾名思义，是跨境合作企业在此次合作中除去财务绩效所获得的绩效，如由此获得的企业声誉、创新绩效等，属于西南临边省区企业跨境合作的非财务绩效目标。

从组织结构的视角出发，企业的职能部门是指组织中对下属单位具有计划、组织、指挥权力的部门，一般大致分为市场营销部、研究开发部、生产制造部、财务部和人事部，每个部门在事业部级战略的指导下，会按照专业职能将事业部级战略进行具体化，将企业总体战略转化为职能部门具体行动计划，如财务投资战略、研究开发战略、人力资源开发战略与生产战略等。因此，西南临边省区企业在跨境合作的运营中，按照企业各职能部门划分，可将合作绩效分为战略绩效、研发绩效、生产绩效、营销绩效等，是对企业的各职能部门经营状况进行评价。

从跨境合作的形成阶段出发，不同学者有不同的划分，一般主要划分为合作决策阶段、合作组建阶段和合作运营阶段，不同的阶段产生的绩效不同，关注点也不同，以及影响合作绩效的因素不同，因而产生的绩效水平也不同。因此，西南临边省区企业跨境合作过程，按照企业跨境合作形成流程，可将合作绩效有不同的划分，如合作决策绩效、合作组建绩效、合作运营绩效等。

三、西南临边省区企业跨境合作绩效的影响因素

西南临边省区企业在跨境合作的过程中，会受到各方面因素的影响，从不同的视角对合作绩效的影响因素有不同的归纳，下面主要从两种比较常见的角度进行具体分析。

（一）跨境合作主体

首先，是跨境合作主体内部。根据组织学习理论，企业先前的跨境合作经验有助于经验的积累、教训的总结，有助于通过更好的知识和理解能力来改进未来的行动，获得更好的合作绩效。根据资源基础理论，企业内部良好的人力、物力、财力资源，能带来良好的研发能力、运营能力、生产能力等，有助于企业高效运营，对跨国合作有更好的掌控能力。根据信号理论，一个拥有良好声誉的企

业，不仅能吸引更优秀的合作伙伴，也能为合作带来竞争优势，提高联盟的成功率。因此，西南临边省区跨境合作的企业自身的合作经验、运营能力和声誉等，会对跨境合作绩效带来直接影响。

其次，是跨国合作主体外部环境。根据“跳板策略”理论，企业走出国门组建跨国战略联盟，意在跳出国内制度环境、竞争环境桎梏，利用海外环境转而深耕国内市场。根据资源依赖理论，当下世界贸易格局悄然巨变，技术市场发展变化加速，为应对环境的不确定性，企业会采取措施获取海外资源，拓展海外市场。西南临边省区企业与东道国的跨境合作，主要动因在开拓海外市场和获取海外资源，因此东道国市场资源同样对合作绩效有重大影响。

最后，合作主体之间的匹配。根据组织学习理论，合作伙伴之间的相似性使得隐性知识和外显知识在合作伙伴之间沟通、转移更加容易。文化的相似性减少了合作伙伴之间潜在的管理协调矛盾。根据社会网络理论，合作伙伴之间的信任关系到联盟的稳定性、利益分配、技术溢出和沟通等。由此可见，西南临边省区企业和合作企业的沟通质量、信息分享等关系资本对联盟绩效有十分重要的影响。

（二）跨境合作战略联盟组建流程

如果从跨境合作的整个流程分析，不同阶段合作绩效的影响因素侧重点不同。

首先，西南临边省区企业需要根据自身的战略规划和企业经营现状决定是否进行跨境合作。其次，决定合作的主要内容，需要根据市场与企业规划选定合作行业，根据企业声誉、合作经验、运营能力，选择将要合作的伙伴，并进行实地考察。跨国合作战略联盟组建完成后，根据制度理论，合作需要尽力获得母国政策支持，取得东道国的政府支持，以减少跨国经营与合作带来的政府风险、文化差异等，实现制度、文化的同构。同时，跨国合作在运行阶段，合作的管理人员能力、人才投入、建设资金投入等将直接关系到合作的运营情况，而跨境合作作为一个开放系统，必然会受到来自东道国区域经济发展水平、区域科技服务水平、区域产学研环境等影响，最终影响到跨境合作绩效水平。

四、西南临边省区企业跨境合作绩效的产生机理

在认识了跨境合作绩效后，再来探讨跨境合作绩效是如何产生的，它的产生机理是怎样的，下面从价值创造的视角出发进行分析。按照企业跨境合作的流程，可以将西南临边省区企业跨境合作分为三个阶段，即跨境合作决策阶段、跨境合作组建阶段和跨境合作运营阶段。下面从这三个阶段分析绩效产生机理。

（一）跨境合作决策阶段

首先，根据合作形成的流程，最先处于合作决策阶段，根据内容型激励理论，需求创造动机，动机激励行为去满足需要。西南临边省区企业组建跨国合作战略联盟的动因，主要在于联盟各方基于企业的资源基础理论，共享对方的物力资源、知识资源、信息资源，达到资源优势互补、实力提升；基于企业的增长战略理论，通过跨境合作，实现外部扩张的增长方式；基于动态能力理论，进行互相学习，提高己方的全球竞争优势。但合作各方的动因不尽相同，中方企业主要是为获取自然资源、开拓更大的市场，提升企业竞争力，建立全球品牌；而作为主要跨境合作方的越南、老挝、缅甸企业，更多的是利用中国的人才资源、技术资源和资金，建设国民经济，创造社会福利。因而，合作各方萌发了合作的动因，继而驱使合作各方产生合作意愿。

（二）跨境合作组建阶段

通常在达成合作意愿后，将进入跨国合作战略联盟的组建阶段。在这一阶段，将根据合作各方的需求和意愿进行谈判协商，签订合作协议，组建战略联盟，以及战略联盟运营的机制、流程和规范等，通过战略联盟的运营，从而产生联盟的效用。该机制主要包含：合作模式是指合作的载体、表现形式，即是否以股权或契约形式等，这主要受到各方需求、偏好、谈判能力等因素影响；合作行为则是合作各方在合作建立、运行过程中的行为及合作能力，将直接影响合作绩效能否实现。可见，战略联盟作为合作运营的载体，可以成为一台高效、持久的“机器”，也可能埋下合作失败的“种子”，因此它与合作绩效息息相关。

（三）跨境合作运营阶段

当跨国联盟组建完成后，跨境合作就可以正式进入运营阶段。该阶段主要是通过合作运营以创造价值，实现合作预期绩效，达到跨境合作目的。从西方经济学理论视角，联盟价值是指联盟（客体）对合作各方（主体）的效用，所创造的价值将受到三大因素影响。一是合作各方的需求（主导因素）；二是跨境合作产生的效用，即是合作价值的载体；三是合作效用与合作需求的匹配程度，若匹配的效果越好，则所产生的合作价值越大，跨境合作绩效越高，反之则越低。从而在合作运营阶段，主要是提高合作效用与合作需求的匹配度，以便创造出更多的合作价值，最终提升合作绩效。综上所述，西南临边省区企业跨境合作的绩效产生机理如图 6 - 1 所示。

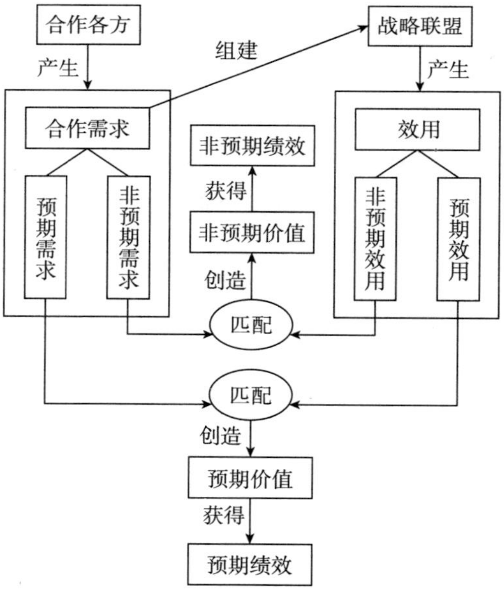

图 6 - 1　西南临边省区企业跨境合作的绩效产生机理

第二节　西南临边省区企业跨境合作的绩效评价理论

关于跨境合作的绩效评价，国内外学者已进行了初步探讨，并取得了一定成果。其中，最具代表性的五种理论是：目标实现理论、企业能力理论、联盟解体理论、利益相关者理论和综合绩效评价理论。

一、目标实现理论

一些学者在研究国际战略联盟绩效时，根据企业组建联盟后，其预期目标的实现程度来评价联盟的绩效大小。他们认为，企业组建国际战略联盟的最终目的是要实现己方的特定目标，而这些目标的实现程度和效果就是联盟的绩效大小。这就是国际战略联盟绩效评价的目标实现理论。

基于目标实现理论，联盟预期目标的设定成为联盟绩效评价的前提与关键，目标须具备三个基本属性：明确性、高效性和可实现性。从明确性来看，明确的目标不仅是联盟运营的助力器，也是联盟绩效评价的量化器。目标内容如果较模糊，可能导致联盟在机制内运作失误。明确的目标设定，一是具有指导作用，减少联盟行为的盲目性，便于控制职能的发挥；二是具有激励作用，降低不确定性。从高效性看，目标须具有一定的难度，如果较容易完成的目标，将失去目标设定的意义，也不利于绩效的评价，而难度太高同样如此。因此一个高效合理的目标更能推动联盟的高效运作。当然，目标必须具备可实现性，企业组建联盟的预期目标应该是合理的，通过现有人力、物力、技术能够达到的水平，否则，犹如海市蜃楼般虚无缥缈，目标也将形同虚设。

一般而言，在企业组建跨国战略联盟实现预期目标的同时，通常也取得其他方面的收益；或者即使预期目标实现得不是非常满意，但非预期目标方面的收益却非常明显。因此，仅仅通过目标实现程度来衡量国际战略联盟绩效的大小，而忽略联盟给企业带来的新的发展和业务机遇等有利影响，这表明该“联盟目标实现理论”具有很大的局限性。

二、企业能力理论

随着全球化加速发展，国际贸易格局悄然巨变，企业产品生命周期和生产运营日益国际化，影响企业持续竞争优势的关键因素成为关注的焦点。企业能力不仅是企业绩效产生的源泉，也对企业发展起着决定性作用，更是企业进行跨境合作的主要动因。

企业能力理论可分为两大分支：一是企业资源基础论，二是企业能力基础论。前者重在从企业内部成长的视角，如本企业所固有的、能够拓展生产机会的知识积累倾向等方面，将企业的本质看作各种资源和能力的集合体，从而企业的绩效是依靠那些能够创造租金潜在价值的资源。而资源基础论的核心假设是收益通过资源产生租金的潜力与资源相联结。因此，当企业获得了有价值的资源，则企业创造租金的能力就在于关键资源受到模仿的难易程度，并且这种难以仿制的资源又使企业具备了强于其竞争对手的竞争优势。所以，资源基础论认为，如果企业的资源通常须具有价值，同时是稀缺的，而且不能完全被仿制，即是其他资源无法替代的。基于以上观点，在企业的跨境合作绩效中，企业通过跨境合作所获得的重要的、关键性的资源是必要的组成部分。

企业能力基础论是在资源基础论的纵向发展上产生的。它不同于资源基础论，而是将企业看作是一个获取知识、运用知识的学习型系统，企业的核心能力在于持续竞争优势。持续竞争优势的源泉是“知识”，重在“协调和有机结合”，即是组织资本与社会资本的有机结合。其中，组织资本是指能够对所承担的任务的协调能力得到提高的资产。社会资源的功能是指作为资源提供给行为人用来获取收益的那部分社会结构的价值。前者重点关注协调和组织生产的技术方面，而后者则展示了社会环境的重要性。因此，企业组建跨国联盟的绩效中，联盟伙伴代表的社会资本是重要内容。

由此可见，企业核心能力的强弱对企业跨国联盟的绩效有着至关重要的影响，存在清晰明确的因果关系。但并不是所有的资源都会给企业带来收益，只有那些稀缺的、难以模仿的、高价值的并且是可被激活的能力才会提高绩效。

三、联盟解体理论

联盟解体理论是指以跨国战略联盟是否解体作为联盟绩效评价的标准。持这种观点的学者认为，国际战略联盟的不稳定性，可以以联盟的意外终止为标志，即联盟各方合作关系的解体。虽然许多失败的国际战略联盟确实是以联盟各方合作关系的终止而告终的，但是实践结果表明：国际战略联盟解体并不一定意味着联盟绩效低下，而且高绩效的国际战略联盟通常也会在联盟目标实现或联盟期满而终止。这种理论反映了研究者把国际战略联盟视为一个组织的观点，但不能全面、真实地反映国际战略联盟的绩效。

四、利益相关者理论

利益相关者理论产生于20世纪60年代的西方国家，快速发展于20世纪80年代。利益相关者通常包括有企业债权人、所有者、员工、消费者、供应商等一系列相关伙伴，也包括外部的政府部门、本地社区居民、新闻媒体、无边界组织等压力集团，以及所处的自然环境等受到企业经营活动直接或间接影响的客体。这些利益相关者与企业的生存和发展密切相关，他们有的对企业进行监督和制约，有的为企业的经营活动付出了代价，也有的分担了企业的经营风险，企业的经营决策必须要考虑他们的利益或接受他们的约束。从这个意义讲，企业的生存和发展依赖于企业对各利益相关者利益要求的回应的质量，企业是一种智力和管理专业化投资的制度安排，而不仅仅取决于股东。因此，利益相关者理论从理论上阐述了企业绩效评价和管理的重点，并为企业绩效评价理论的发展深化奠定了基础。

利益相关者理论为构建企业跨国联盟绩效评价指标体系提供了一个全新的理论视角。在利益相关者理论的研究领域中，主要关注谁来进行企业绩效评价、评价企业什么绩效、采用何种方法评价、如何将评价结果应用于企业的管理工作等问题，企业绩效评价是利益相关者理论的研究核心。根据这一理论，跨国联盟绩效评价将遵循以下程序进行：界定和分类跨国联盟的利益相关者；明确每一类利益相关者合法的、合理的利益要求；对其利益要求排出先后顺序；采用实地访谈和德尔菲法等确定其利益要求的多种实现方式；基于利益相关者的评分，判断联盟绩效情况；最后，考察联盟绩效与利益相关者的利益要求及其实现方式的关系，并施以必要的激励等进行评价。

综上所述，西南临边省区企业跨境合作的利益相关者，如合作伙伴、母国经营环境、东道国制度环境、国际格局、目标市场等，都将影响到联盟绩效的评价。

五、综合绩效理论

企业在确定了明确的联盟目标之后，才会组建跨国联盟。但是，通过组建国际战略联盟，实现预期目标的同时，往往还会获得其他方面的收益，如企业新的发展机遇等。有时，即使预期目标没有实现，但是在非预期目标方面的收益却非常明显。因此，国际战略联盟的综合绩效理论认为，在评价企业国际战略联盟绩效时，如果只评价联盟的预期目标实现程度，或联盟是否解体，均不能全面反映联盟给企业带来的绩效，也不能全面反映联盟体的整体绩效。国际战略联盟的绩效应该是一种综合绩效，即在评价国际战略联盟绩效时，根据跨国联盟的组建流程，划分联盟的不同阶段，针对每个阶段的侧重点，同时考虑联盟预期目标和非预期目标的实现程度，从而实现联盟绩效的全面评价。

第三节　西南临边省区企业跨境合作的绩效评价方法

关于绩效评价的方法很多，如目标考核法、行为考核法、关键绩效指数（Key Performance Indicator，KPI）法、绩效三棱镜、KLD 指数法和平衡计分卡（Balanced Score Card，BSC）等，本书选择具有代表性的平衡计分卡方法与基于层次分析法的模糊综合评价法，下面进行简单介绍。

一、平衡计分卡

平衡计分卡作为战略执行效果评价的有效工具，重在以组织战略为导向。企业跨境合作正是企业实施国际化战略的重要一步。对这种战略实施效果的评价，选择平衡计分卡这种方法应该是合适的。平衡计分卡相较于传统的绩效评价方法，不再以财务绩效指标作为单一的评价指标，而是采用多个方面的指标进行综合评价。因为西南临边省区企业与邻国企业的跨境合作是出于战略层面的考虑，其目标是多重的，不仅包括财务层面的目标，还包括其他非财务层面的目标。因此，不能够仅用财务绩效来进行评价。

平衡计分卡于 1992 年，由美国哈佛商学院教授罗伯特·卡普兰（Robert S. Kaplan）和诺朗诺顿研究所（Nolan Norton Institute）所长、美国复兴全球战略集团创始人兼总裁戴维·诺顿（David P. Norton）提出。平衡计分卡是一种特定化的目标考核法，是一个以企业战略目标为中心，以因果关系链为分析手段的综合性战略绩效评价体系。它以战略管理理论和核心竞争力理论为理论基础，将企业看作是一个有机结合的整体，把企业的使命和战略转化为有形的目标和衡量指标，从财务（Financial）、内部业务流程（Internal Business Processes）、学习与成长（Learning and Growth）、客户（Customer）四个维度，通过财务和非财务两方面的平衡，将企业制定的战略与实际运营整合起来，审视和评价战略计划的实施状况。这四个方面密不可分。

其核心思想在于采用一系列指标，使其彼此间形成平衡，即短期目标和长期目标、财务指标和非财务指标、滞后型指标和领先型指标、内部绩效和外部绩效之间的平衡。利用平衡计分卡，将企业跨境合作目标，通过因果关系进行层层分解，转化为一套系统的绩效评价指标。这样可以使各合作伙伴及其内部各部门明确自己的评价指标，了解各自的分解目标和任务，以确保合作目标的实现。同时，使管理层的注意力从短期的目标实现，转移到兼顾战略目标实现；从对结果的反馈思考，转向对问题原因的实时分析。

二、基于层次分析法的模糊综合评价法

（一）层次分析法

层次分析法（The Analytic Hierarchy Process，AHP），由美国著名运筹学家托马斯·塞蒂（T. L. Saaty）于20世纪70年代中期正式提出。它将定性和定量相结合，能够系统化、层次化地分析解决问题。对于处理复杂的决策问题具有实用性和有效性，因此能够很快在世界范围得到重视。

层次分析法的主要特点是能够从复杂决策问题的本质出发，分析其影响因素和内在关系等，从而可以使决策的思维过程数学化，且只用较少的定量信息，主要用于多目标、多准则或无结构特性的复杂决策问题中，尤其是对难以完全定量的复杂系统做出决策的模型和方法。层次分析的原理是根据问题的性质，从要达到的总目标出发，将主要问题划分为多个组成因素，并按照因素之间的相互影响以及隶属关系，根据不同的层次将影响因素聚集组合，从而构建一个多层次的分析结构模型，从而使要解决的主要问题归结到最低层（供决策的方案、措施等）相对于最高层（总目标）的相对重要权值的确定或相对优劣次序的排定。

AHP通常可以将不同的因素分为以下三层因素。其中，最高层因素，主要是解决问题的目的；中间层因素，是为实现总目标而选取的各种措施、方案所必须遵循的准则，或是称作策略层、准则层等；最低层因素，主要包括解决问题的各种措施、手段等。把各种所要考虑的因素放在适当的层次内。用层次结构图清晰地表达这些因素的关系。运用层次分析法有很多优点，其中最重要的一点就是简单明了。层次分析法主要用于主目标实现存在不确定性和主观信息的情况，能够以合乎逻辑的方式运用经验、洞察力和直觉来进行分析。

（二）模糊综合评价法

模糊集合理论（Fuzzy Sets）的概念是美国著名的自动控制专家查德（L. A. Zadeh）教授，于1965年提出的，主要用于表达事物的不确定性。模糊综合评价法（Fuzzy Comprehensive Evaluation Method，FCEM），基于模糊数学对主要问题解决方法的综合评标方法。该方法基于模糊数学的隶属度理论，把通常情

况下的定性评价转化为更客观的定量评价，采用模糊数学的视角，对可能受到多种因素制约的主要研究对象做出一个全面的、总体的评价。因此，FCEM 具有系统性强、应用性广的特点，能较好地解决模糊的、难以量化的问题，适合各种非确定性问题的解决。

模糊综合评价法的主要步骤，以本书评价项目——西南临边省区企业跨境合作绩效为例，可以分为：①筛选主要评价因素（F），即指西南临边省区企业跨境合作绩效的主要组成成分（例如，利润、销售收入、资产规模等）。②确定评价因素值（Fv），是指合作绩效影响因素的评价。③计算评价值（E），是指合作绩效影响因素的优劣程度。评价因素最优的评价值为 1（采用百分制时为 100 分）；欠优的评价因素，依据欠优的程度，其评价值大于或等于 0、小于或等于 1（采用百分制时为 100 分），即 0≤E≤1（采用百分制时 0≤E≤100）。④平均评价值（Ep），是指评价组成员对合作绩效影响因素评价的平均值。⑤赋权重（W），是指企业合作绩效影响因素的重要程度，第一级评价因素的权重之和为 1，每一个评价因素的下一级评价因素的权重之和为 1。⑥加权平均评价值（Epw），是指加权后的平均评价值，加权平均评价值（Epw）= 平均评价值（Ep）×权重（W）。⑦计算综合评价值（Ez），是指同一级评价因素的加权平均评价值（Epw）之和。

综上所述，AHP 与 FCEM 结合对西南临边省区企业跨境合作绩效的综合评价，主要应包括以下步骤：①定好企业跨境合作绩效评价的目标。②以“分而治之”的思路，将绩效评价目标进行分解，形成以组成合作绩效为主的准则层和以绩效影响因素为主的评价指标，并最终构建层次评价体系。③通过已建立的层次评价体系生成 AHP 调查问卷，邀请专家参与分析、评价。④获取专家们的 AHP 调查问卷，得到各个评价指标对评价目标的排序权重。至此 AHP 过程完成，其中的专家调查问卷过程可以利用 Delphi 方法多轮完成。⑤以层次模型的评价指标，也就是方案层要素，作为评价因素，生成 FCEM 问卷。⑥对各个评价目标，寻找专家、评价人填写 FCEM 问卷。⑦收集模糊综合评价问卷，根据专家数据及 AHP 获得的各个评价因素排序权重（作为 FCEM 的权重向量），计算得到各评价目标综合评价结果。

第四节 西南临边省区企业跨境合作的绩效评价指标体系的构建

目前，关于企业跨境合作绩效评价指标体系构建的研究已经比较丰富，不同学者从不同的学科视角出发，选择的构建原则、方法、指标体系等不尽相同。本书作为管理学领域著作，将择取其中两种比较具有代表性的体系构建思路，以便进行比较研究：第一种，根据上述介绍，从利益相关者视角，采用平衡计分卡方法，构建跨境合作绩效评价指标体系；第二种，从联盟价值创造的视角，采用层次分析法构建评价指标体系，并以中国与东南亚企业跨国战略联盟为例。下面进行具体介绍。

一、利益相关者视角

根据平衡计分卡的财务、内部流程、学习和成长、顾客的四个维度，将企业的国际战略联盟这种战略行为，转化为一系列相互关联的指标（通常由长期决策目标和达到这些目标的途径共同决定），明确结果指标和产生这些结果的执行动因之间的因果关系。本书选择主观性指标和客观性指标相结合，构建西南临边省区企业跨国联盟的绩效评价指标体系，克服单纯使用其中一类指标评价联盟绩效的缺陷。

（一）财务层绩效评价指标选择

财务层面的绩效评价主要反映“股东如何看待企业”的问题，即从财务角度说明企业是如何满足股东期望的。西南临边省区企业跨国联盟的财务绩效，是指组建联盟后，给中国企业带来的财务方面的收益。可以通过设置一系列财务指标，来反映联盟后企业的财务效果。财务效果主要包括成本的节约、利润的增加、资产利用率的提高等，可用中国企业组建国际战略联盟后的当期经营业绩来反映。

（二）内部流程层绩效评价指标选择

内部流程层面的绩效评价主要反映“企业擅长什么”的问题，即从企业内部角度评价企业运营状况，报告产品或服务的内部效率，关注导致企业整体绩效更好的过程、决策和行动。西南临边省区企业跨国联盟的内部流程方面的绩效，是指组建联盟后，对中国企业内部业务流程方面的改善，反映组织的经营过程和效率。可以通过设置一系列的内部运营指标，来反映联盟后企业的内部流程方面的效果。内部流程效果主要包括：生产（服务）效率的提高、运营周期的缩短、合格品率的提高、新产品开发速度的加快等。

（三）学习与成长层绩效评价指标选择

学习与成长层面的绩效评价主要反映“企业是否在进步”的问题，即从组织学习和创新的角度评价企业运营状况。西南临边省区企业跨国联盟的学习与成长方面的绩效，是指组建联盟后，给中国企业带来的组织发展方面的收获。可以通过设置一系列的组织发展指标，来反映联盟后企业的组织发展效果。组织发展效果主要包括：组织规模扩大、企业文化的改善、市场占有率的扩大、员工满意度的提高等。

（四）顾客层绩效评价指标选择

顾客服务层面的绩效评价主要反映“顾客如何看待企业”的问题，即从顾客的角度说明企业如何满足客户要求。西南临边省区企业跨国联盟的顾客方面的绩效，是指组建联盟后，给中国企业带来的顾客服务改善方面的收获。可以通过顾客的视角评价企业，从时间（交货期）、质量、服务和成本几方面关注顾客的需求和满意度，来反映联盟后企业的顾客服务改善效果。顾客服务效果主要包括：客户满意度、新产品销售比率、老客户保持率、新客户增长率等。

（五）西南临边省区企业跨国联盟绩效评价指标体系的确定

根据上述的指标选择分析，基于平衡计分卡的西南临边省区企业跨国联盟的绩效评价指标体系，如表6－1所示。其中，各指标的赋权方法可以采用比较成熟、简单并经典的层次分析法（AHP）；关于各指标的赋值方法，财务层面指标的评分值，可以根据中国企业的财务报表，直接提取相应的财务数据，然后通过数据标准化技术转换成评分值；内部流程、学习与成长、顾客层面指标的评分值，可以运用德尔菲法（Delphi）和计划评审技术（PERT）相结合的方法（即扩展的德尔菲法）来确定。

表6-1　基于平衡计分卡的西南临边省区企业跨国联盟的绩效评价指标体系

目标层	一级指标	二级指标	权重	评分值	加权评分值
西南临边省区企业跨国联盟的绩效评价指标体系	财务	投资报酬率			
		资金周转率			
		经济附加值			
		现金流量			
	内部流程	新产品开发速度			
		周转时间			
		返工率			
		市场响应速度			
	学习与成长	员工能力			
		员工满意度			
		市场占有率			
		企业文化			
	顾客	客户满意度			
		新产品销售比率			
		老客户保持率			
		新客户增长率			
合计					

二、联盟价值创造视角

根据上述联盟绩效产生机理，企业跨国战联盟的绩效取决于联盟价值创造大小，而价值创造大小取决于跨国联盟效用和跨国联盟需求的匹配程度。而跨国联盟效用则取决于合作各方投入的“热情”（反映合作伙伴“肯干”）和投入的“资源和能力”（反映合作伙伴“能干”）在准备阶段和组建阶段，选择跨国联盟伙伴时，已经选择了具有高度的合作热情和合作能力的合作方，在组建阶段的谈判和合同签订中，已经选择了有效的联盟方式并签订了完备的合同（包括合理的价值分配方式和分配履行保障措施），可假设一切合作基础已达到理想状态。因此，跨国战略联盟的效用就仅取决于运作阶段合作各方实际投入的人力、物力和财力等资源。下面根据科学合理的评价原则、适当的评价标准和实际的评价方法，对联盟价值创造阶段的绩效影响因素，以西南临边省区企业的跨国战略联盟（Multinational Strategic Alliance，MSA）为例，进行深入具体的分析。西南临边省区企业 MSA 的绩效评价指标体系构建如下所示：

（一）评价对象

西南临边省区企业 MSA 的绩效评价根据评估范围大体可以分为联盟整体绩效水平的评估与联盟个体绩效水平的评估，鉴于西南临边省区企业与越南等邻国企业多为契约式联盟，其绩效一般从各联盟个体进行分析评估。因此，本书从中方企业的视角出发，评估契约式西南临边省区企业 MSA 组建后，中方企业所获得的联盟绩效。

（二）构建原则

根据上述西南临边省区企业 MSA 的动因与绩效产生机理，已经确定 MSA 的绩效是多方面、多层次的，因此对 MSA 的绩效评价也必须建立多级多层次的体系，以便更加合理准确地评估中国企业在 MSA 中所获得的综合绩效。为了保证各级指标的关联性，各层次指标的合理性、全面性，下面在构建三级指标体系时，遵循如下原则：

（1）合理性与科学性原则。根据上述西南临边省区企业 MSA 的绩效产生机理，评估分析中方企业的绩效重在价值创造这一环节上，因此本书运用经济学领域的柯布－道格拉斯生产函数理论，在设计多级多层次的评估分析框架基础上，同时，邀请联盟绩效方面的第三方评估专家与研究人员，从实际出发，运用扩展的德尔菲法将生产函数提取的指标进行筛选识别。

（2）可获得性与可执行性原则。本书的主要目的与意义在于促进中国西南临边省区企业的经贸发展，提升西南临边省区企业 MSA 绩效，因而必须从实践出发，所取指标数据具有可获得性，评估方法具有可执行性，才能真正评估出中国企业 MSA 绩效。

（3）定性分析与定量评价原则。企业跨国战略联盟处于复杂动荡的国际环境之中，单一性的指标与单次性评估很难准确获得联盟绩效真实水平，为了真正了解其联盟绩效水平，必须运用将定性与定量相结合的方法。本书正是在采用科学的定量方法，通过经济学上的柯布－道格拉斯生产函数甄选联盟绩效二级评估指标，并采用扩展的德尔菲法甄选三级指标，最后采用层次分析法进行评估，同时兼用了关键要素法、问卷调查法、专家分析法等，以便更能全面合理地展现西南临边省区企业 MSA 绩效。

（三）构建思路

依据上述对西南临边省区企业 MSA 绩效评价指标体系建立原则，引入项目管理中的模块化方法，设计出绩效评价指标体系的基本框架，具体构建如下：

（1）评价视角。根据上述西南临边省区企业 MSA 绩效产生机理（见图 6－1），联盟绩效的综合评估须从预期绩效和非预期绩效两方面进行，前者是指联盟预期需求的满足程度，主要取决于预期价值的创造水平；后者是指联盟非预期需求的满足程度，主要源于非预期价值的创造水平。因此，联盟绩效的评估主要从预期绩效和非预期绩效两个视角出发进行分析，并将其作为第一级指标。其中，预期需求主要与联盟动因相匹配，而非预期需求主要与联盟过程相对应。

（2）指标选择的方法。根据上述指标体系建立原则，本书建立三层指标体系。具体如下：

1）第一层评估指标按照评价视角和西南临边省区企业 MSA 绩效的产生机理，甄选为预期绩效和非预期绩效。

2）第二层评价指标则采用柯布－道格拉斯生产函数原理，甄选为劳动力、资本、技术、原材料和管理。

该生产函数由经济学家道格拉斯和数学家柯布于 1928 年研究提出。该研究通过对 1899～1922 年，美国的制造业指标数据分析，分析产生了柯布－道格拉斯生产函数（Cobb－Douglas Production Function，C－D 生产函数），该函数重在反映投入产出关系的函数模型，用于预测国家或地区的工业系统或大企业的生产发展，被认为是很实用的函数。由于西南临边省区企业 MSA 绩效的研究，实质也是 MSA 的投入与产出研究，其数据基本源自统计调查，同质性大，适用性强，因此运用柯布－道格拉斯生产函数更适宜。因此，本书通过对 C－D 生产函数改进与应用理论的梳理，结合改进理论的合理性、准确性和公认性，一方面，采用“经济计量学模式建造者之父”丁伯根的技术改进 C－D 生产函数，突破技术水平不变的局限，其表达式为 ，函数中 Yt 是一段时期内的生产力水平，Tt 是一段时期内该生产技术的水平，K 是一段时期内资本投资数，L 是一段时期内劳动投入量，α、β 分别表示资金和劳动力对生产水平提高的相对权数，这是最常用的生产函数。另一方面，由于信息经济时代到来，管理这一因素不可或缺，因而本书还采用将管理因素代入的修正 C－D 生产函数，突破只有劳动和资本两项投入因素的局限，其中，如 Y、K、L 与传统 C－D 生产函数意义相同，A1 表示宏观管理投入层面，如环境协调、宏观决策、企业信息概况等，A2 表示微观管理投入层面，如合作内部运作、生产等；同时，针对企业，原材料的投入至关重要，制造行业基本为劳动力密集型和资源密集型产业，原材料的投入直接关系到制造品的产出量、质量品质等，因此这一投入要素至关重要，本书将其列为联盟绩效评价的二级指标行列。

其中，由于预期效用与预期需求匹配，主要对应联盟动因，且从投入产出视角，劳动力、原材料、资本和技术要素是生产的必要投入要素，其产出是联盟各方预期可见的，因此将劳动力、原材料、资本和技术要素归为预期绩效；而非预期效用与非预期需求匹配主要对应联盟过程，且从投入产出视角来看，管理要素的投入产出属于间接绩效，是联盟各方预期难以预料的，因此将管理要素归为非预期绩效。

3）第三层评估指标主要采用关键要素分析法与德尔菲法，进行提取并筛选。1970 年，William Zani 提出关键成功要素分析法（Critical Success Factors，CSFs），主要针对研究对象在大量不确定性影响因素的条件下，筛选关键、有效的影响因素，从而提高研究的针对性。在 CSFs 的运行中兼用德尔菲法，以确保三级指标甄选的合理性、准确性。综上所述，各级评价指标甄选的方法介绍，西南临边省区企业 MSA 绩效评价指标体系构建的逻辑框架如图 6 - 2 所示。

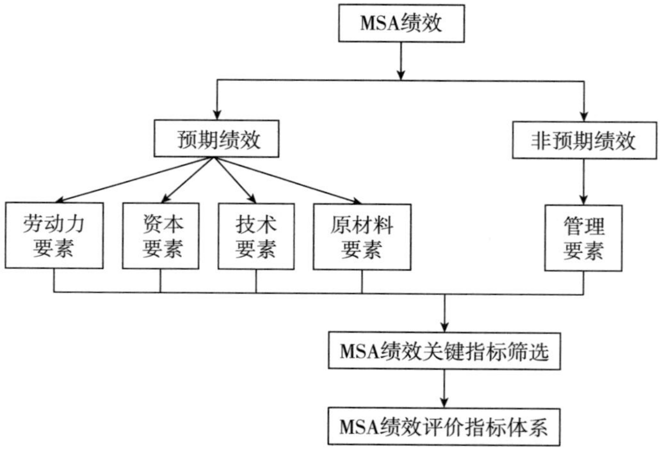

图 6 - 2　西南临边省区企业 MSA 绩效评价指标体系构建的逻辑框架

（四）评价指标甄选

根据上述对西南临边省区企业 MSA 绩效评价指标体系框架的构建以及甄选方法的介绍，下面对评价指标具体说明界定、分析、用途与实际计算等环节。

（1）一级评价指标。根据上述西南临边省区企业 MSA 绩效的产生机理以及绩效评估视角的分析，一级评价指标按照联盟需求分为预期绩效指标和非预期绩效指标。

其中，预期绩效是跨国联盟组建前，联盟各方预期希望取得的绩效、达到的经济目标，其高低取决于联盟所创造的预期价值大小，而预期价值的水平由联盟各方的预期需求与预期效用的匹配程度所决定；相应地，非预期绩效是跨国联盟组建运行后产生的绩效，是预期之外的绩效，由所创造的非预期价值所决定。因此，按照此类划分联盟绩效。

（2）二级评价指标。从柯布 - 道格拉斯生产函数提出到目前为止，其应用广泛度依然是业内最高的理论函数之一。首先，本书研究分析西南临边省区企业 MSA 的绩效，实质也是研究预测联盟各方资源的投入产出关系，符合 C - D 生产函数的应用原理；其次，根据 C－D 生产函数改进理论，采用对技术要素、原材料要素、管理要素修正的 C－D 生产函数，适应社会现状；最后，由于 C－D 生产函数模型为多元非线性函数，以下采用其一般表达式，即跨境合作效用可表示为$U = f(L, C, T, R, A) = b\prod_{i=1}^{4} X_i^{a_i} = bX_1^{a_1}X_2^{a_2}X_3^{a_3}X_4^{a_4}X_5^{a_5}$，其中，L，C，T，R，A 分别代表跨境合作各方投入的劳动力（Labour）、资本（Capital）、专属技术（Technology，包含专属知识和信息）、原材料（Resource）、管理水平（Administration）等，b 是待定系数，为正常数，X_i 表示各要素投入水平（劳动力、资本、专属技术、原材料投入、管理水平），a_i 表示各要素在投入产出过程中的相对权数（相对重要性，或称为产出弹性），$\sum_{i=1}^{5} a = 1$，$0 \leqslant a_i \leqslant 1$。

综上所述，西南临边省区企业 MSA 绩效评估二级指标为劳动力要素、原材料要素、资本要素、技术要素和管理要素。

（3）三级评价指标。根据上述西南临边省区企业 MSA 绩效评价指标构建框架，采用关键要素分析法，提取 CSFs 关键要素指标，从而进行层次分析，具体分析如下：

1）劳动力要素指标。中国企业与越南、老挝、缅甸企业组建跨国联盟的理想绩效，与劳动力要素的合理投入紧密相关。劳动力要素在此主要指人力资源的投入，它对联盟绩效的影响主要体现在三个方面。

第一，劳动力数量。该指标即劳动力数量投入的充足性、合理性与持续性，在跨国战略联盟的运营过程中，过多的劳动力投入会增加联盟投入的费用，也会造成人力浪费、效率低下、责任不明、“磨洋工”等不良现象，而劳动力不足或人力供给断代，不能保证持续性，会造成人力短缺、职位空缺，甚至会影响企业决策、运营等，尤其是对于企业，目前中国与越南、老挝、缅甸企业技术水平尚不够发达，大部分企业仍然属于劳动力密集型，因此如何在保证劳动力数量充足的情况下，又不造成人力资源浪费，实现合理化，并拥有自己有效的招募渠道，保证劳动力投入的持续性。其计算公式为：

$$A11 = a111 \times \omega_1 + a112 \times \omega_2 + a113 \times \omega_3 \quad (6-1)$$

公式（6－1）中，A11 为劳动力数量；a111 为劳动力数量充足性；a112 为劳动力数量合理性；a113 为劳动力数量持续性；ω_i 为权重，须满足条件 $\sum_1^3 \omega_i = 1$。该指标反映中国企业在西南临边省区企业 MSA 中劳动力数量效用的大小，ω 代表产出弹性，该指标的影响因素与产出弹性呈正向关系，其数值越大，则效用越大。

第二，劳动力素质。劳动力的素质高低包括基本素质和专业素质，前者是指员工的心理、生理、道德等，后者针对员工的专业理论知识、专业岗位技术和经验，在企业的不同层级劳动者须有相应的劳动素质，高素质劳动者安置在低层级岗位会造成劳动智力的浪费，同时无法满足劳动者的高层次需要，导致其工作积极性逐渐降低，而劳动者素质低于该岗位会造成其无法按质按量完成本职工作，甚至对合作有更深入、潜在的损失。其计算公式为：

$$A12 = a121 \times \omega_1 + a122 \times \omega_2 \tag{6-2}$$

在公式（6－2）中，A12 表示劳动力素质；a121 代表劳动力基本素质；a122 代表劳动力专业素质；ω_i 为权重，须满足条件 $\sum_1^2 \omega_i = 1$。该指标反映中国企业在西南临边省区企业 MSA 中劳动力素质指标效用的大小，ω 代表产出弹性，该指标的影响因素与产出弹性呈正向关系，其数值越大，则效用越大。

第三，劳动力价格。劳动力的价格直接关系到合作投入的人力成本，根据 C－D 生产函数理论，投入要素价格越高，该要素的产出弹性越小，即其相对权数变小，所创造的相应价值减少，因此劳动力价格越低越有利于合作价值创造。东南亚国家中越南、老挝、缅甸等国劳动力价格较低廉，中方企业跨境合作时可考虑在当地进行劳动力招聘，避免跨境人事调动安置的时间、资金过多投入，因此可具体分为中国劳动力价格和东南亚劳动力价格。其计算公式为：

$$A13 = a131 \times \omega_1 + a132 \times \omega_2 \tag{6-3}$$

在公式（6－3）中，A13 代表劳动力价格指标；a131 代表中方劳动力价格；a132 代表东南亚劳动力价格；ω_i 为权重，须满足条件 $\sum_1^2 \omega_i = 1$。该指标反映中国企业在 MSA 中劳动力价格指标效用的大小，ω 代表产出弹性，该指标的影响因素与产出弹性成负向关系，其数值越小，则效用越大。

2）资本。西南临边省区企业在组建 MSA 的过程中，存在大量的资金投入，如过境费用、公关费用、投资费用等，因此需要企业自身拥有强大的资本实力，因为资本投入是合作的起点，并贯穿整个联盟过程，对联盟价值创造有重要影响。资本要素对联盟绩效的影响主要体现在以下几点。

第一，资本量。西南临边省区企业与邻国企业组建 MSA 需要投入的资本越多，合作成本越高，退出壁垒越高，跨境合作的潜在风险越大，而资本投入不足或不能持续，会导致联盟建设、开发、运营不力，中途破产，甚至最终造成合作破裂，因此该指标具体可分为资本量充足性、合理性和持续性。其计算公式为：

$$A21 = a211 \times \omega_1 + a212 \times \omega_2 + a213 \times \omega_3 \quad (6-4)$$

在公式（6－4）中，A21 代表资本量指标；a211 代表资本量充足性；a212 代表资本量合理性；a213 代表资本量持续性；ω_i 为权重，须满足条件 $\sum_{1}^{3} \omega_i = 1$。该指标反映中方企业在西南临边省区企业 MSA 中资本量效用的大小，ω 代表产出弹性，该指标的影响因素与产出弹性成正向关系，其数值越大，则效用越大。

第二，资金周转期。即合作需要的资金周转期，周转期越长，资金链安全性越高，但资金流动性降低，而当资金周转期过短，周转过快时，容易造成资金链断裂，导致合作失败。通常，如果营运资本周转时间越短，营运所需资本越少，资本安全性越高，则资金的流动速度更快，可能的偿债能力更强。因此该指标可具体分为速动比率、存货比率和现金比率。其计算公式为：

$$A22 = a221 \times \omega_1 + a222 \times \omega_2 + a223 \times \omega_3 \quad (6-5)$$

在公式（6－5）中，A22 代表资金周转期指标；a221 代表速动比率；a222 代表存货比率；a223 代表现金比率；ω_i 为权重，须满足条件 $\sum_{1}^{3} \omega_i = 1$。该指标反映中国企业在西南临边省区企业 MSA 中资金周转期效用的大小，ω 代表产出弹性，该指标的影响因素与产出弹性成正向关系，其数值越大，则效用越大。

第三，货币兑换率。由于企业跨国战略联盟跨越了两个及以上国家，必然存在不同国家货币兑换率，当货币兑换率大于1时，更利于中方企业对外投资，而当货币兑换率小于1时，人民币贬值，更适于在东道国招募，当国家货币政策稳定且货币购买力强时，跨国企业能取得货币优势，因此该指标具体可分为货币政策稳定性和货币购买力。其计算公式为：

$$A23 = a231 \times \omega_1 + a232 \times \omega_2 \tag{6-6}$$

在公式（6－6）中，A23代表货币兑换率指标；a231代表货币政策稳定性；a232代表货币购买力；ω_i为权重，须满足条件$\sum_{1}^{2} \omega_i = 1$。该指标反映中国企业在西南临边省区企业MSA中资金周转期效用的大小，ω代表产出弹性，该指标的影响因素与产出弹性呈正向关系，其数值越大，则效用越大。

第四，资本来源方式。西南临边省区企业MSA中资本来源的方式对联盟运营也有重大影响，来源于联盟体内部的资本投入，资金成本率较低，安全性较高，但同时存在资金时间成本、机会成本等损失，而联盟体外招募的资金成本率高，风险性大，甚至有股权变动等问题。东南亚国家中，新加坡和文莱的经济最发达，泰国、印度尼西亚、菲律宾和马来西亚次之，发达程度相当于我国“长三角”“珠三角”地区，而柬埔寨、老挝、越南、缅甸经济比较落后，不适合资金密集型企业在当地大量募集资金。因此该指标具体可分为联盟体外部资本和联盟体内部资本。其计算方式为：

$$A24 = a241 \times \omega_1 + a242 \times \omega_2 \tag{6-7}$$

在公式（6－7）中，A24代表资本来源方式指标；a241代表联盟体外部资本；a242代表联盟体内部资本；ω_i为权重，须满足条件$\sum_{1}^{2} \omega_i = 1$。该指标反映中国企业在西南临边省区企业MSA中资本来源效用的大小，ω代表产出弹性，该指标影响因素与产出弹性关系不定，需要根据来源确定产出弹性。

3）技术指标。西南临边省区企业与邻国企业组建跨国战略联盟主要是为获取邻国的资源与开拓邻国的市场，中方企业本身具有一定的制造业技术，而邻国企业更多的是为获得资金与技术，因此，技术要素指标主要分为以下四个三级指标。

第一，技术共享程度。在西南临边省区企业 MSA 的运营过程中，中方企业须注意核心技术的保密性，同时共享合同规定的技术与信息，共同提高合作技术。这里的技术要素不同于劳动力个人层面的专业素质（个人知识、岗位技术、经验等），而主要针对企业层面的核心技术，与企业战略、联盟运作紧密相关的专利、信息技术、科技研发以及先进的硬件设备等。联盟中过高的技术共享程度可能会导致企业自身的核心技术泄露，削弱企业的核心价值，而低程度的技术共享又不利于联盟发展，无法达到企业扩张目的，因此该指标具体可分为合同完备性、联盟伙伴意愿。其计算公式为：

$$A31 = a311 \times \omega_1 + a312 \times \omega_2 \qquad (6-8)$$

在公式（6－8）中，A31 代表技术共享程度指标；a311 代表合同完备性；a312 代表联盟伙伴意愿；ω_i 为权重，须满足条件 $\sum_{1}^{2} \omega_i = 1$ 。该指标反映中国企业在西南临边省区企业 MSA 中技术共享程度效用的大小，ω 代表产出弹性，该指标的影响因素与产出弹性呈正向关系，其数值越大，则效用越大。

第二，技术领先程度。联盟体的制造技术领先于东道国制造行业的程度，中方企业与联盟伙伴企业组建联盟后，联盟体的技术领先水平，直接影响到联盟在东道国的运营销售、口碑以及生产效率等，进而影响到联盟绩效，尤其是企业跨国联盟更为突出，中国虽已成为制造业第一大国，但制造技术水平仍有待提高，邻国企业的制造技术更欠发达，如何提高联盟体的技术领先水平成为关键，因此该指标受到联盟各方技术水平和联盟体整体技术的影响。其计算方法为：

$$A32 = a321 \times \omega_1 + a322 \times \omega_2 \qquad (6-9)$$

在公式（6－9）中，A32 代表技术领先程度指标；a321 代表联盟各方技术水平；a322 代表联盟体整体技术；ω_i 为权重，须满足条件 $\sum_{1}^{2} \omega_i = 1$ 。该指标反映中国企业在西南临边省区企业 MSA 中技术领先程度效用的大小，ω 代表产出弹性，该指标的影响因素与产出弹性呈正向关系，其数值越大，则效用越大。

第三，技术更新程度。联盟体建成运营后的技术更新速度，合作中是否能实现充足的研发，缩短研发周期，加快创新速度，提升联盟能力，关系到联盟能否降低成本，及时掌握东道国市场发展变动趋势，占领市场，进而影响到联盟价值创造。尤其是制造行业更为突出，近年来制造行业发展迅速，加之高新技术的深刻推动，制造技术日新月异，不仅“硬”技术，如制造机器设备更新换代快，以及“软”技术，如信息技术更是得到飞速发展，因此该指标包含了“硬”技术更新速度和“软”技术更新速度。其计算方法为：

$$A33 = a331 \times \omega_1 + a332 \times \omega_2 \tag{6-10}$$

公式（6－10）中，A33 代表技术更新速度指标；a331 代表“硬”技术更新速度；a332 代表“软”技术更新速度；ω_i 为权重，须满足条件 $\sum_{1}^{2} \omega_i = 1$。该指标反映中国企业在西南临边省区企业 MSA 中技术更新速度效用的大小，ω 代表产出弹性，该指标的影响因素与产出弹性成正向关系，其数值越大，则效用越大。

第四，研发投入力度。联盟各方对研发的重视程度会影响到合作中对研发的投入程度，过多的研发投入可能会造成高成本负担，无法实现低价策略，甚至造成滞销，而研发投入过少，可能难以提高生产效率，很难实现创新，以满足当地市场的变动需求，逐渐落后于本行业，最终被社会淘汰。越南、老挝、缅甸是东盟各国中制造技术条件最落后的国家之一，因此在这些国家跨国合作更多的是技术输出性合作。其计算公式为：

$$A34 = a341 \times \omega_1 + a342 \times \omega_2 \tag{6-11}$$

在公式（6－10）中，A34 代表技术投入力度指标；a341 代表“硬”件投入力度，包括制造机器、厂房、设备等；a342 代表“软”件投入力度，包括信息网络、智库建设等；ω_i 为权重，须满足条件 $\sum_{1}^{2} \omega_i = 1$。该指标反映中国企业在西南临边省区企业 MSA 中技术投入力度效用的大小，ω 代表产出弹性，该指标的影响因素与产出弹性成正向关系，其数值越大，则效用越大。

4）原材料指标。2010 年以来，我国已成为世界制造业第一大国，制造行业得到空前发展，相比于东南亚国家的制造业技术更为发达，因而在西南临边省区企业 MSA 中，中国企业更多的是为获取邻国国家的制造品原材料，例如农产品、木材、矿产等。加之目前的制造行业一般仍然是资源密集型产业，因此，原材料的投入十分关键，其主要影响因素可分为以下四个方面。

第一，原材料价格。西南临边省区企业与邻国企业的跨国联盟多为资源密集型产业，如农产品加工、木材加工和矿产开采加工等，因此原材料的价格变得十分重要，过高的价格会导致生产成本过高，这主要受市场供需变化、运输距离和材料生产成本的影响。因此，其计算方法为；

$$A41 = a411 \times \omega_1 + a412 \times \omega_2 + a413 \times \omega_3 \quad (6-12)$$

在公式（6－12）中，A41 代表原材料价格指标；a411 代表市场供需变化；a412 代表运输距离；a413 代表材料生产成本；ω_i 为权重，须满足条件 $\sum_{1}^{3} \omega_i = 1$。该指标反映中国企业在西南临边省区企业 MSA 中原材料价格效用的大小，ω 代表产出弹性，该指标的影响因素与产出弹性成负相关关系，其数值越小，则效用越大。

第二，原材料质量。作为制造行业，原材料的质量直接关系到制造品的产出质量，完备的原材料采购合同可以一定程度地保证质量，制造业的质量管理是保证质量的关键，同时，合理选择供应商也十分重要。其计算方法为：

$$A42 = a421 \times \omega_1 + a422 \times \omega_2 + a423 \times \omega_3 \quad (6-13)$$

在公式（6－13）中，A42 代表原材料质量指标；a421 代表采购合同完备性；a422 代表质量管理；a423 代表供应商选择；ω_i 为权重，须满足条件 $\sum_{1}^{3} \omega_i = 1$ 。该指标反映中国企业在西南临边省区企业 MSA 中原材料质量效用的大小，ω 代表产出弹性，该指标的影响因素与产出弹性呈正相关关系，其数值越大，则效用越大。

第三，原材料可获得性。由于制造行业需要投入大量原材料，因此如何满足供应要求，原材料的充足性变得十分重要，以及原材料是否有可行的替代品，都将决定原材料的可获得性。因此，其计算方法为：

$$A43 = a431 \times \omega_1 + a432 \times \omega_2 \quad (6-14)$$

在公式（6－14）中，A43 代表原材料可获得性指标；a431 代表原材料充足性；a432 代表替代品可行性；ω_i 为权重，须满足条件 $\sum_{1}^{2} \omega_i = 1$。该指标反映中国企业在西南临边省区企业 MSA 中原材料价格效用的大小，ω 代表产出弹性，该指标的影响因素与产出弹性呈负相关关系，其数值越小，则效用越大。

第四，原材料环保性。企业的跨国战略联盟处于复杂多变的国际环境之中，受到当地风俗文化、政策法规等的影响，原材料是否对环境造成重大污染，是否不可再生等环保型因素，很可能会决定跨国联盟的成败。例如，中缅莱比塘铜矿项目的停工的直接导火索便是当地民众以环境污染为由进行大规模示威反抗。其计算方法为：

$$A44 = a441 \times \omega_1 + a442 \times \omega_2 \quad (6-15)$$

在公式（6－15）中，A44 代表原材料环保性指标；a441 代表环境污染程度；a442 代表原材料可再生性；ω_i 为权重，须满足条件 $\sum_{1}^{2} \omega_i = 1$。该指标反映中国企业在西南临边省区企业 MSA 中原材料环保性效用的大小，ω 代表产出弹性，该指标的影响因素与产出弹性呈负相关关系，其数值越小，则效用越大。

5）管理指标。随着科学信息技术的飞速发展，当下已进入信息化经济、知识经济时代，管理学作为一门科学已得到极大的发展，管理已经成为企业等组织的必要投入要素。这里主要是谈企业的整体管理水平这一因素对企业跨国联盟价值创造的影响。

第一，管理团队。该指标的影响因素首先体现在管理团队上，一个卓越的管理团队其成员之间优势互补，有共同的愿景和目标、高度的默契，从而能对联盟运营中的战略决策，即在客户需求、竞争对手和自身资源能力之间做出准确的、合适的权衡抉择，从而使得联盟能持续地最大化价值创造和获取，而跨国联盟各方若不能组建高效的管理团队，其团队内部就需要大量的冲突处理协调，甚至导致合作破裂。此外，管理团队决定了联盟运营的管理能力，而管理能力决定了价值创造的执行效率，即如何将联盟资源能力的潜力最大化发挥出来，以达成合作目标。其计算方式为：

$$B11 = b111 \times \omega_1 + b112 \times \omega_2 + b113 \times \omega_3 \qquad (6-16)$$

在公式（6－16）中，B11 代表管理团队指标；b111 代表合作管理；b112 代表自主管理；b113 代表第三方管理；ω_i 为权重，须满足条件 $\sum_1^3 \omega_i = 1$。该指标反映中国企业在西南临边省区企业 MSA 中管理团队效用的大小，ω 代表产出弹性，该指标的影响因素与产出弹性成正向关系，其数值越大，则效用越大。

第二，管理能力。西南临边省区企业与邻国企业的跨国联盟的管理能力主要体现在三个方面：一是协同创造能力，联盟各方能否通力合作，适当的信息共享，实现学习曲线效应和协同效应，创造协同价值；二是联盟各方的快速响应能力，能否迅速、准确、适当地决策，能否快速满足客户的新需求，提高顾客吸引力，能否快速解决合作突发事件、冲突，能否快速发现并进入新的细分市场；三是管理创新能力，联盟各方管理经验、合作技巧、合作经验、创新能力，直接影响到能创造的合作价值大小。西南临边省区企业与邻国企业自古便有贸易往来，但企业的现代化跨国联盟经验还不够充足，制造业技术有待进一步提升，如何在跨国合作中学习和成长是西南临边省区企业与邻国企业都要重视的地方。其计算方法为：

$$B12 = b121 \times \omega_1 + b122 \times \omega_2 + b123 \times \omega_3 \qquad (6-17)$$

公式（6－17）中，B12 代表管理能力指标；b121 代表协同创造能力；b122 代表快速响应能力；b123 代表管理创新能力；ω_i 为权重，须满足条件 $\sum_1^3 \omega_i = 1$。该指标反映中国企业在西南临边省区企业 MSA 中管理能力效用的大小，ω 代表产出弹性，该指标的影响因素与产出弹性成正向关系，其数值越大，则效用越大。

（五）评价指标体系确定

综上所述，对三级指标的甄选，通过运用德尔菲法、关键要素分析法、柯布－道格拉斯函数等，经过多次修改，最终确定西南临边省区企业与邻国企业的跨国战略联盟的绩效评价指标体系，如表 6－2 所示。

表 6－2　西南临边省区企业 MSA 绩效评价指标体系

评价要素（一级指标）	关键影响要素（二级指标）	具体影响要素（三级指标）	权重（ω_i）	要素投入量（X_i）	效用（U）
预期绩效	劳动力（L）	劳动力数量			
		劳动力素质			
		劳动力价格			
	资本（C）	资本量			
		资本周转期			
		货币兑换率			
		资本募集渠道			
	技术（T）	技术共享程度			
		技术领先程度			
		技术更新速度			
		研发投入力度			
	原材料（R）	原材料价格			
		原材料质量			
		原材料可获得性			
		原材料环保性			
非预期绩效	管理（A）	管理团队			
		管理能力			

第五节　西南临边省区企业跨境合作的绩效评价结果与分析

根据上述所构建的联盟绩效评价指标体系，可以对跨境合作绩效进行评价。

一、利益相关者视角

根据表 6－3 可知，各指标的权重与其评分值的乘积，即为该指标的加权评分值。所有指标加权评分值的合计数，即为西南临边省区企业 MSA 的绩效评价值。即：

表6－3 西南临边省区企业MSA绩效的大小等级

加权评分值之和	0～39分	40～59分	60～79分	80～89分	90～100分
跨国战略联盟绩效	差	一般	较高	高	很高

注：表中的评分值区间为大致的界限。

西南临边省区企业MSA绩效＝$\sum$各指标的权重×各指标的评分值

根据西南临边省区企业MSA绩效评价值的大小，通常可以确定跨境合作绩效的大小等级，具体如表6－3所示。

也可以把各评价指标的加权分数（加权评分值）画在雷达图（蛛网图）上，那么连接成的多边形面积，即表示西南临边省区企业MSA绩效的大小。

总而言之，运用平衡计分卡方法，对西南临边省区企业MSA绩效进行评价，可以及时反映联盟的信息，发现联盟存在的问题，并及时修正。根据绩效评价结果，中方企业应重新审视跨国战略联盟行为，从联盟投入与联盟产出的比较中，研究自己在哪些方面联盟效果较好，在哪些方面联盟效果较差，然后采取相应措施，全面扩大联盟的效果，进而提升联盟绩效。

二、价值创造的视角

西南临边省区企业MSA绩效评价指标具有复杂多变无法量化的特点，因此，其权重作为调节就十分重要了。本书所构建的绩效评价指标的权重即为该要素的产出弹性，主要对指标相对于绩效的重要性进行诠释。层次分析法（Analytic Hierarchy Process，AHP）作为赋权方法，该方法能为多目标、多准则或无结构特性的复杂决策问题提供简便的解决方法，因此其特点在于定量信息要求少、简单性、适用性、系统性，正适合于对跨国战略联盟绩效评价。

根据西南临边省区企业MSA绩效的评价结果，按照相关标准，输出结果如表6－4所示。其中，若绩效评价总分值在90～100分，则表明该联盟所创造的联盟价值很高，获得的联盟绩效令人满意，联盟是成功的，持续联盟十分有利；若绩效评价总分值在80～89分，表明联盟创造的价值较高，获得的联盟绩效基本达到目标，联盟基本成功，持续联盟时有待改进；若绩效评价总分值在60～79

分，表明联盟创造的价值不高，联盟成败参半，联盟绩效并不令人满意，须考虑是否继续联盟；若绩效评价总分值在40～59分、0～39分两个区间，则表示联盟已然失败，未实现联盟目标，甚至造成损失，联盟应不再持续，或立即结束止损。

表6－4　西南临边省区企业MSA绩效评估等级与联盟成败等级

总分值	0～39分	40～59分	60～79分	80～89分	90～100分
MSA绩效	很差	较差	平均	良好	优秀
MSA成败	失败	不成功	成败参半	基本成功	成功

第七章　西南临边省区企业跨境合作的绩效提升研究

西南临边省区企业与邻国企业跨国合作的目的，是为了获取比单干更大的收益。提升跨国合作绩效，既包括未实现预期目标前（成功前）提升绩效，也包括实现预期目标后（成功后）进一步提升绩效。要提高跨国合作绩效，首先要对合作各方投入的生产要素进行有效整合，使其最大化地创造价值，以便产生尽可能多的跨国合作绩效。本书根据跨国合作的“要素整合（Factors Integration）—价值创造（Value Creation）—绩效提升（Performance Improvement）”的思路，探寻西南临边省区企业与邻国企业跨国合作的绩效提升路径与策略。

第一节　西南临边省区企业跨境合作的绩效提升路径

在西南临边省区企业与邻国企业跨国合作的过程中，跨国合作的类型不同，合作各方投入的生产要素类型也不同。对所投入的生产要素采取的整合方式不同，则价值创造的方式与大小也不同，最终获得的跨国合作绩效也随之发生差异。因此，根据西南临边省区企业与邻国企业跨国合作的价值创造的主导因素不同，其跨国合作绩效提升的基本路径可以划分为三种。

一、以降低成本为主导的绩效提升路径

以降低成本为主导的绩效提升路径具体为：要素整合—降低成本—价值创

造—绩效提升。根据资源基础理论（Resource - Based View，RBV）和交易成本理论（Transaction Cost Theory），西南临边省区企业在与邻国企业跨国合作的过程中，主要通过整合合作各方投入的生产要素资源（这些资源属于跨国联盟的内部资源），以及联盟体外部的生产要素资源，来降低跨国合作成本，以便创造更大的价值，最终提高跨国合作绩效。需要说明的是，在降低跨国合作成本的同时，也可能会直接创造收益或者增加市场力量，只不过此时直接创造收益或者增加市场力量不是主导而已。

例如，为了获得东道国企业相对便宜的土地资源、劳动力资源，以及当地政府相对优惠的政策资源，广西、云南的农业企业到越南、老挝、缅甸与当地企业组建合资、合作企业，开展跨国种植合作。在跨国合作的过程中，中方企业通过有效整合并充分利用当地企业相对便宜的土地资源和劳动力资源，以及当地政府相对优惠的政策资源，大幅度降低跨国种植成本而创造更大的价值，最终提高跨国合作绩效。

同理，为了获得东道国企业相对便宜的土地资源、劳动力资源，以及当地政府相对优惠的政策资源，广西、云南的加工，制造企业到越南、老挝、缅甸与当地企业组建合资企业，开展生产、加工合作。在跨国合作的过程中，中方企业通过有效整合并充分利用当地企业相对便宜的土地资源（建设厂房等生产设施）和劳动力资源、当地政府相对优惠的政策资源，以及中方在国内的母公司与国外合资企业的内部价格转移优势，大幅度降低跨国生产、经营成本而创造更多的价值，最终提高跨国合作绩效。

二、以提高收益为主导的绩效提升路径

以提高收益为主导的绩效提升路径具体为：要素整合—直接创造收益（包括协同效应创造的收益）—价值创造—绩效提升。根据资源基础理论（Resource - Based View，RBV），西南临边省区企业在与邻国企业跨国合作的过程中，主要通过整合合作各方投入的生产要素资源（这些资源属于跨国联盟的内部资源），以及联盟体外部的生产要素资源，来直接创造收益（包括协同效应创造的收益），

以便创造更大的价值，最终提高跨国合作绩效。需要说明的是，在直接创造收益的同时，也可能会降低成本或者增加市场力量，只不过此时降低成本或者增加市场力量不是主导而已。

例如，为了获得东道国丰富的矿产资源、廉价的劳动力资源和相对优惠的政策资源，广西、云南的矿产资源开采型企业到越南、老挝、缅甸与当地企业组建合资、合作企业，开展矿产资源开采合作。在跨国合作的过程中，中方企业通过有效整合并充分利用当地企业拥有的矿产资源开采权、廉价的劳动力资源和己方先进的矿产资源开采技术、冶炼技术、充足的资金和强大的融资能力，以及东道国相对优惠的政策资源，共同开采和冶炼矿产资源，直接创造收益（包括协同效应创造的收益），从而创造更大的价值，最终提高跨国合作绩效。

同理，为了获得东道国企业的优势资源（如廉价的劳动力资源、了解当地市场和政策法规的知识资源、与当地政府部门和社会公众良好的关系资源），广西、云南的建筑工程承包企业到越南、老挝、缅甸与当地企业组建工程建设联合体，开展建筑工程建设合作。在跨国合作的过程中，中方企业通过整合并充分利用当地企业的优势资源（如廉价的劳动力资源、了解当地建筑材料市场和相关政策法律的知识资源、与当地政府部门和社会公众良好的关系资源），以及己方先进的建筑施工技术和管理经验、充足的资金和强大的融资能力，共同开展施工建设，直接创造收益（包括协同效应创造的收益），以此来创造更多的价值，最终提高跨国合作绩效。

三、以增加市场力量为主导的绩效提升路径

以增加市场力量为主导的绩效提升路径具体为：要素整合—增加市场力量（获得竞争优势）—价值创造—绩效提升。

根据资源基础理论（Resource - Based View，RBV），西南临边省区企业在与邻国企业跨国合作的过程中，主要通过整合合作各方投入的生产要素资源（这些资源属于跨国联盟的内部资源），以及联盟体外部的生产要素资源来增加市场力量（获得竞争优势），以便创造更大的价值，最终提高跨国合作绩效。需要说明

的是，在增加市场力量的同时，也可能会降低成本或者直接创造收益，只不过此时降低成本或者直接创造收益不是主导而已。

例如，为了获得东道国销售型企业的优势资源（如销售渠道资源、对市场要素的影响力、对当地市场和政策法规充分了解的知识资源、与当地政府部门、社会公众和消费者良好的关系资源等），广西、云南的生产制造型企业到越南、老挝、缅甸与当地销售型企业组建产销联盟（以中方企业的视角，又称渠道获取型联盟），开展跨国产销合作。在跨国合作的过程中，中方生产制造型企业通过有效整合并充分利用当地销售型企业的优势资源（如销售渠道资源、对市场要素的影响力、对当地市场和政策法规充分了解的知识资源、与当地政府部门、社会公众和消费者良好的关系资源等），开展跨国产销合作，迅速增加市场力量（获得竞争优势），以此来创造更大的价值，最终提高跨国合作绩效。

同理，为了获得东道国企业的优势资源（如品牌或商誉资源、了解当地市场和政策法规的知识资源、与当地政府部门和社会公众良好的关系资源），广西、云南的电力、电信、建筑工程企业到越南、老挝、缅甸与当地同行企业组建招投标联合体，共同竞标，共同建设，即开展跨国竞标与开发建设合作。在跨国合作的过程中，中方企业通过整合并充分利用当地企业的优势资源（如品牌或商誉资源、了解当地市场和政策法规的知识资源、与当地政府部门和社会公众良好的关系资源），以及己方先进的开发建设技术和管理经验、充足的资金和强大的融资能力，进行联合竞标与开发建设，迅速增加市场力量，提高竞争力而成功中标，创造更大的价值，最终提高跨国合作绩效。

第二节　西南临边省区企业跨境合作的绩效提升策略

在西南临边省区企业与邻国企业的跨国合作中，中外双方企业必须有效整合联盟体内外部的生产要素，尽可能多地创造价值，才能获得满意的绩效。根据西南临边省区企业跨境合作面临的问题、跨国合作绩效产生的机理、跨国合作绩效的构成、跨国合作绩效提升的路径，本书从跨国合作绩效提升的基本策略和支持策略两方面，提出西南临边省区企业跨境合作绩效提升策略。

一、西南临边省区企业跨境合作绩效提升的基本策略

西南临边省区企业跨境合作的绩效具有多因性（即绩效的大小受多方面因素影响）、多维性（即绩效的度量需要从多个维度展开）和动态性（即绩效会随着其影响因素的变化而不断发生变化）等特点，可以从不同的角度进行分类：①根据是否预期绩效来划分，可以分为预期绩效和非预期绩效两种；②根据是否财务绩效来划分，可以分为财务绩效和非财务绩效两种；③根据度量范围来划分，可以分为个体绩效（即联盟各方绩效）和整体绩效（即联盟体绩效）两种。

其中，预期绩效是指西南临边省区企业与邻国企业在组建跨国联盟开展跨国合作前，意图通过联盟的形式实现预期绩效目标，是联盟组建前有目的、有计划追求的绩效；非预期绩效是指西南临边省区企业与邻国企业在组建和运营联盟后，额外获得的预期绩效以外的收益（额外收益或附加收益），是联盟组建前的非预期绩效目标，是联盟后获得的一种附加价值。

但是，预期绩效和非预期绩效并非缺一不可。因为联盟伙伴之间是一种竞合关系，在联盟目标范围内充分合作，在联盟目标范围外激烈竞争，因此可能会导致企业仅获得预期绩效。此外，在联盟的运营过程中，由于外部环境的变化，以及联盟内部的治理结构、联盟各方的实力、地位和竞合关系等的变化，可能会导致原有的联盟预期绩效未能实现，却创造出联盟的非预期价值，获得非预期绩效。由此可见，预期绩效和非预期绩效实质上是在动态变化的联盟环境中，联盟各方通过优势互补（或优势相长）而实现的动态组合绩效。

本书根据预期绩效和非预期绩效，把跨国合作绩效提升的基本策略划分为预期绩效提升策略和非预期绩效提升策略两种。

（一）预期绩效提升策略

根据西南临边省区企业跨境合作绩效提升的基本路径，为了更有效地创造价值，提升跨国合作预期绩效，从中方企业的视角，西南临边省区企业可采取以下

策略：

1. 降低跨国合作成本

西南临边省区企业与邻国企业跨国合作的领域、形式不同，跨国合作的成本构成也不同。根据西南临边省区企业与邻国企业跨国联盟的阶段划分，跨国合作成本可以分为决策成本、组建成本、运营成本和解体成本，如图 2－1 所示。

降低西南临边省区企业与邻国企业跨国合作的成本，是指在实现跨国合作目标的前提下，尽可能地降低成本。要想降低跨国合作成本，可以根据成本的构成，有效降低每一部分的成本。关于降低成本的方法很多，主要包括：①优化业务流程降低成本。如业务改善的“六何”（5W1H）检讨法、剔合排简（剔除、合并、重排、简化）法、业务的标准化和简单化法。②提高员工和设备效率，降低人工和设备成本。如建立精干有效的组织体系、减少设备故障时间。③采用新方法、新手段，降低业务运作成本。如改变业务方式提高效率等。此外，还有价值链管理法和全面预算管理法等。根据价值链理论，降低西南临边省区企业与邻国企业跨国合作的成本有以下两种方法：

（1）重组、优化价值链。即通过重新分析、梳理西南临边省区企业与邻国企业跨国合作过程中各项业务活动的价值链后，取消一些无效活动、合并一些非增值活动（如整合具有相同性质或重复的活动）、采用效率更高的新方式、方法和手段改进或者完成一些低效率、高成本的价值活动（如业务外包）等，以提高业务活动价值链的整体效率。

（2）控制成本驱动因素。对一些无法取消的活动，企业首先要探明这些活动的成本驱动因素，然后采取有效措施控制成本驱动因素、创新价值活动等提高效率的方式来管理，尤其是对跨国合作成本有着显著和根本性影响的结构性驱动因素。如学习和借鉴其他企业成功的跨国合作经验、聘请经验丰富的中介机构辅导跨国合作过程中的关键活动，或者联合实力强大的企业共同开展跨国合作等方式，使跨国合作的各项业务活动更为合理、高效，从而降低跨国合作的成本。

例如，在图 2－1 的跨国合作过程中，由于每一个阶段都有信息搜集活动，为了优化价值链，可以把信息搜集活动合并为一个环节，避免重复搜集信息，而且高效的信息共享有利于降低信息搜寻、信息不一致和信息滞后所发生的成本。然后重新整理并设计跨国战略联盟的价值链，以及每一阶段内部的价值链，如图7－1所示。对于价值链上每一个环节的具体活动，则要根据活动的实际情况，决定如何控制成本驱动因素。

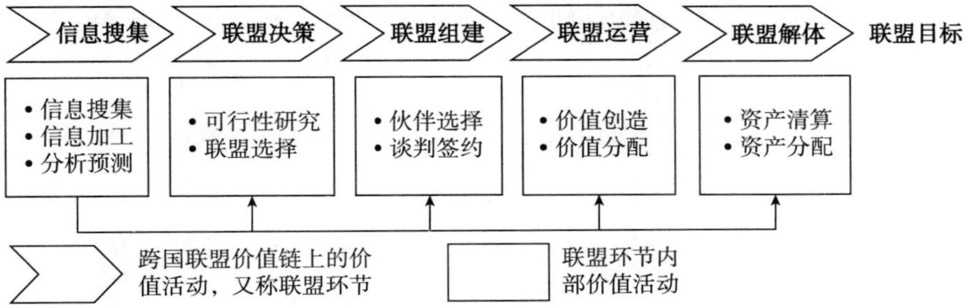

图7－1 重组后的西南临边省区企业与邻国企业跨国合作价值链

根据西南临边省区企业与邻国企业跨国合作的成本的构成，结合降低成本的两种方法，从价值链的视角，降低西南临边省区企业跨境合作成本的策略是：重组跨国合作业务的价值链，并以此为主线，针对每一个合作环节的具体活动，采取控制成本驱动因素的方法降低其成本。

第一，降低信息收集成本的策略。跨国合作的信息收集活动是一个复杂、庞大的系统工程。为了有效降低信息收集成本，首先，重新设计更有效率的信息收集活动内部价值链（见图7－1），包括：信息收集→信息加工→分析预测。其次，控制每一项具体活动的成本驱动因素。比如，收集信息时，信息收集计划必须详细、具体，包括信息的类别、数量、质量、时间和调查的方法、对象等；计划的执行要严格、认真；信息收集方法要正确、高效；信息的整理加工方法与工具要恰当、有效；信息分析、预测方法要科学、合理。这样可使信息收集活动更为紧凑、高效，总体上提高信息收集活动的效率，降低成本。

第二，降低联盟决策成本的策略。首先，设计高效率的跨国联盟决策活动内部价值链（见图7－1），包括：跨国联盟（合作）的可行性研究→联盟选择。首先可行性研究的结论必须可行，跨国联盟活动才可行。其次，做出选择跨国联盟的决策。即根据可行性的研究结论，选择是否进行跨国联盟，开展跨国合作。再次，控制每一项具体活动的成本驱动因素。由于跨国联盟决策工作专业性强、涉及面广、技术要求很高、很复杂，企业往往难以单独完成，因此为了提高跨国联盟决策的正确性，可以聘请中介机构辅助完成。与跨国联盟决策失误造成的巨大损失相比，中介费用的支出是值得的。可以选择经验丰富、精干高效的中介机构团队，以便提高决策活动的整体效率，进而降低和控制决策成本。

第三，降低联盟组建成本的策略。联盟组建成本包括联盟伙伴选择成本和谈判签约成本。联盟伙伴的选择活动传统上包括联盟伙伴的信息搜集、双方见面并谈判合作意向等。重组价值链后，根据图 7－1，联盟组建成本的大小主要由双方谈判签约活动的效率与效果决定。为了有效降低联盟组建成本，必须控制谈判与签约活动的成本驱动因素。首先，组建精干、高效的谈判签约小组，制订科学合理的谈判签约计划，设计详细完备的合约条款（包括制约条款和对策设计），运用正确的谈判策略与技巧，掌握谈判的时机与进度，提高谈判的效率，最终确定合理完备的签约协议。其次，密切注意联盟伙伴的反联盟合作的倾向和行为。一旦联盟伙伴出现反联盟合作迹象，及时采取有效的应对措施，尽可能降低处理反联盟合作的成本。

第四，降低联盟运营成本的策略。首先，设计高效率的跨国联盟运营活动内部价值链（见图 7－1），包括：价值创造→价值分配。其次，控制各项具体活动的成本驱动因素。例如，组建高效的跨国联盟运营团队，制定有效的联盟运营规划，充分发挥高效的执行能力，根据双方的实际情况开展各项有效的跨国联盟合作活动。对每一项合作活动都要注意合作的方式、方法与力度，注重合作的实质内容，尽可能减少冲突，以便妥善解决跨国合作的运营问题，尽可能多地创造价值、产生跨国联盟的协同效应、合理分配价值，控制运营成本。

第五，降低联盟解体成本的策略。首先，设计高效率的跨国联盟解体活动内部价值链（见图 7－1），包括：资产清算→资产分配。其次，控制各项具体活动的成本驱动因素。例如，组建高效的跨国联盟解体团队，制定有效的联盟解体工作规划，充分发挥高效的执行能力，根据双方缔约的联盟协议，开展有效的跨国联盟解体活动。在联盟解体的过程中，要注意资产清算和分配的方式、方法，尽可能科学、公平、合理地清算和分配资产，以便减少冲突，妥善解决跨国联盟的解体问题，控制解体成本。

2. 提高跨国合作收益

基于要素整合与价值创造的视角，要提高西南临边省区企业与邻国企业跨国合作的收益，合作双方可以通过有效整合联盟内外部生产要素资源，以便最大化地创造价值，最终提高跨国合作收益。

第一，提高劳动力和组织的学习能力。由于科学技术的迅猛发展，以及政策法律环境、经济环境的快速变化，需要企业不断学习，以便跟上本行业的技术发展速度，尽快适应经营环境的变化。企业的学习能力包括员工层面的学习能力和组织层面的学习能力。

在西南临边省区企业与邻国企业跨国合作过程中，中外双方企业可以在企业内部，首先，建立自主学习创新的企业文化和学习激励制度，以便提高员工自主学习积极性。其次，引进高素质人才，并对员工进行有效培训。在进行员工培训时，不仅要促进其身体素质、道德品质、文化修养等基本素质的提高，更重要的是要提升其专业技术素质，以便实现人岗匹配。再次，适当实施目标管理，合理授权，以便充分发挥员工的主观能动性，进行自主学习和创新，努力解决问题并完成任务，最终提高其学习能力、创新能力，从而提高劳动力要素的产出效益，优化劳动力结构。此外，为了提高组织学习能力，中外双方企业应相互学习，通过信息、知识等资源共享，以及技术溢出效应，迅速提升自我，弥补自身不足，同时认真向竞争对手学习，以便提高本企业的核心竞争力。

第二，提高技术要素的价值创造效果。在科技日新月异的知识经济时代，技术要素对企业的运营越来越重要，甚至关系到企业成败。因此，要提高技术要素在跨国合作过程中的价值创造效果，可以从以下三方面展开：①共享技术和经验等知识资源。通过共享合作伙伴的技术和经验，如研发技术、生产运营技术、经营管理技术和经验等，可以快速、有效提高西南临边省区企业与邻国企业跨国合作的整体效率和效果，使跨国合作取得双赢局面。但是，在技术共享中要注意核心技术的保护，因此需要签订完备的、科学有效的合作协议，在保证技术共享的同时，避免本企业核心技术的泄露。②提高合作研发效果。在合理扩大技术共享的同时，及时掌握市场发展的变化趋势，研发适销对路的产品和服务，引导、开发和创造需求。中外双方企业应根据跨国合作的具体情况，从实际出发，重在附加值高的环节投入研发，扬长避短，把有限的资金资源投入附加值高的环节中，扩大研发效果，巩固核心价值，提高核心竞争力。③加快学习更新速度。由于科学技术的快速发展，中外双方企业要想获得长远发展，必须建立学习型组织，不断学习先进技术，才能在知识经济时代获取持续的竞争优势。

第三，提高管理要素的价值创造效果。管理要素属于新型的生产要素，与企业家才能紧密相连。在西南临边省区企业跨境合作过程中，要想提高管理要素的价值创造效果，必须有效提高跨国合作的管理能力与技巧，实现卓越管理，获得跨国联盟的协同效应，扩大价值创造效果，提升投入产出比，最终提高跨国合作效益。具体的提升策略主要有三方面：①提升协同创造价值的效果。中外双方企业必须充分发挥卓越的管理才能，有效整合联盟的内、外部资源，构建科学可行的协同管理运营模式，优化重组业务流程，建立有效的管理信息系统，进行有效沟通。同时建立有效的规章制度，加强管控，并营造良好的学习创新氛围，最终产生并拓展“1＋1＞2”的跨境合作协同效应。②提高快速响应能力。在外部环境不断变化的大数据时代，中外双方企业为了提高跨国合作的快速响应能力（包括对科技更新速度的反应能力，对市场需求变化、售后服务反馈和突发事件的应对能力等），必须重组跨国合作的运营流程，优化跨国合作的内部结构，建立快速反馈机制，确保反馈渠道的畅通，以便缩短跨国联盟运作周转时间，提高跨国联盟的敏捷性，降低技术落后、产品不适应、企业声誉受损等风险，最终增加跨国联盟创造的价值。③重视跨国联盟的经验与技巧。通常跨国合作伙伴企业的联盟经验、运营技巧、企业声誉等对跨国合作的成功非常重要，合适的联盟伙伴有利于跨国合作的成功。因此，中外双方企业要认真总结己方以前与其他企业合作的经验、技巧和教训。同时，在选择合作伙伴时，要选择有丰富的跨国合作经验与技巧、优质的互补资源、信誉好、联盟意愿强烈的企业。由于联盟各方的信息不对称性，在无法对合作方进行实地考察时，可以委托第三方机构（如管理咨询公司、公关公司等）对其各方面的情况进行调查。在跨国联盟组建后，合作各方应共同不断总结、提升联盟经验与联盟技巧，以便提高跨国合作的效率。

3. 增加跨国合作的市场力量

所谓市场力量是指企业市场行为所引致的影响企业市场地位发生变化的各种因素的组合。例如，企业规模的扩大、对产品定价的影响力、新产品的上市、产品质量的提升、强大的营销渠道、精明广告促销手段、有效的售后服务等。这些因素的有效实施与正向发展，均会促进企业市场地位的增强，提高企业的市场力量。在西南临边省区企业跨境合作过程中，要想增加跨国合作的市场力量，主要有三种策略。

第一，选择具有强大实力的合作伙伴。选择合作伙伴时，要遵循“硬件”和“软件”相结合的原则。即要选择能干（反映其拥有的能力及其在同行业中的竞争力、竞争优势）、肯干（反映其跨国合作的强烈意愿）、诚信度好（反映其道德自律精神，避免机会主义行为）的企业作为合作伙伴。由于合作各方的信息不对称性，如果无法对合作企业进行实地考察，可以委托第三方机构（如管理咨询公司、公关公司）对其竞争力、联盟意愿和商业信誉等情况进行尽职调查。同时，可以采取有效策略开发、引导合作伙伴的联盟需求，加强对方的联盟意愿。一旦选定合作伙伴，就要充分尊重对方，并建立信任机制。在西南临边省区企业跨境合作过程中，选择与实力强大的合作伙伴进行跨国合作，可以迅速提高市场地位，增加跨国合作的市场力量。如广西、云南的工程建设企业，选择与邻国当地具有较强实力的企业联合竞标（Joint Bidding，又称联合体投标），可以迅速提高市场竞争力，增加市场力量，大大提高中标率而成功中标。

第二，联合采购，增加采购的市场力量。在西南临边省区企业与邻国企业跨国合作过程中，可以选择与其他企业联合采购，以便扩大采购规模，迅速提高市场地位，增加联合采购的市场力量，如增强与上游企业（供应商）讨价还价的能力。

第三，联合营销，增加营销的市场力量。在西南临边省区企业与邻国企业跨国合作过程中，可以选择与其他企业联合营销，以便提升对市场、顾客、产品定价的影响力，扩大市场话语权，迅速提高市场地位，增加联合营销的市场力量，如增强与下游企业（顾客）讨价还价的能力。

（二）非预期绩效提升策略

西南临边省区企业跨境合作的非预期绩效提升策略，可以参照平衡计分卡（Balanced Score Card，BSC）的思路，从财务、客户、内部运营、学习与成长四个维度展开。

1. 提高财务效益

第一，扩大投入产出比（产出/投入）。西南临边省区企业与邻国企业组建跨国联盟后，在资源投入和价值创造过程中，合作各方均应按照联盟协议要求，保质保量投入专有核心资源。必要时，可建立有第三方（如管理咨询机构等）参与的联盟资源投入监督评价小组，负责具体评估和监督联盟合作各方的资源投入数量和质量，确保联盟协议能够得到有效执行。同时，在联盟内部建立有效的沟通机制，加强联盟各方的沟通与合作，减少矛盾与冲突，提高价值创造的效率与效果，以便获得更大的产出（如销售量、销售收入等）。

第二，提高经济附加值（EVA = 税后营业净利润 - 资本 × 资本成本率）。通过充分利用合作伙伴在当地市场的知识资源（如对当地政策、法律和市场的充分了解）和关系资源（如与当地政府部门、社会公众、消费者之间良好的关系），突破东道国的政治、法律和社会文化等投资环境的限制，扩大利用外部资源的边界，降低资本成本率；同时抓住不断涌现的商机，推出新产品，创造更多的价值。

2. 优化内部流程

第一，通过业务流程重组，优化研发、采购和生产运营等业务流程。同时，建立全面质量管理体系，运用各种质量管理与控制的方法和工具，对全过程各个环节进行有效的质量管理与控制，以便提高产品和服务的质量合格率。第二，缩短周转时间。通过组建跨国战略联盟，把原本分离的生产运营流程和销售流程有机整合起来，形成新的跨国产销供应链，使产品的研发、采购、生产运营、配送、销售及售后服务等一系列价值创造活动实现时间上的无缝对接，优化甚至重构产品和服务的供销流程，有效缩短产品和服务的周转时间。避免由于时间不衔接造成产销供应链断裂，以及时间重合过多造成的时间浪费等而最终延长周转时间。第三，加快新产品（或服务）开发速度。通过合作伙伴对当地市场的熟悉程度，及时、有效地了解和掌握顾客的需求变化趋势信息，并据此不断改进、开发新产品和服务，避免由于了解顾客的需求变化信息滞后而延误新产品和服务的研发，甚至错失市场机会。

3. 加强学习，促进成长

第一，建立学习激励机制，提高员工能力，促进员工成长。由于联盟伙伴的隐性知识在跨国合作过程中通常难以直接转移，因此必须建立学习激励机制，激励员工在与联盟伙伴的合作过程中主动学习对方的隐性知识。此外，为了将员工获取的隐性知识内部化，还需要建立学习型组织，有效加强员工之间的知识交流与共享。

第二，提高员工满意度。首先，对员工的需求展开详细调查。然后针对不同员工的需求特点，提出尽可能满足员工需求的策略和方案。其中，特别重视核心员工的需求特点和提升策略。可以聘请专业评估机构（如管理咨询公司）辅助调查、评价员工满意度，并制定员工满意度提升策略。因为专业评估机构经验丰富，不仅能准确测量员工满意度的影响因素，而且能有针对性地建立员工满意度的评价指标体系，并提出员工满意度的提升策略。

4. 提升顾客满意度与保持率

可从产品和服务的生产运营、销售和售后服务三方面，尽可能地满足甚至超越顾客需求，提升顾客满意度和保持率。

第一，生产运营方面。了解顾客需求，并投其所好。首先通过联盟伙伴详细识别、分析当地顾客的需求特点及其发展变化趋势，然后根据顾客需求，精确定位，尽可能改进产品和服务，适时推出适销对路的新产品和服务，迅速抢占市场。时刻掌控库存情况，根据顾客需求变化增加新产品和服务，淘汰过时的产品和服务。此外，定期调查竞争对手的产品和服务的性价比，调整并提高己方产品和服务的性价比；建立较高的品牌转换成本，如较高的搜寻成本或丧失忠诚顾客的优惠收益等，这样他们通常不会轻易转换品牌，而会选择继续购买。

第二，销售方面。为经销商队伍提供免费培训，使其充分了解产品和服务的各种性能并熟练使用，弥补其对产品和服务的技术特点不熟悉的缺陷，以便其向顾客介绍、解释、有效推销产品和服务。初期阶段最好派技术员到现场辅助销售，为顾客介绍、解释产品和服务的技术优势。

第三，售后服务方面。留住老顾客比开发新顾客更容易，所以是企业保持市场份额的关键，因此，根据产品和服务的技术特点，合理延长保修期。派遣技术熟练的售后服务人员，提供及时售后服务。保修期外，提供低成本维修。培训客服人员，使他们掌握有效的客服技能。安排建议表格、免费电话和电子信箱地址，方便顾客通过电话提建议、要求和投诉。定期通过电话、互联网或面对面征询顾客意见，无论褒贬均应坦诚、友善、认真对待，对顾客使用产品过程中出现的问题，要及时提出解决方案并认真执行，切实为顾客提供高效、优质的服务，提升顾客价值，留住顾客。同时，加强企业网站建设，打造高效的顾客联系系统，尽可能向顾客提供有价值的信息和服务。及时更新顾客信息，积极与客户保持密切、良好的关系。

二、西南临边省区企业跨境合作绩效提升的支持策略

企业走出国门开展跨国经营与合作充满了机遇和风险，如果熟悉当地环境、跨国经营与合作理论与方法，就会如鱼得水，否则将是举步维艰。因此，要深入分析当地的宏观环境、产业环境、市场环境以及潜在的风险，科学、理性决策。同时，由于西南临边省区企业与邻国企业的跨境合作目前尚处于初级阶段，具有发展中国家与地区企业跨国经营与合作初级阶段的明显特征，因此，可以应用发展中国家企业跨国经营与合作的理论，同时借鉴发达国家跨国公司跨国经营与合作的理论，指导西南临边省区企业与邻国企业的跨境合作活动。

1. 企业开展跨国合作活动之前，必须认真进行可行性研究

企业是否开展跨国经营与合作，属于企业的战略决策问题，应该认真研究与定夺。因此，为了减少和避免决策失误，在开展跨国合作之前，要认真进行跨国合作的可行性研究，而不是必行性研究。可行性研究主要从企业跨国合作的必要性、可能性、经济合理性三方面来考虑。

（1）企业跨国合作的必要性是指企业有没有必要开展跨国合作活动。即解决跨国合作的动机和目的问题。因此，企业必须认真做好市场调查研究工作，分析企业开展跨国合作将会获得哪些机会？主要对东道国的投资软环境和硬环境，以及目标市场、合作伙伴等，进行尽职调查，认清形势，把握商机。

（2）企业跨国合作的可能性是指企业有没有能力开展跨国合作活动。企业可利用 SWOT 矩阵认真分析与研究本企业跨国合作的优势、劣势、机会与威胁，以确定本企业跨国合作的可能性。如果企业对自身跨国合作的劣势和面临的威胁能够找到切实有效的应对措施，才可认为企业具有跨国合作的能力。

（3）企业开展跨国合作的经济合理性是指企业开展跨国合作的效益与风险大小。其中，效益包括财务效益与非财务效益。财务效益主要是指利润、投资收益率、净现值、内部收益率、投资回收期等；非财务效益主要指缩短进入国外市场的时间、企业竞争力提升、企业知名度提高、企业形象改善等。同时，对各种可能的风险要进行充分的预测、估计与分析，并提出具体的应对措施。

2. 跨国合作活动必须运用项目管理的模式来运作，且始终贯穿价值工程思想

西南临边省区企业的跨境合作活动具有项目的特点，其本质就是一个跨国合作项目。因此，必须运用项目管理的理念与模式，对企业跨国合作过程中的各种活动进行有效管理。项目管理是一种先进的科学管理机制，不仅注重从计划到结束的全过程管理，更注重跨行业、跨部门、跨地区的协调与合作，在最短的时间，以最低的成本，高质量地完成各项任务。

在西南临边省区企业的跨境合作活动中，采用专业化的项目管理技术与方法，将有效提高跨境合作的绩效与成功率。具体如下：①运用工作分解结构（Work Breakdown Structure，WBS）对各项工作进行逐步分解，以便确定跨国合

作的工作范围和产品（或服务）范围，并对每项工作进行具体规划与安排，责任到人；②利用里程碑管理、甘特图、网络图等工具和技术，对企业跨国合作的时间进度进行有效管理，掌握市场节奏，把握商机；③对企业跨国合作过程的成本进行估计与测算，运用挣值（Earned Value）分析法控制成本与进度；④运用有效的沟通方法和工具解决跨国联盟内部和外部相关各方的沟通问题；⑤运用项目风险管理的理论与方法有效管理跨国合作的各种风险。

价值工程是20世纪40年代首先在美国兴起的一种科学的管理方法与技术，随后迅速在日本、欧洲等发达国家推广、普及，并被公认为成熟、有效的技术经济分析方法。其目的是以最少的支出，有效地实现用户的需求。据有关资料反映，企业开展价值工程活动一般能降低成本10%～30%。美国管理学会对经理和销售部门负责人调查表明，在对六种成本降低方法重要性的顺序排列中，价值工程方法排第二位。价值工程可以有效地提高经济效益，延长产品市场寿命期，有利于提高企业管理水平，促进技术与经济相结合。中外双方企业在整个跨国合作过程中要始终贯穿价值工程理念，认真分析跨国合作价值链上每一个环节的功能与成本支出，对增值的（特别是增值幅度大的）环节，要仔细研究其功能和成本比率，确保或尽可能提高其价值；对不增值的环节，要严格控制其成本支出，以提高跨国合作的总体效益。防止把大量的资金与人力浪费在那些不增值的、次要的辅助环节。

3. 正确选择跨国经营与合作的进入方式

企业跨国经营与合作一般存在一种渐进式的阶段发展规律：间接出口—直接出口—技术出口（技术授权）—直接投资（海外设厂）。这种分阶段的海外扩张方式是企业海外经营与合作逐步深入的过程。一般来说，“渐进式”进入战略是企业稳步发展的选择模式。但对单个企业来说，则应根据企业的具体情况和目标市场国进行灵活选择，及时把握商机，以便取得跨国经营与合作的最大效果。西南临边省区企业与邻国企业开展跨国合作，进入邻国市场究竟选择何种方式，应考虑以下几个因素：①本企业是否具有某种垄断优势？②是否具有内部化优势？③区位优势是在国内还是国外？如果企业只具有垄断优势，选择技术授权方式更好；如果企业同时具有垄断优势和内部化优势，区位优势是在国内，则宜选择产品出口方式；如果企业同时具有垄断优势和内部化优势，区位优势是在国外，则宜选择对外直接投资方式（包括新建投资和跨国并购两种方式）。当前跨国并购成为对外直接投资的主导方式，因为其对母国和东道国都有很多优势。对西南临边省区企业而言，通过并购能够更好地利用海外营销网络和研发资源，应该成为今后积极探索的重点。

4. 加强企业跨国合作的战略管理，同时进行企业组织结构创新

西南临边省区企业跨国合作的战略管理包括跨国合作战略的制定、实施、控制和修正。具体步骤如下：①跨国合作战略的制定。首先运用 PEST 分析法对东道国的宏观环境进行详细分析，然后运用美国学者迈克尔·波特（Michael Porter）的“五力模型”分析东道国的产业环境，运用市场细分技术对东道国的市场进行细分，根据企业内部的资源与能力，确定目标市场以及制定相适应的目标与战略。在公司级战略上，宜选择增长型战略（包括密集增长型战略、一体化战略和多元化战略），在竞争战略上宜选择低成本战略或者差异化战略，部分企业可以选择集中战略。企业跨国合作的职能级战略包括研究与开发战略、生产与运作战略、营销战略、财务战略、人力资源战略等。②跨国合作战略的实施。根据美国学者钱德勒（A. D. Chandler）的“组织必须服从战略”的观点，首先对企业的组织结构进行调整和创新，使其与企业的跨国合作战略相适应，并随着战略目标的调整而变化。然后制定有效的管理制度与战略实施的支持政策，并进行有效的战略资源分配（包括人力资源和资金的分配）。此外，还要加强跨文化的管理，因为文化的差异可能会引发文化冲突。为了减少和消除文化冲突，要加强跨文化沟通，发展文化认同，建设“合金”企业文化。③跨国合作战略的控制与修正。首先制定有效的评价标准，然后正确度量企业跨国合作绩效，比较两者的偏差程度，如果无偏差或者偏差很小，则无须进行战略修正，如果偏差较大，则必须进行战略修正。根据企业的实力，跨国合作战略的控制方法可以选择预算控制的方法，控制类型可以选择具体的活动控制和人员控制。

企业为了适应跨国合作的需要，必须进行组织结构创新。根据“组织必须服

从战略”的观点，跨国合作的企业组织结构创新应该充分体现柔性（灵活性）的特点，随着战略目标的变化而调整。具体为：①强调组织的柔性，以便迅速适应环境的变化；②强调组织内部的协同作战，并据此灵活设置业务部门和职能部门；③强调组织内部的有效沟通，以便政策能够顺利执行；④强调以顾客为中心设立各层级结构，以适应市场需求变化的要求；⑤强调组织的扁平化，减少决策层次，以适应快速变化的经营环境；⑥强调对新兴市场的风险管理。

西南临边省区企业在跨境合作过程中，应根据跨境合作的具体情况，不断探索组织结构创新问题，以更加灵活的组织形式进入国际市场展开竞争。

5. 加强跨国经营与合作人才的招聘与培育

开展跨国经营与合作最为关键的是要有优秀的领军人物及各类专业人才。西南临边省区企业跨国经营与合作普遍受到人才素质的制约，解决这一问题可参考以下思路与对策。

（1）跨国经营与合作人才的招聘。人才的培养需要一定的周期，特别是复合型精通跨国经营与合作的人才，不但需具备多种专业知识，还需要有实战经验。采用内部培养方式一时难以解决近期的需要，可考虑采用从外部招聘的办法解决人才的当务之急。

一是吸引发达省份的优秀人才。重点可到经济发展较快、民营企业大量集聚的珠江三角洲经济区、长江三角洲经济区招聘具有企业家素质和海外经营与合作经验的创业型人才。吸引这类人才主要靠提供给他们事业发展机会，可采用股权激励、目标激励，给予其具有挑战性的工作岗位，如海外合资子公司经理等。

二是到港、澳、台招聘有实战经验的跨国经营与合作人才。港澳台地区拥有大量的高素质国际型人才，尤其是具有丰富的国际经营与合作经验的经理人才。西南临边省区企业可采用与港、澳、台厂商合资经营方式引进人才，吸引他们为西南临边省区企业跨国经营与合作服务。

三是到国内外高等院校录用人才，特别是商学院 MBA 毕业生。到国外大学选才以中国留学生和华裔学生为最佳。这种有两种文化背景的专业人才是国际经营最适用的人才。

四是在东道国就地取材。招聘和录用当地人才，首选华侨华裔，再利用他们的亲缘关系、人缘关系扩大人才网络，充分发挥海外华人众多的潜在优势。

利用海外人才既要大胆也要慎重，曾有过中国企业在国外被骗的事例：如被国外的翻译在重要的法律文件（注册登记、签约文本）上做了手脚导致资产损失，外籍财务人员携巨款潜逃不知去向。因此，吸取以往的经验教训，对海外人才委以重任前一定要对其背景和资信情况进行严格的调查。

（2）跨国经营与合作人才的培育。人才的培育是一项战略性任务，需制订长期规划和各种培训计划，有重点、有层次、有针对性地培养跨国经营所需的各类人才。派驻海外的经理人员需具备的素质一般包括：业务能力和管理能力；对文化差异的敏感性和适应性；语言及人际交往能力；责任心和使命感。不同层次的经理人员有不同的素质侧重，海外总经理人选强调决策能力和资历，要求能够在国外独当一面自主做出正确决策；部门经理（如营销、人事、财务、公关等）强调文化适应能力和交际能力，要求善于与当地各界人士打交道；基层经理（如会计、推销等）则强调技术、业务才干和工作经历，要求能够解决具体的业务难题。派驻海外的人员出国前应进行有针对性的培训，培训的途径和方法可采用到商学院进修有关课程；到专门的培训机构学习；到东道国实地考察；出国实践实习；请专家或回国经理人员到企业授课等。

6. 加强企业跨国合作的信息管理和风险管理

在信息经济、网络经济时代，企业如果不能进行有效的信息管理，并进行充分的数据挖掘，就无法把握这瞬息变化的市场脉搏，更无法及时把握商机，在激烈的市场竞争中占得一席之地，甚至可能被市场淘汰。要对信息进行有效的管理，必须建立一个有效的管理信息系统。但对大多数中小企业来说，独立建设一个管理信息系统费用太高。因此，由中小企业协会、行业协会或海外经营联合会共同组建较为合适，此时的信息系统只是为各企业跨国经营与合作提供一个公共信息平台，提供有关市场、行业、人才、各国政治、经济、投资环境等各方面的最新信息。各企业据此进行充分的数据挖掘，及时发现适合于本企业的商业机会，把握商机，进而应对风险。信息系统应该包括一个公共网站，企业可以随时上网查询相关信息。还可以通过网络的形式给企业进行咨询，并开展各种相关培训。

企业的跨国合作活动与本土经营相比，要面临更大的风险。开展海外经营活动对于许多西南临边省区企业毕竟是新事物，应当对其风险性有理性认识，既要积极推进，更要谨慎决策，规避可能遇到的风险。这些风险可以分为两大类（见图 3 -2）：一类是企业可以控制的风险（如内部风险），这种风险通常由于企业的经营活动所引致；另一类是企业无法控制的风险（如外部风险），这种风险通常不是由企业的经营活动所引致。

西南临边省区企业跨国合作的风险管理总体目标是使风险成本（应对风险的支出与风险发生损失）最小化和企业价值最大化。风险管理就是通过对风险进行识别、分析、应对和监控等一系列活动，以最小的成本支出使风险损失达到最低的管理活动。风险管理的基本方法是：在风险潜在阶段，采取风险规避的方法；在风险发生阶段，采取风险化解的方法；在风险后果阶段，采取消减风险后果的方法。具体实施步骤为：①风险识别。充分识别企业跨国合作将可能遇到的各种风险以及风险征兆（风险触发器），列出风险清单；②风险分析。对各种风险发生的可能性（概率）及其后果（风险损失额）进行评估和定量分析，两者的乘积表示风险的大小；③风险应对。分别制定各种风险的应对措施，同时还要考虑到采取风险应对措施后的残留风险和可能带来的新风险（二级风险）；④风险监控。在整个跨国合作过程中，根据风险管理计划和实际发生的风险与变化开展各种监控活动。

第八章　西南临边省区企业跨境合作绩效提升的保障措施

西南临边省区企业的跨境合作绩效提升工作是一项长期的系统性、复杂性工程，需要在理论上、制度上、人才上予以保障，才能确保西南临边省区企业跨境合作绩效提升策略得以顺利实施，并获得预期效果。

第一节　加强西南临边省区企业跨境合作绩效提升的理论研究

总体来说，目前有关企业国际战略联盟和企业绩效管理的理论研究文献不少，但都是各自为政，并未形成系统的观点。尤其对于西南临边省区企业跨境合作绩效提升的理论研究，更是需要有见识的专家学者进行深入研究。只有在先进理论的指导下，才能有效实现西南临边省区企业跨境合作绩效的提升。

一、总结现有的绩效管理理论，多角度研究相关的绩效提升理论

企业的绩效管理可以说是企业管理的核心，因为企业经营的终极目标就是为了获取各种各样的绩效，包括财务绩效和非财务绩效、长期绩效和短期绩效、内部绩效和外部绩效等。企业绩效提升是企业绩效管理的一个环节，如图 2 -4 所示。企业绩效的持续提升不仅是企业绩效管理追求的最高目标，而且也是企业经营追求的最高目标。为了不断提升企业的绩效，企业家们均竭尽所能、不断创

新，乐此不疲。

在企业绩效管理理论的发展过程中，曾经先后出现了许多的绩效管理方法与工具，如表2－3所示。这些绩效管理的方法和工具主要侧重于企业的绩效评价（包括企业层面、部门层面、员工个人层面的绩效评价），极少涉及绩效的提升问题。而企业的绩效提升才是企业不断发展壮大的基础，也是企业永续经营的灵魂和保障。

目前学者们对企业绩效提升的研究，主要集中于绩效提升策略与措施方面，而且是针对某一特定的经营情景提出来的，基本停留在绩效提升理论的初级阶段上，未进行更深层次的拓展研究。因此，很有必要通过借鉴、吸收现有研究成果的合理内核和精髓，在此基础上用更广的角度对企业绩效提升理论进行深入研究，以便能够有效解决当今复杂环境（包括政治环境、经济环境、市场环境、技术环境和社会环境）下的企业绩效提升问题。

未来对企业绩效提升的研究重点，可以在原来的基础上，更多地从绩效的影响因素（或者驱动因素）、价值创造等方面，甚至可以具体到经营环境（包括国内经营环境和国外经营环境）、经营方式（包括国内经营、跨国经营、跨国合作、跨国并购等）、企业的发展阶段等方面，进行多角度、多层次的拓展研究。

二、深入开展临边省区企业跨境合作绩效提升理论的研究

中国陆上邻国众多。在边境地区，随着双边经贸合作的日益繁荣，双方企业之间的跨国合作也在不断增多和深化，已经成为双边经贸合作的生力军。虽然实业界干得热火朝天、如火如荼，但是理论界的研究却相对滞后。目前，虽然已经有一些学者开始关注并研究边境地区的经贸合作、企业跨国合作问题，但是对中国边境地区的经贸合作与企业跨境合作的研究，还处于起步阶段，而对中国临边省区企业跨境合作的绩效提升理论的研究，更是凤毛麟角。

临边省区企业跨境合作的绩效提升是双方企业不遗余力追求的合作目标。调查研究发现，与中外双方各自的内地企业相比，边境地区的企业往往在实力、市

场经营理念、跨国合作经验等方面相对薄弱。而且，由于双方企业缺乏理论指导，许多企业的跨境合作均是“干中学”，基本上是“摸着石头过河”，因此导致跨境合作绩效不尽如人意，甚至与预期绩效目标相去甚远，跨境合作失败的案例更是屡见不鲜。

临边省区企业跨境合作绩效提升理论的核心问题，就是解决绩效“如何提升”这个关键性问题，包括绩效的提升方式、方法、模式、路径、策略、措施等。这是一个看似简单，实则复杂的科学问题。因此，对临边省区企业跨境合作绩效提升理论的研究，需要更多的专家、学者加入研究队伍中来，以便集思广益、群策群力、厚积薄发，使临边省区企业跨境合作绩效提升理论的研究更加系统、全面。

三、拓展临边省区企业跨境合作绩效提升的相关研究

要想提升临边省区企业的跨境合作绩效，必须厘清跨境合作绩效的影响因素、评测指标，以及价值创造机理和价值创造效应等。

首先，探明临边省区企业跨境合作绩效的影响因素。由于这些因素对跨国合作绩效可能产生正面和负面影响，因此对这些因素的识别很重要。可以综合运用因子分析法、主成分分析法、德尔菲法、原因结果分析法、鱼刺图（鱼骨图、特性因素图）法、模块化方法、网格化方法等，对这些因素进行有效识别。在这些因素中，有些因素对跨国合作绩效的影响程度大，而且特别敏感，将其称之为关键绩效驱动因素。在此基础上，探寻关键绩效驱动因素的类型、对跨国合作绩效的影响机理和路径、管控方法和策略、措施等，以便有效扩大其对跨国合作绩效的正面影响，降低其负面影响。

其次，在遵循科学、合理、有效、易于操作等原则的基础上，根据跨国合作绩效的关键驱动因素，选择和设计跨国合作绩效的评价、测量指标，并构建评价指标体系。在此基础上，分析这些评价指标的发展变化方向和趋势，并探索有效的管控方法和策略、措施，以便对其实施有效管控，使其有利于提升跨国合作绩效。

此外，剖析临边省区企业跨境合作的价值创造机理。一般地，中外双方企业按照合作协议，组建跨国战略联盟，投入生产要素。在跨国合作的过程中，合作各方需要有效整合联盟体内外部的生产要素，以便最大化地创造价值，产生价值创造效应，在此基础上才能获得跨国合作绩效。生产要素的整合方式不同，价值创造的大小也就不同。因此，需要深入剖析临边省区企业跨境合作的价值创造机理，以便最大化创造价值，提高跨国合作绩效。

目前，已经有学者开始对上述问题开展了一些零星的研究，但是不够系统和深入。需要更多专家、学者对这些问题开展系统和全面、深入的探索和研究，只有理论先导，才能有效指导临边地区企业的跨国合作。本书以西南临边省区企业的跨境合作为研究对象，研究临边省区企业与邻国企业的跨国合作的关键成功因素，拓展跨境合作的研究内容。并从价值创造的视角，研究跨境合作的绩效产生机理、绩效评价指标体系、绩效提升路径与策略。

四、加强对东道国政策法律和人文环境的研究

在企业的跨国经营与合作过程中，东道国的营商环境，特别是政策法律和人文环境的影响极大。如现在的中美贸易战、新冠肺炎疫情等，对中国企业跨国经营与合作的影响巨大。因此，需要专家、学者以及政商领域的相关人士，对东道国的宏观环境、产业环境、市场环境等进行深入研究，以供企业经营管理人员查询和参考。

为了尽可能减少东道国的政策法律和人文环境的影响，有效应对环境变化带来的风险，需要加强对西南临边省区企业跨境合作的东道国政策法律和人文环境的研究，除了专家学者参与研究外，特别需要驻外使领馆的人员、各种商会、企业驻外人员参与研究，为西南临边省区企业跨境合作提供咨询与参考，以便减少经营决策失误，提升跨国合作绩效。

第二节　加强制度建设

随着经济全球化、区域经济一体化的进一步发展，企业间的竞争已演变为国家间、政府与企业合力间的竞争，政府在政治、经济、外交各领域给予企业支持已成为各国公认的行为准则。美国、日本政府对其企业跨国经营与合作的支持是有目共睹的。在这样一种国际环境中，若没有政府的支持和协调，西南临边省区企业的跨境合作要想获得成功将是十分困难的。而政府应该如何支持企业，用何种手段支持，在哪些领域支持，什么时候支持和支持什么等，对西南临边省区企业的跨境合作能否成功，有着决定性的影响。从这个角度讲，政府在西南临边省区企业的跨境合作中起着关键的作用。

制度建设层面，主要是指各级政府部门出台的各种支持性的政策与规划，属于政府政策支持层面的措施。对于西南临边省区企业的跨境合作来说，由于比在国内的经营与合作更为复杂、难度更大、面临的问题更多，因此，需要在制度建设层面进行顶层设计和总体规划，以便有效支持西南临边省区企业的跨境合作。

一、对西南临边省区企业的跨境合作进行总体规划

广西、云南政府可以分别根据本省区的经济总体发展战略，制订本省区企业的跨境合作总体战略规划，确定各阶段的发展重点，引导跨境合作的产业结构。制订跨境合作的总体战略规划的目的是保证本省区企业跨境合作战略长期、稳定、有效地实施。其主要内容包括：跨境合作的总体规模调控、产业结构选择、跨境合作的主要形式、跨境合作发展阶段的划分和各个阶段的侧重点，以及相关战略的协调、法律法规的调整、管理制度和政策的调整方向和重点、协调机制和程序的制定等。

广西、云南政府可以分别根据本省区的经济发展、对外投资和吸引外资的需要，调控本省区企业跨境合作的总体规模。目的是协助平衡本省区吸引外资与对

外投资的比例，减少和消除两者严重失衡导致本省区出现资本、技术等生产要素长期单向流入或流出的局面而致使经济失衡。

西南临边省区企业跨境合作的产业结构选择，是关系到企业跨境合作是否成功的战略问题。根据国际投资理论、企业跨国联盟理论，结合广西、云南的产业优势，可选择以下产业作为跨境合作的重点产业：

（一）发挥优势型

选择本省区具有比较优势的产业，到越南、老挝、缅甸进行投资合作。目前，中国在国际分工阶梯中处于中游水平，相对于更低阶梯的越南、老挝、缅甸而言，广西和云南的一些产业具有明显的比较优势，如纺织、电子、轻工、机械制造、食品加工、服装加工、家用电器、制糖、水泥、农业、水电设计与建设、路桥建设、通信传媒、工程承包、卷烟等技术较为成熟、管理经验较为丰富、且产品市场占有率较高的产业，到越南、老挝、缅甸等更低层次阶梯的国家投资与合作，充分发挥广西和云南产业的比较优势。

（二）资源开发型

为了满足经济发展对资源的需求，选择中国和本省区经济发展所需资源紧缺的产业，到资源丰富的越南、老挝、缅甸进行投资合作，包括国内资源短缺，或国内资源开采条件较差，或国外储量大、品位较高的资源开发项目，如矿产、林业、土地等自然资源。其中，越南、老挝、缅甸的矿产资源、林业资源和土地资源都非常丰富，适合开展跨国投资与合作。

（三）市场开拓型

选择广西、云南具有比较优势的产业，到越南、老挝、缅甸进行投资合作，在当地生产、当地销售，以便开拓当地市场。如传统的家电产业、农机产业、化肥产业、水泥产业等；或者在当地存在某些有限度的、有特色的需求产业，如中医药、中国餐饮、特色农业、汉语教育培训等产业。这些产业的投资合作的主要目的是开拓当地市场、扩大销售。

二、制定西南临边省区企业跨境合作的配套支持政策

（一）优惠的税收政策

对西南临边省区企业跨境合作所得汇回国内的部分，可减免企业所得税。对境外加工贸易所使用的出境设备、原材料和散件，可按国家统一规定的退税率实行出口退税等。

（二）优惠的信贷政策

协调政策性银行对西南临边省区企业跨境合作实行优惠信贷支持，特别是对实力强、信誉高、业绩好的企业跨国经营与合作扩大授信额度，以便帮助西南临边省区企业跨境合作以及解决融资难问题。

（三）设立支持企业跨国经营与合作的扶持基金

第一，建立企业跨国经营与合作的风险基金。主要用于支付商业保险范围之外的风险，如战争、自然灾害、东道国的政治动荡等给企业造成的跨国经营与合作损失。资金来源可从企业跨国经营与合作每年减免的所得税中提取。加强银行、担保机构与企业之间的沟通，为企业提供全方位、国际化的金融服务支持。

第二，建立企业开展对外工程承包开具保函的担保基金。资金来源可从每年财政收入中提取，并根据财政状况逐年增加，以支持企业积极开展境外工程承包。

（四）提供信息服务

第一，为企业的跨国经营与合作牵线搭桥。例如，通过对目标市场国的访问为企业开展跨国经营牵线搭桥。

第二，为企业的跨国经营与合作提供信息咨询服务。许多企业对境外投资国的投资环境、市场状况、风土习俗、合作伙伴缺乏了解，对国际投资的运行规则、法律制度也不熟悉，同时缺乏海外投资合作经验。为了给西南临边省区企业跨国合作提供全方位的信息咨询服务，降低企业因信息、情报不准确而面临的风险，同时由于政府相对企业在收集信息方面更有优势，因此，可以设立海外投资信息中心，研究目标市场国的政治、经济动态，积极与我国驻目标市场国的经济

商务机构沟通，收集信息。主要包括以下三方面职能：一是按国别地区跨国经营与合作项目建立海外投资信息库，为希望对外投资的企业提供及时、有效的信息；二是加强信息情报的研究分析，并进行充分的数据挖掘，以捕捉商机；三是向企业提供介绍合作伙伴、合作项目等服务。

第三节　加快跨国经营与合作的人才培养步伐

为了提高西南临边省区企业跨境合作绩效，国际化高层次的跨国经营与合作的人才是关键要素。因此，需要加大“官、产、学”合作的力度，即政府部门、相关企业、高等院校三位一体，密切配合，使跨国经营与合作人才脱颖而出。

一、建立跨国经营与合作的人才智库

政府部门需要制定企业国际化经营与合作的人才发展战略规划。人才发展战略规划需要超前于企业国际化经营发展现状。要建立一套系统、高效的企业国际化经营与合作人才培养的体系和机制，需要出台引进人才的具体制度，建立企业国际化经营与合作的人才智库。这个人才智库的建立有两种途径：一种是直接智库；另一种是间接智库。

（一）企业国际化经营与合作人才的直接智库

企业国际化经营与合作人才的直接智库，就是设立独立运行的西南临边省区企业跨境合作研究院，专门研究西南临边省区企业跨境合作问题。研究院可以聘请国内外专家、学者作为专职或者兼职研究员，也可以与其他研究机构进行协同，如广西大学的中国—东盟研究院等研究机构。研究院需要设立针对西南临边省区企业跨境合作的重大问题（如关于跨境合作模式、跨境合作风险、跨境合作绩效等）的选题面向中国或世界招标，以便及时破解所遇到的难题，使对西南临边省区企业跨境合作的理论研究保持领先地位。

（二）企业国际化经营与合作人才的间接智库

企业国际化经营与合作人才的间接智库，包括三个子智库或者子模块：

1. 企业国际化经营与合作的经理人才智库

搜集国内（包括港澳台地区）经营业绩表现优异的经理人信息，以及海外华侨、华人中经营业绩表现优秀的经理人信息，还有部分德才兼备的外籍经营业绩表现优异的经理人信息，建立中国企业国际化经营与合作的经理人才智库，为中国企业的国际化经营与合作储备高级经理人才。特别是一些海外子公司的负责人，也应该纳入该人才智库中，以便适时选聘任用。

2. 企业国际化经营与合作的专家智库

聘请在企业国际化经营与合作领域有深入研究和独到见解的专家、学者、政府官员作为顾问（特别是一些驻外使领馆的官员），充分听取他们的意见和建议，不断地修正企业国际化经营与合作出现的偏差，及时解决问题，保障企业国际化经营与合作的顺利发展。

3. 东道国的营商环境和当地大中型企业的资信调查

这些调查报告可以作为特殊的智库意见来源。这种意见与企业跨国经营与合作的环境、市场、合作伙伴息息相关，真实反映了企业跨国经营与合作的营商环境、市场状况和合作伙伴的资信情况，其结果更为准确、可靠。

二、企业要为人才成长搭建舞台

开展国际化经营与合作业务的企业除了使用人才外，还要特别注意为人才的成长搭建发挥作用的舞台。由于企业的国际化经营与合作要比国内经营与合作复杂得多、困难得多，因此特别需要聘用高层次的国际化经营管理人才。关于这一点，已经被国内外跨国公司的国际化经营与合作实践所证实。因此，今后我国的大中型企业要建立国际化经营管理人才的规范化培养和管理制度，从岗位设立、任职条件、绩效考核、薪酬待遇、社会形象、住房条件等方面给予特别优惠，突破我国企业国际化经营管理人才使用瓶颈，从而不断吸引优秀人才，最终使我国企业国际化经营管理人才成长走上良性循环轨道。

三、构建跨国经营与合作的人才培养模式

企业国际化经营与合作人才的培养，重中之重是要树立国际化的理念，用国际化的视野去看待企业的国际化经营与合作事业的发展。

建立国际化经营与合作人才的培养模式，可以从以下几个方面着手：第一，由教育部指定一些双一流高校的商学院、管理学院、经济学院，定点招生、菜单式培养，提高毕业生的综合素质。第二，引导高校增加对国际商务人才、小语种人才的培养，积极引导和支持广西、云南的教育培训机构与越南、老挝、缅甸开展合作办学，为企业培养当地管理、技术人员，鼓励有专长、懂外语的人才到国外工作。第三，在国外建立实习基地，把学生输送到国外进行岗位实习锻炼。第四，与国外大学合办国际 MBA 班，开阔视野，并到国外企业实习锻炼，或者到跨国公司在中国的子公司实习锻炼。

综上所述，在理论方面、制度方面、人才方面保障西南临边省区企业与邻国企业的跨境合作活动，将会进一步促进西南临边省区企业跨境合作事业的加速发展，最终提升跨国合作绩效，实现跨国经营与合作的战略目标。

第九章　西南临边省区企业跨境合作绩效提升的案例分析

鉴于“地缘”和“人缘”关系，中国企业与东南亚国家企业的跨国战略联盟由来已久，且不断扩大，东南亚国家与中国领土相接，毗邻中国东南门户，由于山水相连，历史文化相通，自古便与我国有商贸往来，使得大量华侨移居于此。自2010年中国—东盟自贸区建成后，加之2013年“一带一路”倡议和中国—东盟自贸区升级版提出，这一时期因签订了《中国与东南亚全面联盟框架协议》，实现了跨国战略联盟的快速发展，全球化、区域化大背景以及有力的政策大环境（即“一带一路”倡议）都将中国与东南亚跨国战略联盟带入新的全面发展阶段。西南临边省区与东南亚国家接壤，企业间跨境合作广泛，自2014年以来，贸易规模稳步增长，如图9－1所示。其中，西南临边省区与越南、缅甸、老挝接壤，往来频繁，因此，本书将从西南临边省区与越南、老挝、缅甸国家跨境合作企业中，选择代表性案例进行具体分析。

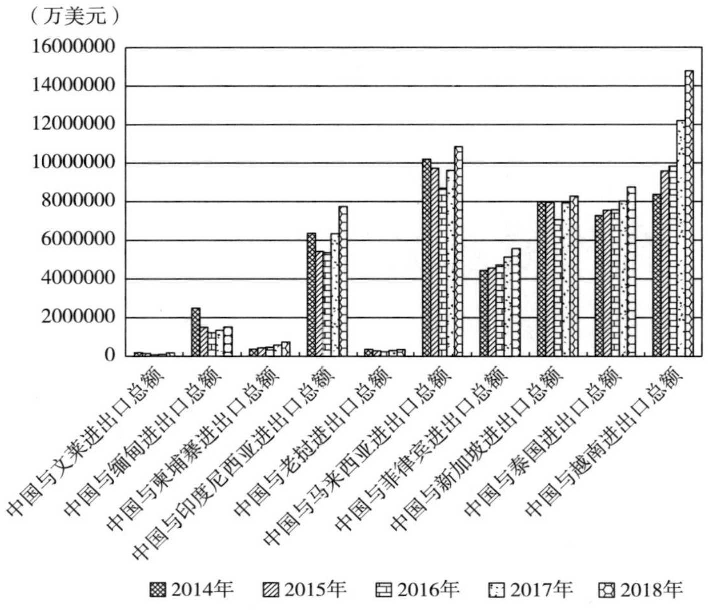

图 9－1　中国与东南亚国家进出口贸易额

资料来源：国家统计局。

第一节　企业横向跨境合作的绩效提升案例分析

在西南临边省区企业的跨境合作中，企业的横向合作也十分广泛。西南临边省区企业的横向跨境合作是指西南临边省区的企业跨越边界，与东道国企业进行合作，合作企业与本企业处在生产—营销链上同一阶段，或主营业务在同一产业内，即企业价值链同一环节。合作的方式多样化，如组建横向跨国联盟，收购产品线，兼并同产业企业，签订合作协议等。合作的领域也不尽相同，部分企业进行合作研发，部分企业为获得海外销售渠道，还有企业意在获得生产力等。

企业进行横向合作主要是为了扩大生产规模、降低成本、巩固企业的市场地位、提高企业竞争优势、增强企业实力而与同行业企业进行联合的一种战略。其实质是资本在同一产业和部门内的集中，目的是实现扩大规模、降低产品成本、巩固市场地位。而横向跨境合作更加能帮助本企业获得东道国资源，缩短跨境而带来的制度、文化等距离，实现同构，利于开拓海外市场，实现跨境合作目标。其比较适合于企业发展到一定程度时，而且所在行业竞争较为激烈，行业的规模经济比较显著，所在产业增长潜力较大时，基于本企业的资金、人力资源等进行横向跨境合作。

企业的横向跨境合作的优点已经很清楚，可以有效地实现规模经济，快速获得互补性资源和能力，以维持自身的竞争地位和竞争优势。但其同样存在一定的风险，如由于信息不对称导致的逆向选择风险，战略研发合作中的技术扩散风险、跨境中的文化不相容等。

近年来，国内企业对外合作频繁，合作规模不断增加，其中，制造业尤其突出，自2010年我国成为世界第一大制造业国家，制造业对外贸易发展迅速。如图9-2所示，制造业对外投资额一直很高。因此，本书选取云南省具有代表性的医药企业，作为西南临边省区企业横向跨境合作的案例进行分析。

一、企业介绍

（一）母公司——昆药集团

昆药集团股份有限公司（以下简称昆药集团600422 SH）于1951年3月在我国西南的云南省成立，属于国家重点高新技术企业，名列中国医药工业50强企业。其不仅拥有深厚的专业制药经验，还有络泰、天眩清、Artemedine、Artem、Arco等品牌享誉国内外；并于2000年12月在上海证券交易所上市。在2015年3月，原“昆明制药”更名为“昆药集团”。公司的前身创建于1951年3月，为云南省第一家国营制药企业的昆明制药厂，该厂主要业务是天然植物药品的开发生产与销售。在1995年12月，经云南省人民政府批准，对昆明制药厂进行了整体改制，将其全部经营性资产作为股本投入，与昆明金鼎集团企业发展总公司、昆药职工持股会、昆明富亨房地产开发经营公司、昆明八达实业总公司共同发起设立了昆明制药股份有限公司，设立时公司总股本为5818万股。2006年

2 月 13 日，昆药集团股份有限公司（股票简称：昆药集团，证券代码：600422），正式启动股权分置改革工作。

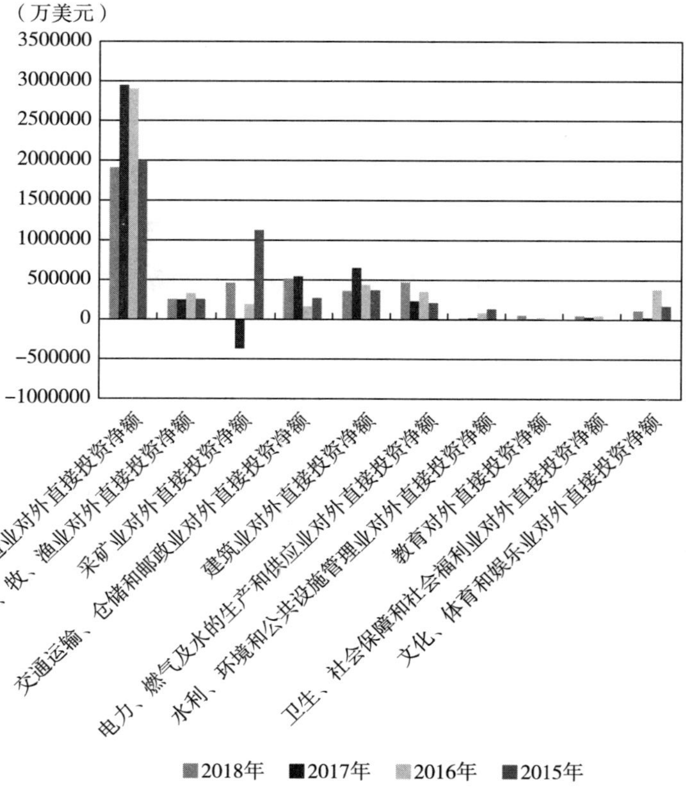

图 9－2　中国企业分行业对外直接投资额

资料来源：国家统计局。

改制后的昆药集团依托云南地区丰富的植物资源，走上高新技术产业化的道路，其天然药物研发和经营在国内独具特色，其开发的蒿甲醚系列、三七系列、天麻素系列及特色中药和特色民族药等 40 多个天然药物新产品，在国内外均具有先进水平，并取得了 16 项国家发明专利。其中，复方蒿甲醚的研发与国际化、产业化获得了国家科学技术进步二等奖，其研发的冻干粉针技改工程获得了国家高技术产业化示范工程称誉。昆药所生产的制剂剂型及原料药均经过了国家GMP认证，尤其是蒿甲醚原料药车间通过了中国的GMP、世界卫生组织的（WHO）GMP、澳大利亚的TGA、美国的FDA四重认证。经过近20年的国际化道路探索，昆药的蒿甲醚制剂在全球40余个国家和地区中都有出口，也因此连续13年能够保持中国单一药物制剂出口第一。由此可见，昆明制药的核心竞争优势在于其突出的研发实力、不断丰富的产品品种资源、不断加强的综合制造能力，以及与国际接轨的质量管理体系和国际化营销队伍。

昆药集团是一个拥有药物研发、生产、销售、商业批发和国际营销功能的综合性制药企业。昆药主要以自主天然植物药为主，附加中药、化学药和医药流通领域的业务部门；其旗下已建有4家子公司，分别为昆明中药厂有限公司、云南金泰得三七产业股份有限公司、西双版纳药业有限责任公司、昆明制药集团医药商业有限公司；已建有1个合资企业，即本节案例对象——昆明贝克诺顿制药有限公司；拥有1个制造中心、1个药物研究院和1个博士后工作站。其中，昆明贝克诺顿制药有限公司通过与东南亚企业的合作，成功打开了东南亚市场，实现了完美的“跳跃”。

（二）子公司——昆明贝克诺顿制药有限公司

昆明贝克诺顿制药有限公司（Kunming Baker Norton Pharmaceutical Co.，Ltd，KBN）是云南省医药行业第一家中外合资企业、国家高新技术企业、国家鼓励类外商投资企业。在20世纪90年代初，“改革开放”逐步推开云南的对外开放大门，作为云南医药行业的企业家们，这时已然敏锐地察觉到，在国内外医药市场上，不论处于怎样的市场之中，只有“走出去”与“引进来”相结合，才能快速寻找到新的生存与发展空间，否则将被淘汰出局。因此，云南省政府和制药行业领导达成了共识：云南医药须跳出云南封闭市场，勇敢地与国际大市场接轨，引进先进的技术，加快产品优质化、品牌化，走上国际化的发展之路。首先要“走出去”，在1992年底，为了寻找海外的技术和资金，在昆明西郊的马街成立了云南省第一家中外合资企业——昆明贝克诺顿制药有限公司。该公司由中方与美国IVAX公司共同出资建立，因此不仅拥有美国的先进技术和现代企业的管理方法，更能利用云南的地利、人和，从而向着世界一流企业的目标进发。业内将此次合作称为“第一次跳跃——跳高”。

贝克诺顿自成立后，首先开发出口服青霉素，作为第一个产品，它填补了当时国内空白领域——阿莫西林。作为一个一般性的边疆药品生产企业，为了跨越到与世界同业的强手联手、合作发展的高度，企业将面临难以想象的难度。贝克诺顿优秀的企业文化带领每一位员工秉承强烈的责任感和使命感不断向前，引进、学习、创新。昆明贝克诺顿合资后第一步就是改革，前提是大胆结合实际，才能在不断的阵痛中脱胎换骨，在一系列痛苦中转轨变型，让企业得到生存发展，让企业运营能与国际接轨。其成果也是卓著的，目前，昆明贝克诺顿公司根据世界上最先进、最严格的制药企业的生产管理与工艺流程，已先后建成并拥有了青霉素类、综合制剂类、头孢菌素类共 9 个剂型的设备精良、配套齐全的 GMP 生产线，拥有 5000 多平方米的洁净厂房，以及现代化的原辅料库、包装材料库、成品库。品牌声誉就像一股向心力，贝克诺顿先前的成功合作吸引了更多的投资与合作，国内外制药行业的优秀企业开始纷纷把目光投向了贝克诺顿。如：世界最大仿制药厂——以色列的 TEVA 公司，日本的制药知名大企业 SKK 公司，印度等国的大制药企业也闻声而来，并且均被贝克诺顿的创业者和良好的投资开发环境所吸引，与昆明贝克诺顿进行全面合作。昆明贝克诺顿也借此从以色列 TEVA 公司引进的“阿法迪三”产品，该药品是世界上同类产品中治疗骨质疏松病的最有效的新药；从日本 SKK 公司引进了专业骨科用药，该药品是世界上治疗退行性骨关节炎最好的一线用药。由此，昆明贝克诺顿用了近 13 年的国际化道路，在国内外药品制造行业的激烈竞争中崭露头角，尤其是抗生素产品系列、阿法迪三产品系列、儿童类产品系列的研发、生产、销售表现十分突出。最终成长为拥有国际地位的知名制药企业。

正是因为母公司昆药集团的强大实力和贝克诺顿的“第一次飞跃”，积累了跨境合作的基础，拥有先进的生产技术，建立了强大的生产力、资产规模，创新出与国际接轨的专业推广模式，构建了以专业推广、渠道销售和 OTC 三线并举的营销构架和辐射全国的销售网络。贝克诺顿的生产总部仍在昆明，但市场营销总部设在上海。国内设 3 个大区，在 25 个城市设有办事处或代表处，共有 190 名医药代表及销售主管，销售网络覆盖全了各主要城市及区域。这些基础既为“第二次跳跃——跳远”（打开东南亚市场）奠定了基础，也成为企业跨境合作的动机。

二、合作历程

当下，全球经济一体化进程不断加速，如何在寻求区域经济合作中准确定位，实现优势互补，已成为全球每一个企业想要做大做强的必然选择。鉴于此，作为昆明贝克诺顿的领军人物——总经理戴晓畅博士首先提道：“做企业，不以高科技为先导，不在人才培养上狠下功夫，做不出一流的高科技产品去占领市场，就没有参与国际市场竞争的资格。中国加入 WTO 后，本土企业与跨国公司的竞争事实上已经无国界。你不主动走出去，人家也要走进来。特别是在制药业，产品的更新换代与覆盖全球市场的速度已经比过去任何时候大大地加快了，就是在一些欠发达国家的市场中，你所面临的每一个竞争对手，也可能就是世界同业中最强的对手。本土企业与国外企业的市场竞争，并非只有你死我活的一条路。我们完全可以中西结合，按市场规律，在平等互利的基础上，通过优势互补，实现互利双赢。”

根据国际化进取的思想指引，昆明贝克诺顿公司开始了面向东南亚的“第二次跳跃”，业内将此次跳跃称为“跳远”。云南作为我国西南临边省区，与越南、缅甸、老挝等国接壤，开拓东南亚市场，是云南企业的优先国际化方向。地处云南昆明的贝克诺顿，着眼于此，勇担重任，开始开拓东南亚市场。通过将 13 年所积累的雄厚资本、丰富的国际竞争经验，以及云南得天独厚的资源优势、人才优势、大通道优势和对外交往优势相结合，昆明贝克诺顿针对东南亚市场的不同特点，推动三大市场联动，采取借西走东、西进东出的策略，确定博采众长的国际化战略，把自身企业的发展与带动他国企业的发展，共商共赢结合起来，全面推进与东南亚各国医药行业的合作。

昆明贝克诺顿的东南亚之旅始于 2002 年，其先后进入了越南、缅甸、老挝、泰国等市场，并完成了药品注册和商标注册，随后与当地企业开展出口贸易。在2003年贝克诺顿与越南企业实施了技术合作项目，随后在2005年于缅甸投资建立了当地制药厂，并于2012年，通过国家对外援助项目为老挝第三制药厂GMP技术改造提供技术服务。

（一）“一级跳”——开启与越南企业合作

“当时走出去的尝试就像学游泳一样，也呛过不少水，虽然一些投资项目没有取得预期成效，但在这些探索中，我们与当地最具实力的经销商建立了合作关系，建立了可靠的配套供应商网络、合作伙伴和经销商网络。”KBN总经理戴晓畅先生曾说。

1. 合作动因

20世纪初，各国为了保护民族企业的利益，尤其是对药品行业的进口设置了各种各样的贸易和技术壁垒，致使药品的出口十分困难和烦琐。即使是KBN生产的阿莫西林、头孢克洛系列、斯耐普系列等药品，虽然相较于海外药品市场有较大的出口优势，但想要通过产品出口的方式，也只能申请到小批量的配额，完全无法达到开拓东南亚市场的目标。为了跳出困境，KBN想到了采用技术合作的方式，首先与越南UPHACE合作生产药品，以打破贸易和技术壁垒，最终实现了产品的大批量出口。

2. 合作内容

2002年，KBN开始利用云南与越南相邻的区位优势，首先在越南，与该国最大的制药企业——中央第25制药厂合作（简称UPHACE）签订合作协议。两家公司为促进合作的发展，采取了一系列措施，从签订技术合作合同、技术许可，到建立境外生产加工和合作销售等办法，均采用最好、最新的产品，调派最优秀的技术人才，共商共赢、惠及各方，从而获得了开拓越南市场的主动权，进而将在中国市场上研发生产的高质量产品，以最快速度销售到越南市场。

目前，KBN与UPHACE合作开发的第一个产品——斯耐普－FR于越南成功上市。随着新产品的上市，KBN与UPHACE于2009年4月再次达成建立战略性合作伙伴的协议。此次协议增添了新的内容，KBN从技术合作方式拓展到与UP-

HACE 合作生产环节，合作生产内容包括抗生素、儿童感冒药和一个治疗骨质疏松的国际高端产品。同时，KBN 还将全面参与到 UPHACE 的其他环节中，如技术改造、生产和市场营销，其意在将越南打造成一个高水平的境外药品生产基地和与之相匹配的销售网络基地。此次与越南药企的合作标志着 KBN 在"走出去"的道路上，正式从单纯的产品出口阶段，发展到以技术合作带动深层次合作的模式阶段。

除此之外，KBN 还与越南的多家经销商合作，如 GPL 和 CODUPHA 建立了越南营销体系。随着合作研发新产品的上市，KBN 将逐步实现国际制药公司的营销模式，完成在越南建立专业推广队伍，构建 OTC 销售网络的目标。

（二）"二级跳"——开拓缅甸市场

1. 合作动因

在开拓东南亚市场的初期，KBN 曾碰壁数次，遭遇了不少挑战。如依照个别国家的规定，产品出口方式无法申请到大批量的销售配额，这无疑阻断了 KBN 打开东南亚市场大门的道路。此路不畅，便开始另寻他路。戴晓畅提出了另一条"走出去"的跨境合作道路，即通过对我国成熟的中药生产技术宣传，进一步提高东南亚国家对中药的认知度，那么在缅甸合资建厂正是一条明路。在通过实地考察之后，推算出 KBN 在缅甸投资建厂，不仅可以以此带动 50 万美元的设备出口，而且在建厂投产完成，开始运营之后，每年仍然可带动 40 万美元的本国原辅医药材料和包材出口。同时，KBN 具有先前经验，其已经通过这种方式在缅甸间接注册了 5 个中药产品，奠定了建厂基础。

2. 合作内容

2004 年 12 月，KBN 以 135.00 万元与瑞丽坤煌贸易有限公司在缅甸合资建立中药厂——缅甸凤凰国药制造厂，并于 2005 年底竣工投产，该厂位于仰光市郊区的一个工业区内，KBN 拥有 45% 控股权①。KBN 通过实施缅甸项目，带动了 50 万美元的设备出口，而且在项目投产后，每年还可带动 40 万美元的国产原

① 资料来自昆药集团 2005 年年报。

辅材料和包材出口。该公司通过建厂已在缅甸间接注册了5个中药产品。

（三）“三级跳”——开启与老挝企业合作

1. 合作动因

KBN在“第二次跳远”中，通过与越南、缅甸企业的跨境合作，已完成了打开东南亚市场的“两级跳”，为了进一步拓展海外中药市场，开启了第“三级跳”。

2. 合作内容

贝克诺顿的第“三级跳”，是在2012年南博会上，昆明贝克诺顿制药有限公司与老挝国家第二制药厂签订生物医药类合作项目。此次合作是KBN开拓东南亚市场的第三级跳，该项目规模在前两阶段得到提升，约为2100万美元。随后在2012年3月，时任云南省长李纪恒在出访老挝期间，KBN借此机会与老挝第三制药厂签订了技术合作项目协议，根据协议内容，一方面第三制药厂由于处在GMP技术改造阶段，KBN须提供技术支持和培训，另一方面KBN对其出口设备成套、技术服务、原辅材料等贸易。通过该项目的实施，KBN不仅为老挝国家药企发展提供了技术支持，而且针对当地GMP建立标准的推行实施KBN功不可没。这也为KBN在东南亚市场上建立了良好的口碑，是KBN取得的一个新突破。同年6月，KBN进而与老挝第二制药厂签订了合作协议，意在为其提供“委托采购服务—GMP技术改造—产品引进”等一体化服务，为其提高药品生产的GMP水平提供系列技术资源支持。直至2015年，老挝第二制药厂已达到东南亚的GMP药品生产质量管理标准，并且实现成套设施、技术服务贸易、原辅料出口等贸易，KBN在东南亚市场的声誉得到显著提升。

综上所述，随着云南桥头堡的建设，不仅是KBN，作为云南省生物医药产业都将迎来跨境合作的巨大机遇。依托“一带一路”倡议优势，结合地缘经济，利用云南自然资源，作为云南药企，东南亚市场将成为公司未来新的增长点。

三、合作绩效提升

（一）KBN 与各国企业的合作绩效提升路径

1. 合作需求与效用的匹配

在 KBN 与越南企业的合作中，首先，从跨境合作的预期绩效来看，KBN 通过与越南企业的合作，打开了越南市场，拓宽了销售渠道，使合作前的预期目标与合作后的预期效用得以匹配，从而创造出更高的合作价值，实现预期绩效的提升。

KBN 通过与越南制药企业的合作，不仅带动了 200 万美元以上的国产原辅材料和包材的年出口量，而且通过利用 UPHACE 技术合作发展阶段需求，为其较大规模的技术改造提供保障，其中包括从中国引进一批先进的机器设备，从而带动了 KBN 设备的出口。根据 2009 年 4 月进一步达成的深度合作协议，KBN 将对其提供大量的设备服务。另外，UPHACE 出于自身发展原因，也需要从中国引进制药设备，公司也将代理这些设备的出口，能够带动 80 万美元的国产机器设备出口。由此可见，KBN 的“一级跳”主要目的在于打开东南亚市场的缺口，将中国医药引入市场，因此，销售网络十分重要。从图 9－1 可见，我国与越南的进出口贸易规模较大，贸易往来频繁，因此 KBN 从越南进入，为了获取越南受众认可，降低外来劣势，获得越南市场的销售渠道等，KBN 首先选择越南最大的制药企业，进行横向跨境合作。通过合作伙伴的销售网络与市场需求，首先从最基础的跨境贸易做起，进行了大量的原材料、设备的出口，构建了最初的海外销售网络，并且促进了企业销售额的增加，实现资本利润目标。

其次，从跨境合作的非预期绩效来看，KBN 在打开越南市场的同时，获取了其他要素资源，如企业声誉、技术回流等，从劳动力要素、资本要素、原材料要素和技术要素来看，这也正是 KBN 本身发展所需，因此非预期效用与非预期目标匹配能创造出更多的非预期价值，实现非预期绩效的提升。

在合作运营中，KBN 通过保质保量的材料、设备等供应链提供，建立了自己的口碑，为企业在东南亚市场赢得声誉，也为后续东南亚其他市场的开拓奠定基础。同时，KBN 派遣高技术人才赴越南指导交流，不仅实现人才的海外输送、培养，也实现了研发技术的回流。其与越南企业的研发合作实现了中医药技术的更新，增加了本企业核心竞争力，与本企业独自研发相比，加快企业研发更新速度。

2. 降低投入要素成本

KBN 在深耕缅甸市场时，通过企业本地化运营，降低了生产要素的投入，从而节省了成本，提高了投入要素产出弹性，促进合作效用的增加，创造出更多的合作价值，最终提升了合作绩效。

在这一“跳远”过程中，KBN 的主要目的是将企业本土化，实现与东道国同构。首先，建立本地医药制造厂，实现制度同构，作为后续东南亚市场拓展的大本营。以此为起点，KBN 在缅甸国内，就地取材，雇用当地生产劳动力，相比于从国内调派员工，本地劳动力不仅价格更低，也节约了劳动力运输成本、管理成本，并且雇佣当地劳动力加入，可以提高团队凝聚力，能够减缓外来者标志，增加本地就业，提高本地认同。同时，KBN 在东道国内选取供应商，购买原材料，作为药材制造商这类资源集中型企业，本地购买原材料可以大大地降低运输成本，实现产销一体化，提高运营速度与稳定性，并且实现资源市场开拓，为企业上游价值链环节提供保障。另外，在东道国建厂，还能提高与当地企业技术合作水平，提高技术共享程度，加快技术的更新速度。由此可见，KBN 可以通提高我国成熟的中药生产技术，进一步提高东南亚国家对中药认知度，实现跨境合作的本土化。一方面，不仅可以充分利用缅甸丰富的植物资源和廉价的劳动力，将中国成熟的中药生产技术输出到缅甸，生产销售适合缅甸和东南亚市场的中药、植物药；另一方面，可以将缅甸市场作为切入点，通过缅甸出口到东南亚的其他国家乃至南亚。

3. 提高关键要素的投入水平

第三阶段在与老挝企业的合作中，KBN 主要通过提高关键要素的投入水平，大幅度增加收益，降低运营成本，从而创造更多的合作价值，最终实现合作绩效的提升。

KBN 在老挝的跨境合作大多是以技术合作项目为主，并且取得了一系列的进展。在这一阶段，KBN 已经在东南亚拥有一定的销售网络，建立了生产基地，在东南亚市场获得了良好的声誉和口碑，因此，最后一跳在于如何更广泛深入地开拓东南亚市场，如何扩大企业规模，如何更好地促进企业研发。在这一跳中，最主要的合作绩效提升在研发领域。从技术的共享程度看，KBN 与老挝第二制药厂由浅入深的系列广泛深入合作研发，实现了制药技术的广泛共享，从人员到设备的交流，实现了制药技术的深入共享。从技术领先程度来看，KBN 属于国内合资企业，既拥有母公司昆药集团的雄厚实力，又吸纳合资外资企业的关系资本，在技术上较老挝企业更加领先，因此对先进制造技术的吸纳能力也更强。从技术更新程度来看，KBN 与老挝企业的合作取得了一系列重大研发成果，实现了本企业技术的跳跃，GMP 的认证让 KBN 跳上新的台阶。从研发投入来看，KBN 与老挝第二制药厂的第一次合作资金就达到两千多万美元，研发投入规模大，因此取得的最终成果也很突出。

（二）财务绩效提升表现

根据本书前面章节的介绍，企业跨境合作的绩效是多维的。上面已经分析了 KBN 跨境合作的非财务绩效提升路径，下面介绍 KBN 跨境合作的财务绩效提升情况。

1. 母公司

昆药集团作为贝克诺顿的母公司，KBN 的跨境合作、海外市场开拓，最根本的目标仍然是为母公司昆药集团的壮大发展。因此，我们从 CSMAR 国泰安数据库检索获得昆药集团财务报表，将 KBN 进入东南亚市场跨境合作主要时期作为观测窗口期，即 2004 ~ 2015 年，并收集显示企业主要运营指标绘制如图 9 - 3 所示。不难看出，昆药集团规模得到不断扩大，营业总收入、利润总额增幅十分明显，因此可见，KBN 跨境合作的财务绩效提升明显。

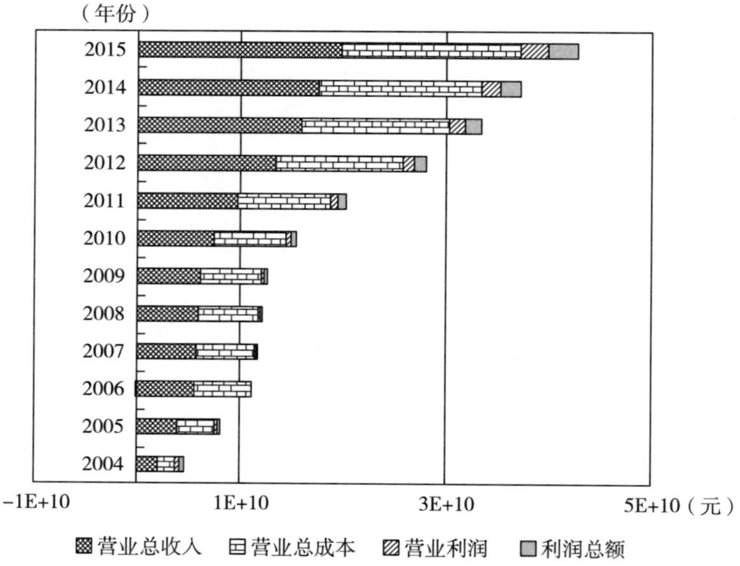

图 9－3 昆药集团 2004～2015 年主要财务指标

资料来源：国泰安数据库。

2. KBN 绩效

KBN 作为跨境合作一方，自身收获合作带来的收益如何，我们主要从主营业务地区营业情况和 KBN 业绩情况两个指标来看，其中主营业务地区选择国外东南亚地区。我们从昆药集团历年年报中查询得到上述数据，并绘制如图 9－4、图 9－5 和图 9－6 所示。

从图 9－4 中可以看到，KBN 在进入东南亚市场初期并不理想，营业收入和营业利润都在缩减，说明还没有打开东南亚市场，销售情况并不乐观。但从营业成本可以看出，KBN 采取了降低成本的方式改善收益，以此提高绩效。

从图 9－5 中可以看到，KBN 与越南企业合作基本完成，实现“一级跳”后，与缅甸企业合作进入“二级跳”时，2008 年海外营业收入快速增加。尤其是在 2012 年与老挝企业合作实现“三级跳”时，营业收入达到最高，合作绩效提升十分显著。

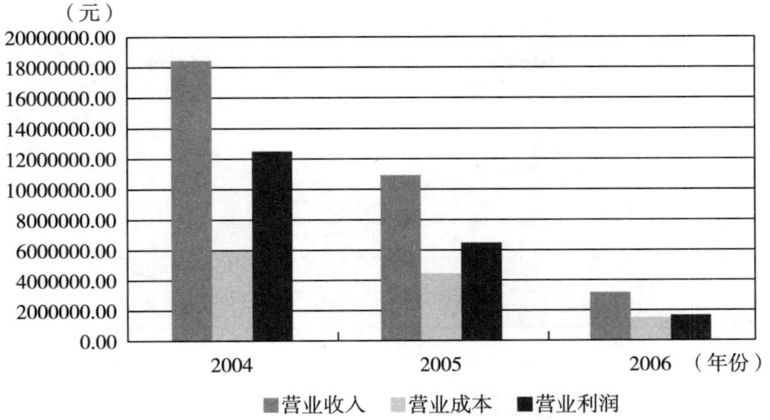

图9－4　昆药集团2004～2006年东南亚地区业务情况

资料来源：昆药集团年报。

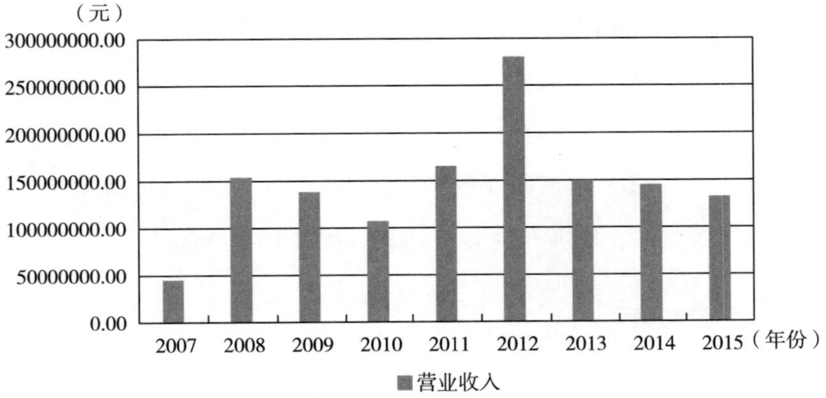

图9－5　昆药集团2007～2015年海外营业收入

资料来源：昆药集团年报。

如图9－6所示，从KBN 2004～2015年的资产规模和净利润可以看到，KBN在“第二次跳跃”阶段实现了规模的平稳增长，增长幅度不大，但十分稳定。KBN净利润逐年攀升，尤其是在完成“一级跳”，进入“二级跳”后，2007年后净利润增长幅度显著，在完成“三级跳”后的滞后效果下，在2014年KBN净利润得到相当大幅度提升，可见财务绩效的提升十分成功。

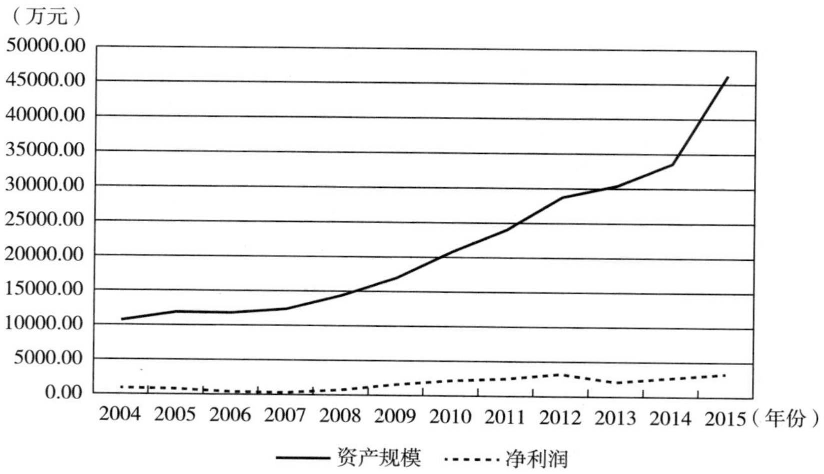

图 9－6　KBN 2004～2015 年营业情况

资料来源：昆药集团年报。

根据上述分析，KBN 在东南亚的横向跨境合作虽然初期困难重重，但通过系列的绩效提升策略后，KBN 的跨境合作绩效提升非常显著。

四、案例评价与拓展

（一）案例评价——KBN 合作绩效提升经验与不足

KBN 通过“三级跳”成功打开了东南亚市场，每一个合作阶段的预期目标基本实现，合作绩效较好，但也存在一些可以改善的地方。

在第一阶段，与越南合作时，最初进入市场准备仍不够充分，导致对东道国市场了解不足，销售业绩、营业收入大幅下滑，利润随之下滑。但最终通过运营策略的改变，提升了绩效，打开了越南药材市场大门。因此，在今后的跨境合作中，企业应当充分了解东道国市场，做好尽职调查，特别是关注东道国的政治、社会风险，这将是最初跨境合作的成败关键所在。

在第二阶段，KBN 在缅甸合资建厂，在开始本土化经营的过程中，应当注意与当地社会环境相融入，了解当地风土人情、民俗等，避免类似于“莱比塘铜矿项目事件”的发生，同时，应关注东道国法律制度，保证合同的合法、合理、完备，保证生产运营的合法性。

在第三阶段，KBN 开始大规模合作研发，扩大东南亚市场时，应注意核心技术的保护，避免技术泄露，降低信息的不对称性，避免道德风险。同时，应当加强与其他地域外资企业的合作，为后续开拓其他地区药材市场奠定基础。

总之，我国中药在海外仍然拥有广阔的市场前景。为了克服中药的出口壁垒高、成本大等困难，应当进一步加大中药标准与国际标准的接轨，使中药在海外注册难度降低，节约成本。目前来看，我国的中药出口组成中，大部分仍然是以保健品、食品和药材的形式出口的，这与我国中药在临床应用经验上有着数千年的历史极不相称，很多企业也在积极探求出口的路子[①]。KBN 历经 4 年的开拓发展，闯进海外市场，在产品、技术、投资、设备、管理和营销等方面摸索出了跨国生产经营的路子，其跨境合作是比较成功的。

（二）案例拓展——云南药商跨境合作绩效提升策略

依据 KBN 的成功跨境合作经验，我们可以拓展分析云南药商开拓东南亚市场的过程，更好地提升跨境合作绩效。

1. 提高制药合作关键要素的投入水平

（1）声誉资源。它包括三个层面：知名度、美誉度、依赖度。知名度是百姓见过或者用过；美誉度是对产品和企业的认同感，对于贝克诺顿来说就是消费者认同我们的产品质量是最好的；而依赖度是更深层面的认同，是要在医生、患者、店员心目中树立起一种亲切感，使他们对企业的产品产生情感上的依赖和认可，而这种认可可能来自儿时的服药经历。真正做得好的国外企业和产品正是做好了第三个层面。

中医药是中国的“国粹”与“瑰宝”，是开发新药的“金矿”，它在华人世

① 来自中华人民共和国商务部。

界中拥有浓厚的民众信仰。近年来随着中国—东盟自贸区的逐步建成，“一带一路”倡议的提出，跨境贸易不断扩大，中国医药在东南亚国家迅速发展。仅2010年，我国重要商品进出口额达到26.32亿美元，同比增长22.745%。为了扩大中药的影响力，应当在东南亚开展医疗教育，注意塑造良好的品牌形象。目前，全球专业医疗人员短缺严重，尤其是全球疫情暴发后，短缺数量大幅上升。由于东南亚国家大多属于新兴国家，专业医疗人员有明显的短缺情况，因此中国药商抓住新兴健康医疗市场商机，应当重视、强化医疗教育，才能弥补当地市场医疗技术与人才能力的差距，以一流的服务提高品牌声誉。因此，云南药商在进入东南亚市场的过程中，要注意产品保质保量，建立良好的企业、品牌声誉，选择口碑良好的本土企业进行合作，获取更高的声誉资源，提高声誉水平，才能带来更高的企业价值。

（2）技术资源。医药行业最重要、最核心的竞争力在于药品品质，只有持续不断地开发制造先进的医药，才能符合社会需求。尤其是经历当下新冠疫情的考验之后，高新医疗行业更亟须技术的更新变革发展。云南药商可积极借助医疗高新技术，以此打开东南亚市场。近年来，高新技术发展迅速，信息化浪潮大力推动了数字医疗、智慧医疗等，而中国在云计算、大数据、人工智能方面已经具备一定的优势，加之智慧医疗产业也发展迅猛，而东南亚等新兴市场的医疗数字化能力相对不足，中国药商恰巧可通过数字化以及智能化，寻求与当地厂商合作，驱动医疗单位进行数字化与智能化升级，借此打开东南亚市场。

2. 降低制药合作投入要素成本

对于企业合作而言，有效控制关键要素投入成本，可以降低合作风险。在云南药商与东南亚企业进行企业间合作时，由于跨越了一国边境，使得经营环境具有复杂性与动态变化性，过多地投入要素成本，会增加中国企业的资本负担，减少联盟收入，同时也会增加退出壁垒，提高联盟风险。因此如何有效合理地控制要素的投入十分关键。

（1）运输成本。近年来，东南亚经济得到一定的发展，其中中产阶级规模增大，加上东南亚各国政府在政策上大力扶持健康医疗产业，以及慢性病人口增加驱动医疗需求等多重因素，整体医疗支出不断增加，健康医疗产业商机涌现。加之各国的政策支持，推动医疗健康产业兴起，云南药商可以在做好详细的尽职调查后，实现在东道国建厂，进行本地生产制造与销售，以便降低运输成本，提高产出弹性，创造更多的合作价值。

（2）人力成本。2015 年，东盟经济共同体建成，建立出一个人口总数达 6.3 亿的经济体，引起全球市场关注。国际调查机构 BMI Research 指出，东南亚各国正经历不同阶段的发展。作为人口庞大地区，云南药商适当地招募本地雇员，不仅节省了从国内调取人员的协调成本，还能更好地实现本土化经营，降低跨境合作的社会风险，从而提高合作绩效。

（3）运营成本。云南药商在与东南亚企业达成合作时，应建立健全现代管理机制，减少合作协调成本。云南制药企业开展跨境合作不仅是企业外部的合作，同时跨越了地域、文化和民族，合作各方的文化、制度距离等更疏远，因此更需要健全完善的管理机制，创新管理模式。首先应寻找合适的合作伙伴。只有匹配合适的合作伙伴，才能产生良好的合作绩效。

（4）风险成本。云南制药企业在东南亚跨境合作的最主要风险来自政治法律方面。云南企业在缅甸面临的风险首先是来源于政治不稳定，缅甸正在进行民主化改革，各个政治派别利益诉求分歧比较大；虽然老挝政治局势稳定，执政党人民革命党政权合法，人民满意度高，但仍然存在一些非传统安全问题及威胁。

其余，还有东南亚各国法律制度、经济发展、社会环境等各方面存在的风险，在这里将不一一详述。因此，云南药商在进入东南亚市场前，应做好实地调查，全面了解当地政治、法律、市场和人文等方面现状，做好完备的风险应对方案，建立相对的风险预警系统。同时，积极实现本土化，了解当地市场诉求，掌握目标客户需求，推出定制化产品。避免可能存在的民族风俗文化等社会风险的发生，从而保证跨境合作的价值创造。

3. 提高合作需求与效用的匹配

（1）合作东道国。在跨境合作决策阶段，应甄选合作运营国家，这是联盟建立的起点。可以由企业内部人员先开展可行性研究工作，并编写可行性研究报告，然后聘请外部力量（如管理咨询公司、行业专家等）对可行性研究报告进行客观、科学评价，确保可行性研究结论正确无误。这样既可以避免企业内部由于过于希望达成合作而对跨境合作的前景过于乐观，又可以避免外部力量不完全了解企业的内部情况而过于谨慎。

（2）合作伙伴。在合作达成阶段，首先应选择合适的合作伙伴。要选择“硬件”和“软件”都比较好的合作伙伴，即不仅要能干（反映其在同行业中的竞争力、竞争优势）、肯干（反映其达成合作的意愿），还要诚信度好（反映其道德自律精神），避免机会主义行为。由于合作各方的信息不对称性，应该尽可能对合作方进行实地考察，调查合作方的实际竞争力、合作意愿和商业信誉，或者委托专业调查机构（如管理咨询公司、公关公司）对其资信情况进行调查。在同等情况下，应该选择有跨境合作经验的、营销渠道完善的、生产经验丰富的、信誉好的合作方。同时，可以通过一些策略开拓新的合作需求，创建和加强对方的合作意愿。作为利益与风险的共同体，还应注意合作伙伴的沟通协作能力是否足以实现跨境合作，是否能建立无障碍沟通渠道。一旦选定合作伙伴，就要充分尊重对方，并建立信任机制。

（3）合作收益分配。在合作达成阶段的谈判签约环节，在平等、公正、互利的原则下，签订完备的契约，明确规定合作各方的责任、权利、义务以及公平的收益分配机制和方式；另外，在价值分配过程中，严格履行合同，按照合同规定的分配方式进行分配。以严密防范价值挤占现象和利己行为，防止强势的合作伙伴挤占弱势的合作伙伴的利益，进而有效防范价值分配风险。

第二节　企业纵向跨境合作的绩效提升案例分析

企业跨境合作的另一类则是纵向合作，同样从企业职能来看，可以将纵向合作细分为纵向研发合作、纵向供应链合作、纵向营销合作等。按照企业价值链环节，还可以划分为前向合作和后向合作，前者是指企业与产业链下游行业的企业合作，即销售企业合作，通过该销售组织来销售本公司的产品或服务；后者是指企业与产业链上游企业合作，即供应商合作，通过其供应生产现有产品或服务所需要的全部或部分原材料或半成品。

那么企业纵向跨境合作，即是企业跨越边境与东道国内企业合作，且合作企业处在本企业产业链的上下游环节。纵向合作的主要动因是为了获得上下游产业链环节的资源，提高企业运营能力，使企业能在市场竞争中掌握主动，从而降低风险。企业纵向合作的最终阶段往往是实现企业纵向一体化，从而实现企业规模的扩张，获取成本优势、技术优势等，以便取得竞争优势。纵向合作不仅能带来经济性收益，有助于开拓技术，确保供给和需求，提高差异化能力，从而提高潜在进入者的进入壁垒，还能借此进入高回报产业，防止被排斥。但也同样会带来风险，合作失败的代价往往很昂贵，同时还需要不同的技能和管理能力。

因此，如何达成高效的跨境纵向合作十分重要。本书选取一家 A 股上市的云南企业，其典型的跨境纵向合作营销十分成功，且具有代表性。纵向合作营销，主要是指企业把供应商、分销商和消费者均纳入自己的市场营销渠道系统，企业可以通过与分销商在营销理念上整合，共同面向市场，寻找调动消费者购买的积极性，从而实现企业、供应商、分销商、消费者多方共赢的结果。其中，产销联盟十分普遍，即产品制造商与下游的分销商合作，紧密团结，共同实现产品的产销一体化。

一、企业介绍

云天化集团有限责任公司（以下简称“云天化”），是由云南天然气化工厂改制而来。云南天然气化工厂于 1977 年建成投产，作为我国 20 世纪 70 年代初首批引进国外成套设备建成的 13 家大型氮肥企业之一，它在 1991 年被评为云南省第一家国家一级企业，并在 1996 年被国家经贸委确认为全国 512 户重点企业之一。随后在 1997 年 3 月，云南省人民政府授权整体改制为国有独资有限责任公司，并在 2002 年被确认为云南省重点支持的 10 户工业企业集团之一。

目前，云天化集团拥有六大主要产业，即化肥、有机化工、玻璃纤维新材料、盐和盐化工、磷矿采选和磷化工等，并逐步建立了云南云天化股份有限公司为水富化肥、有机化工生产基地；云南云天化国际化工股份有限公司——高浓度磷复肥生产基地；云南磷化集团有限公司——磷矿采选基地；云南盐化股份有限公司——昆明、一平浪盐业和盐化工生产基地；重庆国际复合材料有限公司——无碱玻璃纤维生产基地；云南马龙产业集团股份有限公司——磷化工基地；云南天安化工有限公司——合成氨生产基地；云南天创科技有限公司——嵩明精细磷化工生产基地。截止到 2008 年底，云天化集团实现了 551.7 亿元的资产规模，净资产达到 153.6 亿元，销售收入突破百亿元，已建成跨地区、跨行业、跨所有制经营的大型综合性企业集团。

近年来，云天化集团充分依托区位优势，作为国内磷化工行业巨头，积极开拓东南亚市场。首先于 2004 年，云天化与云南省投资控股集团有限公司、云南地矿勘查工程总公司合作，共同出资建成云南中寮矿业开发投资有限公司（以下简称中寮矿业），该公司主要完成老挝钾盐项目的开发工作。并在 2007 年 8 月，云天化以增资扩股的方式，一举成为中寮矿业的控股单位。而在控股之后，云天化集团通过与老挝政府部门积极沟通合作，从而加快了老挝钾盐项目产业化开发的步伐，同时保护当地环境。云天化还与科研院所合作，以及与中科院青海盐湖研究所组建了“盐矿资源勘查与综合开发利用工程研究中心”，针对老挝钾盐矿的开发进行研究，为下一步对钾盐矿的开发和综合利用提供了强有力的技术支撑。随后在 2008 年 12 月 19 日，云天化集团在老挝万象投资了 5 万吨钾盐项目。该项目的通电、通水、通车和土地平整工作已经完成，各项工程也已有序、高效地开展。云天化建立钾肥基地，“以肥为主、相关多元”的产业发展战略，将推动该集团氮、磷、钾三种资源协同发展[①]。通过依托“一带一路”倡议，云天化已经成功进入东南亚市场，一直引领着国内乃至亚洲化肥领域的产销榜。下面具体介绍云天化走进东南亚市场之路。

① 资料来自中华人民共和国商务部。

二、合作历程

（一）深耕缅甸市场

1. 合作动因

缅甸作为一个以农业为主要发展的国家，其农业耕地面积达1200万公顷，全国近60%人口主要进行农业生产活动，出口产品的分类中农产品也超过1/4。但由于农业投入不足，缅甸的农业装备技术落后，因此农业生产率偏低，尤其是水稻作物，平均单产3300公斤/公顷，这与世界大部分国家相差较大。同时，由于当前缅甸农民的农业知识匮乏，对化肥知识了解甚少，致使用肥结构单一，通常以尿素为主，除此之外几乎没有其他投入。而云天化正是中国最大的化肥生产企业之一，其产品质量过硬，正在以市场需求为导向进行区域聚焦，为了抓住缅甸农业市场的发展机遇，积极与缅甸企业合作。

2. 合作历程

（1）校企合作。2016年3月，云天化集团就开拓缅甸市场与云南农业大学达成一致，双方共同签订了缅甸农业开发战略合作协议，意在双方共同发挥所长，强强联合，通过提高缅甸农业现代化发展水平，进而提高缅甸农作物产量及品质、优良品种培育水平，实现在化肥、农业科技、产业标准输出、人才定向培养等开展全方位的合作，共同进军缅甸市场。随后在2017年1月，缅甸耶津农业大学校长吴缪觉、土壤及水质科学系主任吴觉伟教授，应云天化和云南农业大学的联合邀请，分别到云天化和云南农业大学进行了参观访问。在访问期间，云天化、云南农业大学、缅甸耶津农业大学三方针对如何整合各方优势资源，实现共同开发和服务缅甸农产品市场，进一步达成共识并签署备忘录，同时还签署了企业战略合作协议：一是双方设立云天化奖学金，用于奖励在耶津农业大学的优秀学生；二是提供与农业种植结构、施肥、作物营养需求、土壤分析等相关的硕士研究项目经费，研究成果由双方共同分享；三是云天化集团将为缅甸耶津农业大学毕业生提供实习和就业的机会，并优先聘用耶津农业大学优秀毕业生，以开发缅甸农业经济。云天化集团总经理胡均表示："此次合作是双方主动融入和服务‘一带一路’‘孟中印缅经济走廊’等伟大倡议，切实践行习近平总书记将云南建设成为面向南亚东南亚辐射中心的重要体现。”

（2）政企合作。云天化开拓缅甸市场的急先锋——缅甸瑞丰年肥料有限公司，通过不断深入调查，围绕缅甸农业积极寻找中缅合作机会和合作模式，为云天化走出去奠定了良好的基础。由云天化股份联合商务在缅子公司瑞丰年与缅甸农业部下属的土地管理局合作共建600亩示范田，在内比都辖区下属的8个主要农业种植镇区开展，涉及40家农户，利用雨季种植季对当地主要种植品种水稻、玉米、棉花和蔬菜等进行集中种植示范。云天化参与示范田建设不仅能帮助当地农民提高施肥水平和种植技术，而且能更好地展示云天化化肥产品的实际种植效果，进一步提升云天化产品品牌在老百姓心中的认知度。

（3）产销合作。云天化的另一大合作伙伴——缅甸AWBA集团，成立于1995年，多年来的稳步发展，使其已成为缅甸农业领域的市场领导者。AWBA在当地拥有较为完善的销售渠道和服务体系，该体系包括农药、化肥、种子、农化服务、农业小额贷款等业务。在2017年5月12日，缅甸AWBA集团高层管理团队到访云天化，充分地沟通和交流了双方的农业合作项目，缅方意在通过借助和依托云天化现有的技术、人才、品牌及市场区位影响力等优势，共同合作开发、服务缅甸农业产业。随后7月，双方签订合作协议，协议指出通过整合行业资源优势为手段，打造出中缅农业产销链，助力缅甸农业发展。这是继云天化与云南农业大学和缅甸耶津农业大学合作之后，滇缅农业合作的又一重大进展。云天化的现代农业板块将取得战略转型新突破，由此可见缅甸也将成为云天化延伸产业链、拓展新领域的重要市场。

（二）红磷入越南

1. 合作动因

越南国内雨量充沛，两大平原土壤肥沃，但相较于我国农业基础薄弱，投入的农业设施严重不足，农艺技术十分落后，政策扶持也不够充分，因此农业领域项目投资规模较小。但越南的主要产业以农业为主，其中农业产值达到国内生产总值的30%，越南的粮食作物以水稻为主，其中稻谷产量约占粮食产量85%以上。由此可见水稻在越南国民经济与农业发展中占有极其重要的地位，2016 年 5 月 23 日，越南农业与农村发展部发布了《越南稻谷产业 2020 年重建战略及 2030 年展望》，希望塑造越南大米品牌，从而提升农业生产效率。

"一带一路"倡议的提出，云南面向南亚、东南亚建立辐射中心，云天化借此积极响应国家决策部署，以市场需求为导向进行区域聚焦，积极抓住越南农业市场的发展机遇，以越南市场为轴心，继续辐射和深耕南亚、东南亚市场。作为整个云天化集团中离东南亚最近的生产单位，云天化股份红磷分公司除了在越南市场投放传统的翠绿色磷酸二铵外，还将根据东南亚市场需求研发生产黑色、棕色、含中微量元素的各种新型磷复肥产品。同时也将充分融入"一带一路"倡议，把云天化的农资产品与专业农化服务有序布局"中南半岛""孟中印缅"经济走廊，不断满足国际客户的需求，实现企业与用户的互惠双赢。

2. 合作历程

（1）越南北江氮肥化工有限公司是越南国内以块煤为原料生产尿素的第一套装置。该厂是 20 世纪 60 年代由中国政府帮助建成的援助项目，原设计产品是硝铵。越美战争时期，设备拆运回中国。战争结束后，中国政府重新帮助建设并恢复生产，年产量为 10 万吨尿素。经过 30 年的运行生产，北氮公司已经为越南农业的发展做出了很大贡献。2000 年在中越两国政府的大力支持下，北氮公司进行了较为全面的旨在提高尿素产量和降低生产成本的技术改造，技改项目由五环公司设计，于 2002 年竣工投产。目前，企业生产稳定，尿素产量已超过设计能力，经济效益明显。

为支援越南北江氮肥新项目建设，水富云天化从 2013 年 12 月开始，在公司副总工程师刘丙富的带领下，陆续在制醇、电仪、合成车间抽调技术骨干组成开车队，配合施工方五环工程公司，顺利完成越南北江氮肥新装置的试开车工作，并一次性成功点火投料产出合格产品。根据越方请求，水富云天化还将派遣部分人员前往越方，为他们延伸服务 3 个月。

2015 年 4 月 10 日，由越南北江氮肥化工有限公司（简称"越南北江氮肥"）总经理杜尹雄和中国五环工程有限公司（简称"五环工程"）副总经理王家义一行前来水富云天化，对水富云天化进行了走访交流，并达成长期合作协议。

（2）2017年6月13日，昆明滇池国际会展中心隆重举行了“2017年南亚东南亚国家商品展暨投资贸易洽谈会（商洽会）经贸合作项目签约仪式”。在本次签约仪式上，云天化股份联合商务子公司瑞丽天平边贸有限公司、天际物产（海防）有限公司与越南平原进出口独资有限公司签订了年度合作框架合同，合同约定自2017年7月至2018年6月，云天化将向越南市场投放磷酸二铵化肥产品约30万吨、贸易额约9700万美元，共同推进“一带一路”沿线国家和地区的共商、共建、共享。

（3）2017年12月，越南老街省老街市金城商贸区会展中心隆重举办了“第十七届中越（老街）国际贸易交易会”。云天化股份红磷分公司应邀参展，重点展示黑色磷酸二铵和粉状磷酸一铵两大新产品，吸引了同行及国内外客户的广泛关注。展会期间，云天化股份红磷分公司总经理李天华、副总经理李士德亲临现场推介云天化新产品，零距离、面对面地听取越南客户意见和需求，就化肥产品的研发、物流运输模式等内容与越南TRACO第一物流股份有限公司进行洽谈，并达成了合作意向。

（4）2018年5月，云天化红磷分公司在越南朔庄省美秀县召开农民大会，提升企业形象、推进产品营销。在推广会上，红磷营销中心国际业务部销售人员向越南农户介绍了红磷企业概况、产品种类、产品特性、适用作物及越南销售产品试验田项目、网点建设等情况。进行了产品真伪辨别指导培训。销售人员对红磷产品外包装特色、与市面上出现的高度相似产品找差异等方法进行了重点讲解，帮助农户提升用户防伪辨识能力，确保买到“放心肥”。

（三）助力柬埔寨农业

1. 合作动因

柬埔寨属于热带气候，其一年可以分为旱季和雨季。柬埔寨农业生产依据传统的农耕习惯，其种植主要集中在雨季；旱季种植的区域主要集中在沿河两岸，种植面积约为雨季的1/10，柬埔寨农业技术的落后由此可见一斑。加之柬埔寨经济基础薄弱，交通运输、通信、供电供水、水利灌溉等基础设施落后；农业资源丰富，土地肥沃，90%以上的国民以务农为业，主要农作物是水稻；农产品加工业前景广阔，全国共有670万公顷可耕地，但目前耕种面积仅为260万公顷左右，加之农业生产水平低下，基本处在“靠天吃饭”的耕种阶段；除了有部分小规模碾米厂、橡胶原胶加工、木薯加工厂等外，无规模化的农产品加工厂；柬政府为加快经济发展，将基础设施建设、农业开发、旅游业、人才培训等列为优先发展的领域，并为投资者提供各种优惠政策。农林渔业部部长文萨坤呼吁中国企业加大对柬埔寨投资，尤其是大型农业投资项目，扩大柬埔寨农产品市场，加强柬埔寨中国农业双边合作。

2. 合作内容

2019年1月19日，云天化集团与柬埔寨的（中国）商会农业行业协会、中天半岛国际贸易（柬埔寨）有限公司，联合在柬埔寨金边召开“云天化—中柬农业协会柬埔寨特色作物农业技术交流会”，会议邀请了中国检验认证集团（CCIC）柬埔寨公司、中国农垦集团、绿洲农业发展（柬埔寨）有限公司及柬埔寨当地农业种植公司的相关领导和代表。多方结合中国国内市场需求及柬埔寨种植特点，就柬埔寨特色作物种植的技术、思路进行了深入的交流和探讨，标志着云天化“绿色产品+服务”的营销理念在柬埔寨迈出了关键的一步。

三、合作绩效提升

如今提到云天化，许多人的印象还停留在“云天化，肥天下”这个标签上。近年来，云天化集团主动适应经济发展新常态，围绕“具有全球影响力的绿色产业集团”愿景，另一手抓传统产业转型升级，一手抓绿色新动能培育，在各经营板块探索灵活高效的市场化经营机制，并从推进“三绿”工程建设、打造安全环保竞争新优势、优化调整产品及市场结构等多个维度，奋力开创绿色高质量发展的新篇章。云天化公司不断将中国先进的种植技术和先进的农资产品推向国际市场，其“走出去”业务范围现已覆盖全球30多个国家和地区，渐成为云南面向海外的一张“名片”。那么，云天化采取了怎样的跨境合作绩效提升路径，下面进行具体分析。

1. 合作需求与效用匹配

从跨境合作预期绩效来看，云天化进入缅甸市场后，成功建立起销售系统，拓宽了销售渠道，打开了东南亚销售市场，实现“两个市场”的发展，与企业本身作为企业的销售需求十分匹配，从而能创造出很高的合作价值，最终实现合作绩效的提升。

目前云天化已建成120多个辐射缅甸全国的销售渠道网点。在越南建立了60多个经销网点。云天化不断推进国际化布局，持续拓展南亚与澳大利亚、新西兰市场，深挖越南、缅甸、泰国、柬埔寨等中南半岛市场潜力，新开辟伊朗、非洲、加拿大、阿富汗等新市场，构建具有区域竞争优势的化肥海外营销体系。

2. 提高关键要素投入水平

云天化在“走出去”中，不断加大技术交流，扩大技术设备、人才、信息的投入，获得技术回流，从而提高技术要素的产出水平，提高跨境合作的效用，增加合作价值，最终实现合作绩效的提升。

近年来，云天化公司积极融入国家“一带一路”倡议，尤其是在云南加快建设面向南亚、东南亚辐射中心的潮流下，主动参与中国—中南半岛经济走廊和孟中印缅经济走廊建设，依托云南的区位优势和云天化公司自身优势，致力于将中国先进的种植技术和先进的农资产品带出国门，并进行了广泛的技术交流，获得了显著的技术信息和良好的企业声誉。

3. 降低投入要素成本

在打开东南亚市场后，云天化开启了本土化运营，在东道国建厂生产，招聘当地劳动力，降低人力成本、产品运营成本等，从而提高产出弹性、合作效用，增加合作价值，最终实现合作绩效的提升。

目前云天化公司“走出去”的业务范围覆盖了全球30多个国家和地区，在海外设立了6个境外子公司和2个代表处。由此可见，云天化在东南亚市场的跨境合作目标基本完成，合作绩效提升显著，作为以磷产业为核心的大型国有控股上市企业，其一直引领着国内乃至亚洲化肥领域的产销榜。

四、案例拓展

云天化通过与缅甸、越南、柬埔寨等东南亚国家企业的合作，建立东南亚销售系统，成功打开东南亚市场。作为国内规模最大的化肥企业，亚洲第一、世界第二的磷肥生产基地，其成功的跨境合作路径值得深入分析与总结，尤其是对于云南化工企业与东南亚企业的长远合作有所裨益。

（一）通过降低投入要素成本提升合作绩效

1. 控制要素投入

云南化工企业可以改善并创新组织运营结构，优化合作运营流程，减少合作所需劳动力、资本金等要素的投入，延长资金周转期等。在劳动力要素层面，采用制造工艺流程再造、机器设备升级、管理信息系统优化、对员工进行培训等方式，节约劳动力的投入数量；在资本要素层面，优化资本结构，减少资本风险，减轻资本结构；在原材料要素层面，尽量更新制造技术，将资源密集型产业向技术密集型产业转变。

2. 引入当地要素

云南化工企业也可以充分利用合作各方的资金、技术、人脉渠道资源以及知识智力资源等，以减少本企业为获取跨境合作许可的公关投入，减少合作投建时机器、技术、人员的转移费，减少进入他国市场的初步开发投入，从而分散了跨境合作的风险，降低了本企业合作的退出壁垒。东南亚国家经济不够发达，其制造技术水平不高，但制造品原材料较丰富，劳动力价格较低，且人民币具有兑换率优势，购买力强，因此，在东道国内“开源”引入本地要素投入潜力大。

3. 跨境合作整合

即全面有效整合，减少时间成本。其中，包括人力整合，即合理利用东南亚国内人才资源，适应本土人才市场，减少本国人力转移培养成本；技术整合，即联盟各方，扬长避短，发挥联盟各方相对优势，保留本企业核心能力；资本整合，将合作各方的资本按照协约进行合理整合，同时对当地资本进行适当的融资；文化整合，即合作各方的企业文化、民族文化、宗教文化、法制文化等包容性融合，形成固有文化。云南化工企业在跨境合作前，应实地考察研究东南亚各国的风土人情、社会环境、各国的制造业发达程度、制造品材料丰富程度、声誉较高的制造品产业等，减少合作运营中的谈判时间、协商时间。

（二）通过提高要素能力提升合作绩效

1. 加强投入研发

合作技术的提高最重要的途径之一便是加强合作技术研发，加快技术创新速度，缩短研发周期，增进同行领先水平，合理地扩大技术共享程度，实现优势互补，降低成本；加强合作项目产品服务的研发，增加产品在市场的影响力，及时掌握当地市场的变动趋势、创造需求、引领潮流。合作各方应根据联盟的具体情况，从实际出发，重在附加值高的环节进行投入研发，扬长避短，同时又避免资金的浪费，巩固核心价值，提高核心竞争力。通过加强技术研发，增强跨境合作的市场力量。

2. 快速响应能力

在大数据时代，云南化工制造业与东南亚国家企业跨境合作，可能存在各种风险，为了提高合作各方的快速响应能力，不仅要提高对科技更新速度的反应能力，还要提高对市场需求变化、售后服务反馈和突发事件应对的能力。因此，可以通过重组合作运营流程，优化内部结构，建立快速反馈机制，保证反馈渠道的畅通，定时评估、反馈，从而缩短合作运作周转时间，提高合作敏捷性，才能降低技术落后、产品不适应、企业声誉受损等风险，增加合作创造的价值。

3. 人力资源的提升

20 世纪 90 年代，“学习型组织之父”彼得·圣吉在其著作《第五项修炼》中提出企业应建立学习型的组织。作为化工企业必须加强学习，主要可以从以下两方面展开：一方面，在企业内部，建立自主学习创新的企业文化，引进高素质人才，对员工进行有计划的培训，建立学习激励制度，提高员工的自主学习积极性，适当地实行目标管理，合理授权，提高员工满意度；另一方面，建立后备智库，保证用人的充足性和稳定性、持续性。在培训人员素质时，不仅应促进其身体素质、道德品质、文化修养等基本素质的提高，更重要的是要提升其专业素质，人职匹配，减少消极型冲突，降低协调成本，避免不必要摩擦，提高其创新能力、学习能力，从而提高人力资源产出，优化劳动力结构。

（三）混合路径提升策略

1. 提高团队能力与降低风险成本

组建精干、高效的谈判团队，认真进行谈判，签署一个完备的、强有力的外部契约。谈判团队成员应该包括企业高层领导、营销团队领导和营销团队的骨干、核心人员、法律专家等。包括企业内部人员，也可以聘请外部力量（咨询公司、公关公司、律师事务所）辅助谈判、签署完备的合同，并对合同进行全过程的、系统性的、动态性的有效管理。在合同起草、审核、签订、履行、变更、解除、转让、终止等合同管理的各个环节中，均可以建立相应的管理制度和规范，采取相应的合同风险预警、防范措施，建立完备、合理、有效的绩效分配制度。因此，团队素质不仅通过人力资源投入水平的提高提升了分配绩效，还通过降低风险成本提高了合作绩效。

2. 提高合作技巧与增加合作效用

云南化工企业不仅可以通过与合作经验丰富的企业交流学习，还可以采取一些措施提高合作技巧，例如：政企合作以降低政治风险，校企合作以提高技术宣传，进而了解当地市场需求，并建立良好口碑，使市场双方更加了解熟悉，打开销路，增加合作带来的效用，从而创造更高的合作价值。

第十章　研究结论与展望

西南临边省区企业与邻国企业的跨境合作源自边境贸易往来。随着中国经济的快速发展，周边邻国均希望搭上中国经济快速发展的“顺风车”，促进双边的经贸往来和企业合作更加频繁和深化。本书以区域经济一体化和中国企业实施“走出去”战略为背景，以促进中国企业跨国经营为主题，以西南临边省区（广西、云南）企业跨境合作（即与接壤的越南、老挝、缅甸的企业合作）为主线，以提高跨境合作绩效为目标，针对西南临边省区企业跨境合作的历程与现状，运用企业跨国战略联盟理论、企业绩效管理理论与方法，从价值创造的视角，深入研究西南临边省区企业跨境合作的现状特点与问题，揭示跨境合作的关键成功因素，剖析跨国合作的价值创造机理，构建跨境合作绩效评价指标体系，并提出西南临边省区企业跨境合作绩效的提升路径与策略，为西南临边省区企业提高跨境合作绩效提供理论依据与方法论支持。

第一节　研究结论

一、西南临边省区企业的跨境合作在不断演化升级

西南临边省区企业的跨境合作源自边境商贸往来。通过对西南临边省区企业跨境合作的历程与现状进行调查分析，西南临边省区企业的跨境合作大致可以分为四个阶段：探索起步阶段（1997 年以前）、快速发展阶段（1998 ~ 2013 年）、

停滞阶段（2014 ~ 2017 年）和复苏阶段（2018 年后）。

目前，西南临边省区企业的跨境合作呈现出以下特点：①跨国合作的主体以民营企业为主，国有企业为辅；②跨国合作的动因主要是开拓邻国市场与获取关键资源；③跨国合作的形式主要是以虚拟联盟居多，实体联盟相对较少；④跨国合作的层次主要是业务合作，组织层次的合作相对较少；⑤跨国合作范围涵盖第一、二、三产业。

由于内、外部环境因素的影响，西南临边省区企业的跨境合作在不断发生演化。纵观其历程与现状，以中方企业的视角（剔除无偿援助这种以政治目的为主的非经济行为），西南临边省区企业的跨境合作沿着以下八个维度演化升级：①跨国合作主体按照“个体工商户（从事边境贸易）→民营企业→国有企业→中央直属企业在西南临边省区的子公司”演化；②跨国合作的动机按照“商品交换（双边贸易）→开拓市场→获取关键资源→分散风险→提升竞争力（获取竞争优势）→提高效益”演化；③投入跨国合作的生产要素按照“产品（双方跨国贸易交换的商品，包括最终消费品和原材料）→劳务（劳务输出合作）→资本（包括货币资本和实物资本）→技术→品牌”演化；④跨国合作的产业领域，则按照“第三产业（双边贸易、物流运输）→第二产业（采矿业、生产加工业等制造业、建筑业）→第一产业（合作种植、养殖等农牧业）”演化；⑤双方企业的合作关系按照“强弱型→平等型”演化；⑥双方企业跨国合作的表现形式按照“通道经济背景下的企业合作→口岸经济背景下的企业合作→传统的国际战略联盟形式的合作→园区经济背景下的企业合作→跨境电商平台（如淘宝、微商等网络平台）背景下的企业合作”；⑦跨国合作主体的行为按照“损人利己的机会主义短视行为→合作共赢”演化；⑧对跨国合作绩效的追求，按照“追求有形绩效（如财务绩效）→追求有形与无形绩效（如企业竞争力等）相结合”演化。

根据上述的演化趋势，结合中国和越南、老挝、缅甸的经济发展情况，以及企业国际化经营与合作的相关理论，从中方企业的视角，西南临边省区企业与邻国企业跨境合作的发展趋势如下：①跨国合作主体以民营企业为主，国有企业为辅；②跨国合作的动机以提高合作绩效为主，分散风险为辅；③跨国合作投入的要素以品牌和技术为主，资本（资金）为辅；④跨国合作的产业领域以资源密集型产业为主，资本（资金）密集型产业为辅；⑤跨国合作关系以平等型合作为主，平等型与强弱型两种合作关系共存；⑥跨国合作的表现形式逐渐以园区经济背景下的企业合作和跨境电商平台背景下的企业合作为主；⑦跨国合作主体的行为逐渐向平等互利的合作关系转化；⑧跨国合作的绩效从“追求有形绩效（如财务绩效）向追求有形与无形绩效（如企业竞争力等）相结合转化。

二、有效引导关键成功因素朝有利于促进跨境合作成功的方向发展

西南临边省区企业跨境合作的关键成功因素是指中国西南边疆的广西和云南企业与邻国的越南、老挝、缅甸企业开展跨境合作的过程中，对跨境合作的成功起到关键性作用的因素。关键成功因素不是影响跨境合作成功的全部因素，而是其中起到决定性作用的关键少数因素。关键成功因素需要提前识别和规划，持续关注，重点管理。本书从纵向（反映跨境合作项目与时间的关系）和横向（反映跨境合作项目与环境的关系）两个视角，通过文献研究法、调查法（包括实地调查、访谈法等）、专家咨询法、层次分析法等多种方法，构建“两视角六维度20项因素”的西南临边省区企业跨境合作关键成功因素体系，并据此提出有效引导关键成功因素朝有利于促进跨境合作成功方向发展的管理策略：

（一）纵向方面要把握全局、步步为营

纵向方面反映西南临边省区企业跨境合作项目的时间阶段演进，对确定的关键成功因素总体上要把握全局，步步为营。对各阶段的关键成功因素，本书认为：在决策阶段，要明确把握跨境合作项目的可行性与创新性，并进行科学论证；在实施阶段，要做好尽职调查和商务谈判与签约工作，谈判与签约可通过成立专项小组来完成；在运营阶段，中外双方企业要有效沟通、相互信任、团结协作，注重价值创造和分配，并对跨境合作项目的整体过程进行风险监控。

（二）横向方面要内外兼顾、重点突破

横向方面反映西南临边省区企业跨境合作项目的内部、外部环境，整体上要做到内外兼顾，重点突破。在对外部环境因素的管理上，必须准确识别外部环境

中的机会和威胁，并据此探寻外部机会的利用策略和外部威胁的规避策略。在对内部环境因素的管理上，依据平衡计分卡（Balanced Score Card，BSC）理论框架，提炼出包括财务标准化、跨境合作项目运作效率、文化适配性、组织学习和顾客需求等关键成功因素，并对其进行综合管理。

三、西南临边省区企业跨境合作需要采取有效措施最大化创造价值

西南临边省区企业跨境合作的价值创造是指在中国西南边疆的广西和云南企业与邻国的越南、老挝、缅甸企业开展跨境合作过程中，各方通过相互配合、协同努力，达成跨境合作预期目标，提高跨境合作效用，实现个体价值与合作整体价值的持续创造。其机理是在明确跨境合作各方需求的基础上，谋求实现企业跨境合作的效用与合作各方需求的匹配。为了促进西南临边省区企业跨境合作的有序推进，提出价值创造最大化的管理策略。

（一）以提升价值创造能力为根本，实现价值创造最大化

本书构建西南临边省区企业跨境合作价值创造能力指标体系（包括3个一级指标、8个二级指标、17个三级指标），提出企业跨境合作的价值创造能力需重点关注：选择合作伙伴的能力、组建高效企业跨境合作团队的能力、企业跨境合作决策能力等各项关键能力的培养和提升。

（二）以成本、收益和市场为抓手，实现价值创造最大化

根据企业跨境合作的主要类型不同，价值创造模式可以分为三种：基于股权与非股权的跨境合作价值创造模式、基于纵向与横向的跨境合作价值创造模式、基于竞争力量强弱差异的跨境合作价值创造模式。不同的模式，虽然其价值创造的初始路径不同，但价值创造的最终路径是一致的，均通过降低成本、增加收益及获得市场力量来创造价值。在初始阶段，可通过提高合作双方的意愿、热情、能力和商誉等夯实价值创造基础。在最终阶段，可从市场进入成本、渗透成本，投入产出比、经济附加值、产品影响力、市场占有率、交易行为影响力等方面提高价值创造效果。

四、西南临边省区企业要正确有效评价跨境合作绩效

正确评价西南临边省区企业的跨境合作绩效，是有效提升跨境合作绩效的基础。西南临边省区企业的跨境合作绩效具有三个基本特征：多因性——跨境合作绩效受到多种因素影响、多维性——跨境合作绩效由多个维度构成、动态性——跨境合作绩效随着内外部环境因素的变化而变化。根据是否预期绩效来划分，西南临边省区企业的跨境合作绩效可以分为预期绩效和非预期绩效两种。在此基础上，从价值创造视角，剖析跨境合作绩效的产生机理：当预期需求与预期效用相匹配时，即创造出预期价值，产生预期绩效；当非预期需求与非预期效用相匹配时，即创造出非预期价值，产生非预期绩效。

关于企业跨境合作绩效评价的理论主要有六种：目标实现理论、企业能力理论、平衡计分卡理论、联盟解体理论、利益相关者理论和综合绩效评价理论。本书运用平衡计分卡（Balanced Score Card，BSC）、层次分析法与模糊综合评价法相结合的方法，从利益相关者和价值创造的视角，构建了西南临边省区企业跨境合作绩效评价指标体系。西南临边省区企业可以根据其跨境合作绩效评价指标体系，针对每一个具体指标，分别采取有效策略，提升跨境合作绩效。

五、西南临边省区企业跨境合作要选择恰当路径和有效策略提升绩效

西南临边省区企业与邻国企业跨国合作的目的，是为了获取比单干更大的收益。要提高跨国合作绩效，必须对合作各方投入的生产要素进行有效整合，使其最大化地创造价值，以便产生尽可能多的跨国合作绩效。对生产要素的整合方式不同，价值创造的方式与大小也不同，最终获得的跨国合作绩效也随之发生差异。

（一）跨境合作绩效提升的基本路径

按照跨国合作的“要素整合（Factors Integration）—价值创造（Value Creation）—绩效提升（Performance Improvement）”的思路，根据价值创造的主导因素，西南临边省区企业跨境合作绩效提升的基本路径可以划分为三种：①以降低

成本为主导的绩效提升路径，“要素整合—降低成本—价值创造—绩效提升”；②以提高收益为主导的绩效提升路径，“要素整合—直接创造收益（包括协同效应创造的收益）—价值创造—绩效提升”；③以增加市场力量为主导的绩效提升路径：“要素整合——增加市场力量（获得竞争优势）—价值创造—绩效提升”。西南临边省区企业可以根据自己的跨国合作需求和动因，结合双方的要素投入情况，选择合适的绩效提升路径。

（二）跨境合作绩效提升的基本策略

由于跨国合作绩效包括预期绩效和非预期绩效，跨国合作绩效提升的基本策略相应地划分为预期绩效提升策略和非预期绩效提升策略两种。

1. 预期绩效提升的基本策略

根据西南临边省区企业跨境合作绩效提升的基本路径，为了更有效地创造价值，提升跨国合作预期绩效，从中方企业的视角，西南临边省区企业可采取以下策略：

（1）降低跨国合作成本。根据价值链理论，降低西南临边省区企业跨境合作的成本有两种方法：①重组、优化价值链。即通过重新分析、梳理西南临边省区企业跨境合作过程中各项业务活动的价值链后，取消一些无效活动，合并一些非增值活动（如整合具有相同性质或重复的活动），采用效率更高的新方式、新方法和新手段改进或者完成一些低效率、高成本的价值活动等，以提高业务活动价值链的整体效率。②控制成本驱动因素。对一些无法取消的活动，企业首先要探明这些活动的成本驱动因素，然后采取有效措施控制成本驱动因素、创新价值活动等提高效率的方式来管理，尤其是对跨国合作成本有着显著和根本性影响的结构性驱动因素。

（2）提高跨国合作收益。基于要素整合与价值创造的视角，要提高西南临边省区企业跨境合作的收益，合作双方可以通过有效整合联盟内外部生产要素资源，以便最大化地创造价值，最终提高跨国合作收益。首先，提高劳动力和组织的学习能力，以便跟上本行业的技术发展速度，并尽快适应错综复杂的经营环境变化。其次，通过共享合作伙伴的技术和经验等知识资源，加快学习更新速度，扩大合作研发效果，提高技术要素的价值创造效果。此外，充分发挥卓越的管理才能，有效整合联盟内外部的资源，提升协同创造价值的效果，同时提高对技术和市场的快速响应能力，重视跨国联盟合作的经验与技巧，以便提高管理要素的价值创造效果。

（3）增加跨国合作的市场力量。首先，中方企业可以选择实力强大的合作伙伴开展跨国合作，以便迅速提高市场地位，增加跨国合作的市场力量。其次，可以选择与其他企业联合采购，以便扩大采购规模，迅速提高市场地位，增加联合采购的市场力量，提高与上游企业（供应商）讨价还价的能力。此外，可以选择与其他企业联合营销，以便提升对市场、对顾客、对产品定价的影响力，扩大市场话语权，迅速提高市场地位，增加联合营销的市场力量，提高与下游企业（顾客）讨价还价的能力。

2. 非预期绩效提升的基本策略

西南临边省区企业跨境合作的非预期绩效提升策略，可以参照平衡计分卡（Balanced Score Card，BSC）的思路，从财务、客户、内部运营、学习与成长四个维度展开。

（1）提高财务效益。首先，合作各方均应按照联盟协议要求，保质保量投入专有核心资源。同时，在联盟内部建立有效的沟通机制，加强联盟各方的沟通与合作，减少矛盾与冲突，提高价值创造的效率与效果，以便获得更大的产出（如销售量、销售收入等），扩大投入产出比（产出/投入）。其次，充分利用合作伙伴在当地市场的知识资源（如对当地政策、法律和市场的充分了解）和关系资源（如与当地政府部门、社会公众、消费者之间良好的关系），突破东道国的政治、法律和社会文化等投资环境的限制，扩大利用外部资源的边界，降低资本成本率；同时抓住不断涌现的商机，推出新产品，创造更多的价值，最终提高经济附加值（EVA = 税后营业净利润 - 资本 × 资本成本率）。

（2）优化内部流程。首先，通过业务流程重组，优化研发、采购和生产运营等业务流程。其次，通过组建跨国战略联盟，把原本分离的生产运营流程和销售流程有机整合起来，形成新的跨国产销供应链，使产品的研发、采购、生产运营、配送、销售及售后服务等一系列价值创造活动实现时间的无缝对接，优化甚至重构产品和服务的供销流程，有效缩短产品和服务的周转时间。此外，通过合作伙伴对当地市场的熟悉程度，及时、有效地了解和掌握顾客的需求变化趋势信息，并据此不断改进、开发新产品和服务，加快新产品（或服务）开发速度。

（3）加强学习，促进成长。首先，建立学习激励机制，激励员工在合作过程中主动学习对方的隐性知识。同时建立学习型组织，有效加强员工之间的知识交流与共享，促进员工成长。其次，对员工的需求展开详细调查，并针对不同员工的需求特点，提出尽可能满足员工需求的策略和方案，提高员工的满意度。

（4）提升顾客满意度与保持率。可从产品和服务的生产运营、销售和售后服务三方面，尽可能满足甚至超越顾客需求，提升顾客的满意度和保持率。

西南临边省区企业可以根据自己的跨国合作需求和动因，结合双方的要素投入情况，在选择合适的绩效提升路径的基础上，采取有效的策略提升跨境合作绩效。

第二节 研究的局限性

由于受到研究能力和视野的局限，本书还存在不足之处，尚需今后继续拓展研究。

首先，在理论上还没有形成完善的、系统的绩效提升理论，只是在前人理论的指导下研究了西南临边省区企业跨境合作绩效提升的基本路径和策略，在实践上对西南临边省区企业跨境合作绩效提升的组合路径和策略研究尚不够宽阔和深入，还有继续深挖的空间。

其次，基于问卷调查和访谈的数据来源制约了研究的科学性和准确性。

最后，在一些概念上有了新思维，但还没有进行系统的阐述和完善，其逻辑性尚待进一步加强，有待今后深入开展研究。

第三节 研究展望

根据西南临边省区企业跨境合作绩效提升的理论研究与实践成果，以及存在的主要问题，未来的研究方向至少应该包括以下三个方面：

1. 西南临边省区企业跨境合作的价值创造

从西南临边省区企业跨境合作的实践结果来看，其跨境合作绩效不理想的主要原因之一，就是价值创造不足，直接导致跨境合作绩效低下，最终无法实现预期的绩效目标而以失败告终。在一般情况下，西南临边省区企业的跨境合作必须能够持续地创造价值，才能获得甚至超越预期绩效，最终实现跨境合作的战略目标。因此，如何促进西南临边省区企业跨境合作的价值创造，最大化价值创造效果，探寻价值创造的新途径和新策略，是未来亟须研究和解决的关键问题。

2. 西南临边省区企业跨境合作的绩效提升

影响西南临边省区企业跨境合作绩效的因素很多。这些因素包括中外双方企业为了开展跨国合作而组建的战略联盟内部和外部的因素。这些因素复杂多变，共同构成一个高度复杂的系统。因此，如何正确识别关键的绩效影响因素，并有效引导其向有利于绩效提升的方向发展，这是一个重要的问题。其次，跨境合作绩效的测度与评价包括评价指标体系和评价方法的确定，以及绩效提升的新模式、新方法、新途径、新策略等，均需要进行全面、系统的研究。由此可见，如何有效提升西南临边省区企业跨境合作绩效，也是未来应该研究和解决的关键问题。

3. 西南临边省区企业跨境合作的风险应对

由于内部、外部环境的复杂多变，西南临边省区企业的跨境合作不可避免地将面临诸多风险。这些风险均不同程度地影响跨境合作预期目标的实现。其中一些重大风险，不仅导致跨境合作失败，而且可能直接拖垮企业。因此，探寻有效的风险识别、风险分析和量化、风险预警、风险应对和风险监控的新理论、新方法、新工具，以便能够正确及有效地识别风险、分析和量化风险、确定风险的大小级别、预警、应对和监控风险，是目前应该重点研究和解决的问题。

上述三个问题均是制约西南临边省区企业跨境合作成功的关键问题，因此，对它们进行系统和深入研究、探讨以得到有效解决，这是未来研究的主要课题。

参考文献

［1］白丹，邵洪波，孔玲玲．跨国公司在华子公司战略联盟绩效的影响机制分析［J］．学术交流，2010（4）：107－110.

［2］蔡树堂，魏思佳．产学研联盟背景下关系资本对科技型中小企业技术创新绩效的影响研究［J］．创新科技，2018，18（8）：4－11.

［3］蔡四青，李惠．跨国公司技术战略联盟组织模式选择及其对中国的启示［J］．经济问题探索，2008（5）：97－101.

［4］曾庆洪，蓝海林．战略联盟的绩效影响因素研究：一个基于规模联盟和范围联盟的理论框架［J］．科学学与科学技术管理，2009（4）：141－145.

［5］陈共荣，曾峻．企业绩效评价主体的演进及其对绩效评价的影响［J］．会计研究，2005（4）：65－68＋96.

［6］陈建，章华强．企业并购的价值创造机理分析——基于资源竞争优势观［J］．江西社会科学，2013，33（1）：201－204.

［7］陈啸，张浩．中小银行战略联盟创新绩效研究——基于激励协同视角的解释［J］．财经理论与实践，2018，39（3）：43－49.

［8］陈永平，李赫．大数据时代物流末端配送、消费体验需求满足及其价值创造能力提升［J］．财经论丛，2017（1）：95－104.

［9］陈永平．供应链信息资源优化及其价值创造能力提升——以农产品物流业为例［J］．商业经济与管理，2014（10）：5－14.

［10］陈永平．基于资源拓展视角的农产品物流业价值创造能力提升［J］．当代财经，2014（4）：74－85.

［11］陈泽，侯俊东，肖人彬．我国企业海外并购价值创造决定因素实证研究［J］．中国科技论坛，2012（12）：62－68.

［12］程柯．跨国公司与东道国企业 R&D 合作治理模式分析［J］．中国民营科技与经济，2008（8）：54－55.

［13］戴海闻，曾德明，张运生．标准联盟组合嵌入性社会资本对企业创新绩效的影响研究［J］．研究与发展管理，2017，29（2）：93－101.

［14］戴建平，骆温平．供应链多变合作价值创造实证研究——基于物流企业与供应链成员多边合作的视角［J］．当代经济管理，2018，40（5）：15－25.

［15］邓渝，黄小凤．促进还是规避竞争：联盟组合伙伴竞争与突破性创新倒 U 型关系研究［J］．科学学与科学技术管理，2017，38（10）：55－68.

［16］邸晓燕，张赤东．产业技术创新战略联盟的性质、分类与政府支持［J］．科技进步与对策，2011（9）：59－64.

［17］刁鸿珍，李随成，Alexander Roos. 跨国产业供应链合作关键成功因素的实证研究——以中、德印刷产业为例［J］．管理工程学报，2013，27（2）：209－219.

［18］丁永淦，沈晓峰，许世群．企业价值驱动因素与价值创造模式［J］．财会通讯，2015（32）：52－53.

［19］段超群．国际创业型企业创建战略联盟的动因与模式选择研究［D］．浙江大学硕士学位论文，2011.

［20］段吉群，王秀丽，陈加奎．中国民营企业与跨国公司的合作模式探索［J］．东岳论丛，2006，27（5）：98－100.

［21］付旋．中国—东盟农业企业跨国合作模式分析及绩效提升研究［D］．广西大学硕士学位论文，2017.

［22］高源婕．云南企业面向老挝农业投资市场的调查报告［D］．云南财经大学硕士学位论文，2014.

［23］韩晓晶．广东省中药企业国际合作现状及其相关模式选择［D］．广州中医药大学硕士学位论文，2009.

［24］何丹．贝克诺顿：理念的华章［J］．中国药店，2006（5）：86－88.

［25］吉峰，周敏．基于联盟的企业技术创新策略关键成功因素研究［J］．科技导报．2007，25（1）：65－68.

［26］贾生华，陈宏辉，田传浩．基于利益相关者理论的企业绩效评价——一个分析框架和应用研究［J］．科研管理，2003（4）：94－101.

［27］江玮，王奎．战略联盟组合与企业绩效的关系研究——基于创业机会理论的视角［J］．厦门大学学报（哲学社会科学版），2014（6）：64－73.

［28］江旭，姜飞飞．不确定性、联盟风险管理与合作绩效满意度［J］．管理工程学报，2015，29（3）：180－190.

［29］姜红，刘文韬，孙舒榆．知识整合能力、联盟管理能力与标准联盟绩效［J］．科学学研究，2019，37（9）：1617－1625.

［30］蒋振威，刘爱东．复杂创新阶段性特征及其价值创造机理研究综述［J］．科技进步与对策，2016，33（16）：157－160.

［31］乐琦，李建媛，蒋峦．战略联盟中关系控制与联盟类型对联盟绩效的影响研究［J］．软科学，2016，30（8）：85－87.

［32］雷瑞．东南亚国家农业投资潜力与我国农业“走出去”策略［J］．农村经济，2017（4）：80－85.

［33］李光忠．云南企业参与越南项目的SWOT分析和PROT研究［J］．昆明理工大学学报（社会科学版），2012（4）：30－33.

［34］李健，金占明．战略联盟伙伴选择、竞合关系与联盟绩效研究［J］．科学学与科学技术管理，2007（11）：161－166.

［35］李良成．战略联盟的成功因素探析［J］．科技进步与对策，2003（11）：78－79.

［36］李娜，李随成，王玮．供应商供应网络位置与企业绩效：网络认知能力的作用［J］．管理科学，2015，28（2）：49－59.

［37］李启昌，吴晓燕，杨昕雨．昆明贝克诺顿的两次跳跃［J］．医药产业资讯，2005（13）：40－41.

［38］李秋容．中小企业虚拟合作成功因素分析［J］．武汉科技大学学报，2005，7（2）：47－51.

［39］李伟，聂鸣，李顺才．影响技术联盟绩效的企业组织行为特征研究［J］，中国软科学，2009（7）：124－150.

［40］李垣，杨知评，史会斌．程序公平和分配公平影响联盟绩效的机理研究［J］，管理学报，2009（6）：759－766.

［41］李自杰，张雪峰．国家文化差异、组织文化差异与企业绩效——基于中外合资企业的实证研究［J］，财贸经济，2010（9）：93－98.

［42］梁建英．不同控制方式对于联盟绩效的影响分析［J］．工业技术经济，2010（1）：57－60.

［43］刘慧，王孟钧等．基于解释结构模型的建设工程创新关键成功因素分析［J］．科技管理研究，2016，36（3）：20－26.

［44］刘吉成，林湘敏，王源．基于逐步回归法探讨光伏企业价值创造能力［J］．财会月刊，2019（3）：17－23.

［45］刘吉成，闫文婧，颜苏莉，王源．光伏企业价值创造能力评价研究——基于模糊综合评价法［J］．会计之友，2019（3）：78－82.

［46］刘佳鑫，刘兵，李嫄．绿色智力资本价值创造机理探究［J］．中国人力资源开发，2016（17）：91－100.

［47］刘景东，杜鹏程．惯例视角下联盟管理能力的构成及其对联盟组合绩效的影响研究［J］．管理评论，2015，27（8）：150－162.

［48］刘攀．中国制造业企业与跨国公司合作模式研究［D］．山东大学硕士学位论文，2006.

［49］刘天，谢炜．企业价值创造模式研究［J］．财会通讯，2015（26）：61－63.

［50］刘宇，邵云飞，康健．知识共享视角下联盟组合构型对企业创新绩效的影响［J］．科技进步与对策，2019，36（21）：134－140.

［51］刘玉明，刘延宏，张静．中国铁路“走出去”建设项目的关键成功因

素及影响机理研究［J］．铁道学报，2019，41（1）：29－35.

［52］柳春锋．基于博弈分析的旅游联盟成功之重要因素［J］．商业经济文荟，2006（6）：56－58.

［53］卢艳秋，郭美轩，周莹莹．跨国技术联盟知识整合对合作创新绩效的影响分析［J］．社会科学战线，2014（5）：260－262.

［54］鲁瑛，陈建刚，肖甲宏．中央企业国际科技合作典型模式研究［J］．创新科技，2016（10）：12－18.

［55］陆庆平．以企业价值最大化为导向的企业绩效评价体系——基于利益相关者理论［J］．会计研究，2006（3）：56－62＋96.

［56］陆雄文．管理学大辞典［M］．上海：上海辞书出版社，2013.

［57］陆瑶，闫聪，朱玉杰．对外跨国并购能够为中国企业创造价值？［J］．清华大学学报（自然科学版），2011，51（8）：1146－1160.

［58］罗茜，皮宗平，白明皓．创新网络治理机制与绩效：基于灰格序方法的创新联盟实证分析［J］．科技进步与对策，2018，35（4）：25－31.

［59］罗佐县．我国海洋油气对外合作模式思考［J］．中国石油和化工经济分析，2009（6）：53－55.

［60］马春爱，郝洪．中国油气资源国际合作模式研究：一个油气资源获取的视角［J］．江苏商论，2012（10）：100－102.

［61］马海燕，熊英．代工企业的国际联盟与升级绩效实证研究［J］．中国地质大学学报（社会科学版），2016，16（3）：105－114.

［62］马娜，李东红，吴维库．合作经验与联盟绩效间关系研究回顾［J］．中国软科学增刊（下），2015：369－376.

［63］米国良．航空公司国际航线联营合作模式发展研究［J］．综合运输，2014（11）：59－64.

［64］潘思谕，陈凯婷．中国企业国际产销联盟的绩效评价及其提升策略——基于价值创造的视角［J］．管理现代化，2015（6）：94－99

［65］潘思谕，陈柳源．中外合资上市公司高管团队异质性对企业绩效的影

响——以外资持股比例为调节变量［J］，企业经济，2015（4）：90－96.

［66］潘思谕，熊梅娟．中国企业跨国并购的成本优化——基于价值链的视角［J］，会计之友，2012（5）（上旬刊）：33－36.

［67］潘思谕．广西企业跨国经营存在的问题与对策研究［J］．广西大学学报（哲学社会科学版），2009（1）：26－35.

［68］潘思谕．中国农机企业与东盟企业的国际战略联盟研究［J］．东南亚纵横，2009（9）：29－33.

［69］潘思谕．中国企业国际战略联盟的价值创造及拓展途径——以中国与东盟企业的国际战略联盟为例［J］．云南财经大学学报，2010（4）：135－142.

［70］潘思谕．中国企业国际战略联盟的理论与实证［M］．北京：经济管理出版社，2012.

［71］潘思谕．中国企业国际战略联盟的稳定性评价及其提高策略——基于价值创造与分配的视角［J］，管理现代化，2013（5）：116－119.

［72］潘思谕．中国企业跨国联盟能力评价及其提升策略［J］．企业经济，2014（8）：40－45.

［73］彭珍珍，顾颖，张洁．动态环境下联盟竞合、治理机制与创新绩效的关系研究［J］．管理世界，2020（3）：205－233.

［74］齐安甜．企业并购中的实物期权与博弈分析［M］．中国金融出版社，2007.

［75］乔均，祁晓荔，储俊松．基于平衡计分卡模型的电信企业绩效评价研究——以中国网络通信集团江苏省公司为例［J］．中国工业经济，2007（2）：110－118.

［76］乔龙德．创新发展方式拓展国际合作新模式实现共同发展［J］．中国建材，2016（11）：19－22.

［77］任慧．知识联盟运行绩效评价维度的建构：以战略联盟为视角的比较分析［J］．情报杂志，2011（7）：104－108.

［78］申嫦娥，王晓强．企业绩效评价方法的改进：模糊综合绩效评价法

[J]．经济管理，2003（22）：47－50.

[79] 沈灏，谢恩，王栋．战略联盟的控制机制对联盟绩效的影响研究——基于边界困境的视角［J］．当代财经，2015（9）：66－76.

[80] 沈鹏熠．中国企业承接离岸服务外包关键成功因素实证研究［J］．国际经贸探索，2013，29（1）：25－34.

[81] 石书玲．基于不同评价主体的知识联盟绩效评价模型构建［J］．科技进步与对策，2011（18）：119－122.

[82] 舒成利，胡一飞，江旭．战略联盟中的双元学习、知识获取与创新绩效［J］．研究与发展管理，2015，27（6）：97－106.

[83] 宋玲玲．竞争联盟内创新合作模式与创新成功的关系研究［D］．北京化工大学硕士学位论文，2017.

[84] 宋振良．丝绸之路经济带下中国石油企业的国际合作的战略模式与实施路径［J］．金融经济，2016（6）：17－19.

[85] 隋博文．关系稳定性对跨境农产品供应链联盟绩效的影响——基于广西—东盟的实证分析［J］．中国流通经济，2017，31（1）：65－75.

[86] 孙新波，张大鹏，吴冠霖，钱雨．知识联盟协同创新影响因素与绩效的关系研究［J］．管理学报，2015，12（8）：1163－1171.

[87] 孙一，牟莉莉．生态文明背景下民营环保企业绩效管理——基于模糊综合评价法的应用分析［J］．技术经济与管理研究，2020（2）：3－7.

[88] 谭建伟，刘自玲，孙金花．产业技术创新战略联盟运行绩效评价指标体系构建——以主体效用为视角［J］．财会月刊，2017（24）：62－67.

[89] 唐冲，陈伟忠，申玉铭．加强东南亚农业合作开发的战略重点与布局研究［J］．中国农业资源与区划，2015，36（2）：84－93.

[90] 陶金元，陶秋燕．战略联盟动因、治理及绩效：一个整合理论框架［J］．当代经济管理，2017，39（6）：1－6.

[91] 陶小默．广西赚了谁的钱？［EB/OL］．https：//baike. baidu. com/tashuo/browse/content？id = 287cbd9a61ac78aeaaf4708c&lemmaId = 254053 & from

Lemma Module = pcBottom. 2019 – 08 – 3123：51：11.

［92］滕维藻，冼国明 . 90 年代跨国公司的经营战略及影响［J］. 南开学报（哲学社会科学版），1999（5）：50 – 57.

［93］田晖 . 中外合资企业企业文化冲突与绩效关系实证研究［J］. 系统工程，2011，29（1）：90 – 97.

［94］王昶，孙桥，徐尖，周文辉 . 双重嵌入视角下的集团总部价值创造机理研究——基于时代集团的案例研究［J］. 管理评论，2019，31（3）：279 – 294.

［95］王清刚，李琼 . 企业社会责任价值创造机理与实证检验——基于供应链视角［J］. 宏观经济研究，2015（1）：116 – 127.

［96］王清刚，徐欣宇 . 企业社会责任的价值创造机理及实证检验——基于利益相关者理论和生命周期理论［J］. 中国软科学，2016（2）：179 – 192.

［97］王思梦，邵云飞，陈瑶 . 公平感知调节下联盟社会资本对企业联盟绩效的影响［J］. 技术经济，2018，37（8）：52 – 60.

［98］王晓靖 . 高新技术企业开展跨国技术联盟的组织模式研究［D］. 湖南大学硕士学位论文，2003.

［99］王欣 . 社会责任融合视角的企业价值创造机理［J］. 经济管理，2013，35（12）：182 – 193.

［100］王沿棋，杨久香 . EVA 业绩评价体系在石油石化企业中的应用研究——以 JX 公司为例［J］. 经济管理，2014，36（4）：94 – 105.

［101］王永春，王秀东 . 中国与东盟农业合作发展历程及趋势展望［J］. 经济纵横，2018（12）：88 – 95.

［102］魏江，徐蕾 . 知识网络双重嵌入、知识整合与集群企业创新能力［J］. 管理科学学报，2014（2）：34 – 47.

［103］文金艳，曾德明，赵胜超 . 标准联盟网络资源禀赋、结构嵌入性与企业新产品开发绩效［J］. 研究与发展管理，2020，32（1）：113 – 122.

［104］吴国庆 . 电商物流末端共同配送联盟的新型模式构建［J］. 商业经

济研究，2018（20）：90－92.

［105］吴松强，周娟娟，赵顺龙．知识属性、环境动态性与技术联盟内企业创新绩效［J］．科学学研究，2017，35（10）：1594－1600.

［106］吴兴宇，王满．产学研协同创新视角下联盟网络嵌入对创新绩效的影响［J］．科技进步与对策，2019：1－8.

［107］伍华佳．海内外华人合资企业管理文化与战略联盟绩效实证分析——以合资企业创新期为例［J］．上海经济研究，2011（3）：109－116.

［108］武雅敏，郭丽芳，马家齐，戴宏，王郁．冲突管理、执行力与跨境农产品供应链联盟绩效影响研究［J］．世界农业，2018（7）：53－59.

［109］向刚．技术创新战略联盟绩效评价研究［J］．技术经济与管理研究，2012（12）：27－30.

［110］肖红军，郑若娟，李伟阳．企业社会责任的综合价值创造机理研究［J］．中国社会科学院研究生院学报，2014（6）：21－29.

［111］辛杰．企业社会责任的价值创造机制研究［J］．管理学报，2014，11（11）：1671－1679.

［112］熊彬，马世杰．云南企业对东南亚欠发达国家投资动因与障碍研究——以老挝为例［J］．科技与经济，2015，28（3）：65－70.

［113］熊殷泉，张宇．“一带一路”倡议背景下云南企业在缅甸、越南、老挝面临的法律问题及对策［J］．法制与社会，2019（2）：67－69.

［114］薛卫，雷家骕，易难．关系资本、组织学习与研发联盟绩效关系的实证研究［J］．中国工业经济，2010（4）：89－99.

［115］闫立罡，吴贵生．联盟绩效的影响因素分析［J］．研究与发展管理，2006（5）：22－28.

［116］闫伟．我国海洋油气企业的国际竞争优势及合作模式选择研究［D］．中国海洋大学硕士学位论文，2014.

［117］杨海军．市场导向、关系资本与联盟绩效的关系研究［J］．生产力研究，2010（2）：31－33.

［118］杨伟明，孟卫东．联盟组合管理、合作模式与企业绩效［J］．外国经济与管理，2018，40（7）：32－43.

［119］杨震宁，赵红．中国企业的开放式创新：制度环境、“竞合”关系与创新绩效［J］．管理世界，2020（2）：139－160.

［120］姚利民，温苗苗．技术能力差异与国际技术合作模式选择——以美国企业国际技术合作为例［J］．现代经济（现代物业中旬刊），2011，10（11）：89－91.

［121］殷俊杰，邵云飞．联盟组合管理能力对焦点企业合作创新绩效的影响研究［J］．管理学报，2018，15（6）：865－873.

［122］殷梦丹．技术联盟网络特征对联盟治理模式的影响研究［D］．南京工业大学硕士学位论文，2017.

［123］尹聪慧，余翔．企业 CCS 技术国际合作路径及模式研究——基于专利计量分析的视角［J］．情报杂志，2016，35（10）：70－75.

［124］俞建中，王敏．从日产与雷诺的合作看战略联盟成功因素［J］．日本研究，2010（2）：40－43.

［125］张根明，张曼宁．知识转移视角下企业联盟管理能力对创新绩效的影响研究［J］．科技管理研究，2019（20）：221－227.

［126］张慧，张舒婷．关系治理、公平感知与供应商联盟绩效［J］．杭州电子科技大学学报（社会科学版），2019，15（4）：21－26.

［127］张坚．企业技术联盟绩效激励机制的构建［J］．科学学与科学技术管理，2007（7）：141－145.

［128］张骞．中国与东盟制造企业跨国战略联盟的绩效评价与提升研究［D］．广西大学硕士学位论文，2018.

［129］张立巍．现代企业公益价值创造机理分析［J］．财会通讯，2014（6）：96－98，101.

［130］张连营，张亮，郭海燕．组织间信任视角下机会主义对项目联盟绩效的影响［J］．工程管理学报，2018，32（3）：13－17.

［131］张荣佳，原毅军，徐凯．合作研发的影响因素——来自中国企业的经验研究［J］．当代经济科学．2012，34（2）：94－128.

［132］张晓东．跨境电商消费者参与价值共创对品牌偏好的影响［J］．商业经济与管理，2019（8）：20－29.

［133］张延锋，田增瑞．战略联盟绩效影响因素的实证研究［J］．研究与发展管理，2007（6）：63－68.

［134］张妍，魏江．战略导向、研发伙伴多样性与创新绩效［J］．科学学研究，2016，34（3）：443－452.

［135］章长城，任浩．企业跨界创新：概念、特征与关键成功因素［J］．科技进步与对策，2018，35（21）：154－160.

［136］赵志田．制造企业跨境电子商务价值创造机理分析与实证检验［J］．中国流通经济，2017，31（8）：57－64.

［137］郑胜华，芮明杰，池仁勇．联盟能力的基本架构及其提升联盟绩效的机理研究［J］．科学学与科学技术管理，2007（6）：22－28.

［138］周青，王乃有，马香媛．产业技术联盟冲突类型影响创新绩效的系统动力学分析［J］．科技管理研究，2016（5）：117－132.

［139］周青，张文娟，禹献云．产业技术联盟利益分配方式与成员创新绩效的关联研究［J］．研究与发展管理，2015，27（6）：49－56.

［140］朱少英，徐渝．产学研联盟管理影响联盟绩效机理的实证研究［J］．软科学，2016，30（6）：11－15.

［141］朱少英，潘思谕．广西企业跨国经营的跨文化管理对策研究．改革与战略［J］．2005（4）：97－99.

［142］Arino，A. Measures of strategic alliance performance：An analysis of construct validity［J］．Journal of International Business Studies，2003，34（1）：66－79.

［143］Beers C. V.，Zand F. R&D cooperation，partner diversity，and innovation performance：An empirical analysis［J］．Journal of Product Innovation Management，

2014, 31 (2): 292 - 312.

[144] Bernard L. Simonin. The importance of collaborative know - how: An empirical test of the learning organization [J]. Academy of Management Journal, 1997, 40 (5): 1150 - 1174.

[145] Boersma M. F., Buckley P. J., Ghauri P N. Trust in international joint venture relationships [J]. Journal of Business Research, 2003, 56 (12): 1031 - 1042.

[146] Casanueva C., Gallego A., Sancho M. Network resources and social capital in airline alliance portfolios [J]. Tourism Management, 2013, 36 (3): 441 - 453.

[147] Castro I., Roldán J. L. Alliance portfolio management: Dimensions and performance [J]. European Management Review, 2015, 12 (2): 63 - 81.

[148] Chen Y. Y. & Young M. N. Cross - border Mergers and Acquisitions by Chinese Listed Companies: A Principal - principal Perspective [J]. Asia Pacific Journal of Management, 2010, 27 (3): 523 - 539.

[149] Cullen J. B., Johnson J. L., Sakano Tomoaki. Success through commitment and trust: The soft side of strategic alliance management [J]. Journal of World Business, 2000, 35 (3): 223 - 240.

[150] Das, T. K., B. Teng. A Resource - based theory of strategic alliance [J]. Journal of Management, 2000, 26 (1). 31 - 61.

[151] Deitz G. D., Tokman M., Richey R. G., Morgan R M. Joint venture stability and cooperation: Direct, indirect and contingent effects of resource complementarity and Trust [J]. Industrial Marketing Management, 2010, 39 (5): 862 - 873.

[152] Dong L., Glaister K. W. Motives and partner selection criteria in international strategic alliances: perspectives of Chinese firms [J]. International Business Review, 2006, 15 (6): 577 - 600.

[153] Dyer J. H. and Singh H. The relational view: Cooperative strategy and sources of interorganizational competitive advantage [J]. Academy of Management Review, 1998, 23 (4): 660 - 679.

[154] Eon – Seong LEE. Improving a firm' s performance within a strategic shipping alliance [J]. The Asian Journal of Shipping and Logistics, 2019, 35 (4): 213 – 219.

[155] Eriksson P. E. Partnering in engineering projects: Four dimensions of supply chain integration [J]. Journal of Purchasing and Supply Management, 2015, 21 (1): 38 – 50.

[156] Fredo Schotanus, Jan Telgen, Luitzen de Boer. Critical success factors for managing purchasing groups [J]. Journal of Purchasing & Supply Management. 2010 (16): 51 – 60.

[157] Glaister K. W., Buckley P. J. Measures of performance in UK international alliances [J]. Organization Studies, 1998, 19 (1): 89 – 118.

[158] Gulati R., Lavie D., Singh H. The nature of partnering experience and the gains from alliances [J]. Strategic Management Journal, 2009, 30 (11): 1213 – 1233.

[159] Harrison J. S., Hitt M. A., Hoskisson R. E., Ireland R. D. Resource complementarity in business combinations: Extending the logic to organizational alliances [J]. Journal of Management, 2001, 27 (6): 679 – 690.

[160] Hashai N., Kafouros M., Buckley P. J. The performance implications of speed, regularity, and duration in alliance portfolio expansion [J]. Journal of Management, 2015, 44 (2): 707 – 731.

[161] Hoffmann W. H., Schlosser R. Success factors of strategic alliances in small and medium – sized enterprises—An empirical survey [J]. Long Range Planning, 2001, 34 (3): 357 – 381.

[162] Hokey Min, Seong – Jong Joo. A comparative performance analysis of airline strategic alliances using data envelopment analysis [J]. Journal of Air Transport Management, 2016 (52): 99 – 110.

[163] Holm, D. B., Eriksson, K., Johanson, J. Creating value through mutual

commitment to business network relationships [J]. Strategic Management Journal, 1999 (20): 467 –486.

[164] Janet Y. Murray, Masaaki Kotabe. Performance implications of strategic fit between alliance attributes and alliance forms [J]. Journal of Business Research, 2005 (58): 1525 –1533.

[165] Jeffrey L. Cummings and Stevan R. Holmberg. Best – fit alliance partners: The use of critical success factors in a comprehensive partner selection process [J]. Long Range Planning, 2012 (45): 136 –159.

[166] Kale P, Singh H, Perlutter H. Learning and protection of proprietary assets in strategic alliances: Building relational capital [J]. Strategic Management Journal, 2000, 21 (3): 217 –238.

[167] Kale Prashan, Dyer J. H. and Singh Harbir. Alliance capability, stock market response, and long – term alliance success: The role of the alliance function [J]. Strategic Management Journal, 2002 (23): 747 –767.

[168] Kauppila O P. Alliance management capability and firm performance: Using resource – based theory to look inside the process black box [J]. Long Range Planning, 2015, 48 (3): 151 –167.

[169] Kumar, V., Singh, D., Purkayastha, A., Popli, M. & Gaur, A. Springboard internationalization by emerging market firms: Speed of first cross – border acquisition [J]. Journal of International Business Studies, 2020 (3): 172 –193.

[170] Lambe C. J., Spekman R. E., Hunt S. D. Alliance competence, resources, and alliance success: Conceptualization, measurement, and initial test [J]. Journal of the Academy of Marketing Science, 2002, 30 (2): 141 –158.

[171] Lavie D. Alliance portfolios and firm performance: A study of value creation and appropriation in the US software industry [J]. Strategic Management Journal, 2007, 28 (12): 1187 –1212.

[172] Lin Z., Yang H., Arya B. Alliance partners and firm performance: Re-

source complementarity and status association [J] . Strategic Management Journal, 2009, 30 (9): 921 -940.

[173] Lin, C. , Meyer, K. E. & Hu, H. W. What drives firms' intent to seek strategic assets by foreign direct investment? A study of emerging economy firms [J]. Journal of World Business, 2014, 49 (4): 488 -501.

[174] Lopez A. Determinants of R&D cooperation: Evidence from Spanish manufacturing firms [J] . International Journal of Industrial Organization, 2008, 26 (1): 113 -136.

[175] Lunnan R. , Haugland S. A. Predicting and measuring alliance performance: A multidimensional analysis [J] . Strategic Management Journal, 2008, 29 (5): 545 -556.

[176] Luo, Y. & Tung, R. L. International expansion of emerging market enterprises: A springboard perspective [J] . Journal of International Business Studies, 2007, 38 (4): 481 -498.

[177] Lusch, R. F. and Brown, J. R. Interdependency, contracting, and relational behavior in marketing channels [J] . The Journal of Marketing, 1996, 60 (4): 19 -38.

[178] Martinez - Canas, Ricardo, Sáez - Martinez, Francisco J. , Ruiz - Palomino, Pablo. Knowledge acquisition's mediation of social capital - firm innovation [J]. Journal of Knowledge Management, 2012, 16 (1): 61 -76.

[179] Mohr A T. A Multiple constituency approach to IJV performance measurement [J] . Journal of World Business, 2006, 41 (3): 247 -260.

[180] Mohr L. and Spekman R. Characteristics of partnership success: Partnership attributes, communication behavior, and conflict resolution techniques [J]. Strategic Management Journal, 1994, 15: 135 -152.

[181] Morrow, David R. When technologies makes good people do bad things: Another argument against the value - neutrality of technologies [J] . Science and Engi-

neering Ethic, 2014, 20 (2): 329 - 343.

[182] Nicholson, R. R. & Salaber, J. The motives and performance of cross - border acquirers from emerging economies: Comparison between Chinese and Indian firms [J] . International Business Review, 2013, 22 (6): 963 - 980.

[183] Nielsen B. B. Determining international strategic alliance performance: A multidimensional approach [J] . International Business Review, 2007, 16 (3): 337 - 361.

[184] Niesten E. , Jolink A. The impact of alliance management capabilities on alliance attributes and performance : A literature review [J] . International Journal of Management Reviews, 2015, 17 (1): 69 - 100.

[185] Schilke A. Goerzen. Alliance management capability: An investigation of the construct and its measurement [J] . Journal of Management, 2010, 36 (5): 1192 - 1219.

[186] Oxley J. E. Appropriability hazards and governance in strategic alliance: A transaction cost approach [J] . Journal of Law, Economics, and Organization, 2012, 29 (5): 784 - 802.

[187] Pan Si - yu, Lin Jing - jing, Zhang Yi - wei, Ye Ying. Operation risk assessment and response in overseas commercial real estate construction alliances between Chinese and foreign companies [C] . 2019 IEEE International Conference on Management Science & Engineering (ICMSE) 26th Annual Conference Proceedings, 2019: 242 - 252.

[188] Pan Si - yu, Tan T. Ming, Zhang H. Peter. Risk analysis and prevention in R&D alliance between Chinese and foreign pharmaceutical companies [C]. 2015 International Conference on Management Science & Engineering 22th Annual Conference Proceeding, 2015: 818 - 827.

[189] Pan Si - yu, Qin Yue - ming , Zhang Yi - wei. The Assessment and Prevention of Sino - foreign Joint Venture Listed Companies' Financial Risk [C]. 2016

International Conference on Management Science & Engineering 23rd Annual Conference Proceedings (Volume Ⅰ), 2016: 506 - 515.

[190] Pan Si - yu, Zhang Qian, Zhang Yi - wei, Huang Ai - liang. Risk analysis and prevention in mineral resources development alliance between China and ASEAN companies: From the perspective of China companies [C]. 2017 International Conference on Management Science & Engineering 24th Annual Conference Proceedings (Nomi, Japan), 2017: 248 - 262.

[191] Pan Si - yu, Zhang Qian, Zhang Yi - wei. Risk analysis and prevention in international production and marketing strategic alliance between China and ASEAN companies: From the perspective of China companies [C]. 2016 International Conference on Management Science & Engineering 23rd Annual Conference Proceedings (Volume Ⅰ), 2016: 596 - 607.

[192] Panico C. Strategic interaction in alliances [J]. Strategic Management Journal, 2017, 38 (8): 1646 - 1667.

[193] Ping - Kit Lam, Kwai - Sang Chin. Identifying and prioritizing critical success factors for conflict management in collaborative new product development [J]. Industrial Marketing Management, 2005 (34): 761 - 772.

[194] Robson M. J., Skarmeas D., Spyropoulou S. Behavioral Attributes and Performance in International Strategic Alliances: Review and Future Directions [J]. International Marketing Review, 2006 (6): 585 - 609.

[195] Saba Khalid, Jorma Larimo. Affects of alliance entrepreneurship on common vision, alliance capability and alliance performance [J]. International Business Review, 2012 (21): 891 - 905.

[196] Sampson R. C. R&D alliances and firm performance: The impact of technological diversity and alliance organization on innovation [J]. Academy of Management Journal, 2007, 50 (2): 364 - 386.

[197] Sampson R. C. The cost of misaligned governance in R&D alliances [J].

Journal of Law, Economics and Organization, 2004 (20): 484 – 526.

[198] Si – yu PAN , Kai – ting CHEN. The evaluation and improvement of performance in China companies' mineral resources – obtaining international strategic alliances: A perspective of value creation [C] . 2015 International Conference on Management Science & Engineering 22th Annual Conference Proceeding, 2015: 818 – 827.

[199] Teng B. , Das T. K. Governance structure choice in strategic alliances: The roles of alliance objectives, alliance management experience, and international partners [J] . Management Decision, 2008, 46 (5): 725 – 742.

[200] Tim de Leeuw, Boris Lokshin, Geert Duysters. Returns to alliance portfolio diversity: The relative effects of partner diversity on firm´s innovative performance and productivity [J] . Journal of Business Research, 2014, 67 (9): 1839 – 1849.

[201] Vanhaverbeke W. , Gilsing V. , Duysters G. Competence and governance in strategic collaboration: The differential effect of network structure on the creation of core and noncore technology [J] . Journal of Product Innovation Management, 2012, 29 (5): 784 – 802.

[202] Wang T. , Tang W. , Du L. , et al. Relationships among risk management, partnering, and contractor capability in international EPC project delivery [J]. Journal of Management in Engineering, 2016, 32 (6): 1 – 10.

[203] Wassmer U. , Dussauge P. Value creation in alliance portfolios: The benefits and costs of network resource interdependencies [J] . European Management Review, 2011, 8 (1): 47 – 64.

[204] Williamson, O. E. The Theory of the firm as governance structure: From choice to contract [J] . Economic Perspective, 2002, 16 (3): 171 – 195.

[205] Xu Jiang, Feifei Jiang, Xinlei Cai, Heng Liu. How does trust affect alliance performance? The mediating role of resource sharing [J] . Industrial Marketing Management, 2015 (45): 128 – 138.

后 记

本书是我在主持国家自然科学基金项目《西南边境省区企业跨境合作演化机制与绩效提升模式研究》（项目批准号：71262030）和《中国与东盟企业跨国合作的关键成功因素及其风险防范研究——以广西与东盟企业的跨国合作为例》（项目批准号：71662002）的过程中，通过进一步的思考而写成的专著。这本书是这两个项目研究成果的重要组成部分。在此，欢迎广大读者对本书提出宝贵意见。

本书的研究思路按照“西南临边省区企业跨境合作的历程与现状调查—关键成功因素分析—价值创造分析—绩效评价—绩效提升—绩效提升保障”的逻辑依次展开。全书共分为十章，由我和陈柳源（南宁师范大学讲师，博士生）、张骞（上海财经大学博士生）共同完成。其中，潘思谕负责第一章、第二章、第三章、第七章、第八章、第十章的撰写及全书统稿；陈柳源负责第四章和第五章的撰写；张骞负责第六章和第九章的撰写。

本书的写作和出版，得益于同事、学生和相关企业的帮助，以及广西大学商学院和经济管理出版社的大力支持，我在此向他们表示特别感谢！在本书的写作过程中，参阅了许多专家学者发表的成果，在此对这些专家学者表示感谢！本书的出版由国家自然科学基金项目（项目批准号：71662002、71262030）经费资助，我在此声明并表示感谢！此外，我的家人给予了很大的支持和鼓励，我也要特别感谢他们！

潘思谕

2020 年 5 月 30 日